Art Collins
アート・コリンズ［著］
鈴木敏昭［訳］

マーケットの魔術師

システムトレーダー編

市場に勝った男たちが明かすメカニカルトレーディングのすべて

Pan Rolling

訳者まえがき

本書は一四人の一流トレーダーとのインタビュー集である。傑出したプロトレーダーのインタビュー集としては、著名な『マーケットの魔術師』シリーズ（パンローリング）がある。それと比べて本書の特色をなすのは、全員がメカニカルトレーダーだという点である。

メカニカルトレードというのは、コンピューターに組み込んだシステムの指示に機械的に従ってトレードする手法をいう。メカニカルトレードに対立する手法が裁量トレードで、トレーダーは自分の判断によって売買を行う。要するに、大半の個人トレーダーがやっている普通のトレード法である。

大きな利益を上げているトレーダーはメカニカル派が多いと言われる。その理由は、本書でも繰り返し述べられているように、人間の弱みを完全に排除できるからだとされる。裁量トレードでは、欲望や恐怖の感情に負けて何度も同じ過ちを犯すが、機械的に売買を行えばそうした感情の入る余地がないというわけだ。

この論理は重要な点を突いている。それは、裁量トレードでも、コンスタントに利益を上げるためには、自分なりの方法に忠実に従うことが必要になるからだ（もちろんその方法が有効であることが前提）。相場の動きに衝動的に反応するのではなく、その状況での自分のルールを冷静に的確に実行する。つまり言ってみれば、メカニカルが一種の理想になる。では、皆がメカニカルにやればいい――ということにならないのは、手間暇の問題のほかに、「自分なりの方法」を全部機械化できるか、という疑問があるからだろう。

こうした問題について、トップトレーダーたちが語るいろいろな見方は大変興味深い。だいたいは、どんなに無茶にみえる指示でも従うとする完全メカニカル派だが、場合によっては裁量を交えるとする柔軟派もいる。ごく少数だが、自己判断に賭ける魅力も捨てがたいと認めるトレーダーもいる。

それ以外にも本書で取り上げている話題は幅広い。仕掛けや手仕舞いのポイント、システム開発の秘訣、マネーマネジメントの方法、リスクコントロールの重要性などなど。一般トレーダーが年間五万ドルを稼げるようになるための条件について、プロたちが示す答えも有益である。

一四人の一流メカニカルトレーダーが語るノウハウは、メカニカルな手法に関心をもつ人にとって大いに示唆に富むものと思われる。それにとどまらず一般に、厳しい世界でのトッププロの営みに接することで刺激的な体験を味わっていただけるものと信じる。

二〇〇五年四月

鈴木敏昭

私にとって不確実さのなかの安息所
パットとマギーに愛を込めて

This translation published by arrangement with Traders Press, Inc.
through Pan Rolling Co., Ltd.

目次

訳者まえがき……1
謝辞……9
序論一　メカニカルシステムとは何か……11
序論二　「一日に一〇〇〇ドル稼ぐ」――システムの挑戦……15
ロバート・パルド――23
「先物トレーダーはだれでも、基本的な目標として、最小のリスクで最大の金額を稼ぐことを目指すべきです」
チャーリー・ライト――44
「研究の中で私たちが見つけた面白い事実は、結局指標は大事でないということです」
ラリー・ウィリアムズ――63
「富を作りだすのは、システムではなくマネーマネジメントです」

ルイス・ルカッチ ―― 82
「第一日目からこれまで、私たちが開発してきたのは全部メカニカルなものでした」

キース・フィッチエン ―― 104
「断言できることですが、将来、分析したとおりにトレードできるという統計的信頼性を得るためには、開発サンプル中に何千ものトレードが含まれていなくてはならないのです」

ウェイン・グリフィス ―― 121
「システム開発者ならだれでも、システムで対処しきれない状況のあることを認めるでしょう」

トム・デマーク ―― 137
「一七人のプログラマーを使って四～五年検証した結果、分かったことは、基本的な四～五種類のシステムの成績が一番だということでした」

マイク・ディーバー ―― 151
「このことはどんなに強調しても十分ということはありません。ずっと先まで生き延びようと思ったら、ひとつの戦略やひとつの市場だけでポートフォリオを組むものではないのです」

ボー・サンマン ―― 169
「電話でいきなり、『もしもし、必ず儲かるシステムの名前を教えてほしいんだけど』と切り出されたことが数え切れないくらいありました」

ビル・ダン ―― 183
「私は手の込んだことをしなくても、チャートを見ただけで分かったのです。『ランダムなんかじゃない』ってね」

トム・ウィリス ―― 203
「システムにかかわったときに、一番大きな課題となるのは、それを信頼することです」

ジョン・ヒル──220
「私が学んだのは、仕掛けは非常に難しくして、手仕舞いは簡単にできるようにするのが良いということです」
マレー・ルジェーロ──237
「隣接的な数値という条件が嫌だというのでは問題が生じます。なぜなら、可能性としては、やはりどうしても隣接するパラメーター集合による結果が返ってくることになるからです」
ゲーリー・ハースト博士──263
「『どんな市場でも、どんな時点でも通用する』と言えるようなものは存在しないのです」
要約一　計画段階……279
要約二　理論から実行へ……285
メカニカルシステムトレードの基本用語……287

謝辞

その高い声望にふさわしい本書の出版者、エドワード・ドブソンに謝意を表明したい。優れた編集者にして楽しく交われる人物、テレサ・アリグッドに感謝する。私の両親ノーマンとノーマ、妹のキンバリーに対して、支えとなってくれたお礼を言いたい。私のバンド、クリーニング・レイディーズは、少なくとも二～三週に一晩、私を俗世間から引き離してくれた。そのことに感謝したい（バンドのＨＰ、http://www.cleaningladys.com/ を訪ねてください）。

ランディス・ホルドーフとトム・シュロッサーに対して、その相場観について（正しいときもそうでないときも）、また私がトレードと執筆の孤独な日々を送っているときに、その単調さを破ってくれたことについてお礼を言いたい。

支援を与える理由などないのに、それでもありがたく連絡をとってくれたジャック・シュワッガーに謝意を表明したい。

最後になるが、本書の一四人の協力者に対して感謝したい。一四人の皆さんは、素晴らしいインタビューのために、あるいはそれ以外でも、わざわざ私のために時間を割いてくれた。

序論一　メカニカルシステムとは何か

メカニカルトレーディングシステムとは、決定がすべて機械的（メカニカル）になされるトレード方法である。時にはプログラム全体が自動化されていることもあるし、あるいは、仕掛けと手仕舞いの注文の全部をトレーダーが出さなければならないこともある。しかしいずれの場合でも、過去のパフォーマンスデータに基づく研究によって良好な結果が期待できると証明された行動だけが実行される。いったん適切なシステムが構築された段階では（それは、本書に登場するプロたちが語るように、大きな苦労を伴う作業である）、プランに従うことが絶対命令となる。というのも、未来は過去と同じように動くと考えられるからである。

このアプローチに従えば、多くの問題が解決できる。その一方で、いろいろと厄介な問題も生じる。その問題の難しさは、実際に相場の浮き沈みを経験した者だけが十分に理解できる。どんなシステムでも必ずドローダウンの時期、つまり運用資金が減少する時期を経験する。トレードで勝ち続けるための魔法はあり得ない。高収益を生み出す優れたシステムでも、時には嫌になるほど長い間、次々と負けを重ねることがある。そんなときトレーダーは自分のシステムの有効性を疑い始める。入念な研究の結果として非常に有望な成績が出ていたはずだったが、それでも、誤った分析や単なる偶然のせいでそうした成績が出ることだってあるのだ。

素晴らしい計画が出来上がったのは、たまたまデータ操作がうまくいっただけのことかもしれない。間違いや手抜かりが大きく影響することだってある。分析した過去五年間が、強烈な強気相場の続いた時期だった可能性もある。もしそうなら、弱気相場か沈滞相場に出合った場合、素晴らしい過去とはまったく逆の悲惨な相場を経験させられることになる。たとえ、細かな点にも気がつく芸術家の目があって、完璧な構図を描くことができたとしても、残念ながらそれは過去の姿にすぎない。

メカニカルな研究の世界には、完全な答えも、絶対確実な計画もない。自動車のエンジンの組み立てなら、どの部品がどれと結合するのか確実に教えてもらえるが、それとは訳が違う。また、ダイエットなら、手を抜かず指示どおり正確なカロリーをとっていれば、どうしたって体重が減っていくが、そんなわけにはいかない。

信頼できる指導者がいたとしても、自分でやってみたことでないと信用しないのがメカニカルな人間の性分である。システム開発者はたいてい独りで仕事をするか、しっかりと結び付いた仲間うちのチームで作業する。他人の開発したものはむやみに受け入れない。なんといっても、ごまかしようのない数値に基づいて、自分のする作業とその理由を完璧に理解することが譲れないアプローチなのだ。そうしたアプローチに従って初めて、自分を守るための――利益を上げるのに必要な確信を持ち続けるための――最も確かな道が開けることになる。

肝心なのは一貫性である。シグナルには全部従わなくてはならない。自分で選んではいけない。

シグナルがひどい間違いを犯しているように思えても（特にそういう場合こそ！）、アプローチを堅持すべきである。投資の心理について、大勢の人が興味深い事実を述べている。最も恐怖の大きいトレードがたいていは最大の利益をもたらす、というのだ。気楽な気持ちで動こうとすると、トラブルにぶつかるはめになる。

トレードで出合う心理的問題はそのほかにもたくさんある。それをうまく扱えることが、メカニカルな方法のもうひとつの利点である。大半の人は（優れた直感をもつ少数者は別にして）トレードで手抜きをする。時にはあ然とさせられるほどのこともある。システムトレードでは、人間的要素のうち、恐怖と欲望という二つの性質が取り除かれる。システムは平然として、高すぎる値段で買わせ、安すぎる値段で売らせる。ここ数回トレードで失敗したからといって尻込みすることは許さない。システムは大ばくちを打つこともないし、恐れてひるむこともない。システムの背後にいる人間だけが、そうした誤りを犯す。ダイエットと同じで、成功の鍵は忠実に実行することにある。x以外の物が食べ物を汚染しないよう気をつけていれば、x以外の物が害を及ぼすことはない。

メカニカルな方法には、これと決まった性質があるわけではないが、分けてみれば、慎重なアプローチと冒険的なアプローチとがある。言うまでもなく、トレードという芸術（それとも科学なのか、あるいはそれら両方なのか。この質問を私はインタビューで繰り返し行っている）は、努力によって腕を上げることができる。その一方で、自己欺瞞に陥ったり、夢見るだけで終わってしまうこともある。本書が、読者が正しい方向に進む手助けになれば幸いである。

序論二　「一日に一〇〇〇ドル稼ぐ」――システムの挑戦

「一日に一〇〇〇ドル稼げます」と、いかにも簡単そうに宣伝される。四六時中そういう話を耳にする。「わずかな資金でトレードしています。大儲けは狙いません。一日一〇〇〇ドルになれば十分なんです」と言う人も多い。とても素敵な話に聞こえる。がめつくならず、つつましくトレードして、ほどほどだが確実な利益で我慢する。素晴らしい。でもどうやって？　その方法を教えてほしい。もっといいのは、私のデータでどうやってそれを見つけるのか、説明してもらうことだ。システムトレーダーは常に、一から自力でやりたいと思うものだ。

メカニカルトレーダーと直感トレーダーとの大きな違いがそこに現れる。「細かいことにこだわるな」と理論倒れの哲学者は叫ぶ。「そんなことにデータフィールドを使う必要はないんだよ。好きな市場を選んで、目標まで利益が伸びたところで手仕舞えばいいんだ。その日の残り時間は休みにしたらいい」

一日一〇〇〇ドル。単純な話だ。ただし、このアイデアにはひとつだけ問題がある。それは、平均して一〇〇〇ドル稼ぐためには、当然もっと大きなリターンを狙う必要があるということだ。九時までに一〇〇〇ドル稼いだ日にいつもゴルフに出かけていたら、負ける日も必ずあるのだから、利益は一〇〇〇ドルに届かない。

だから問題はこうなる。一〇〇〇ドルの話をする人たちは、全体として平均五〇〇ドルや、三〇〇ドルや、二〇〇ドルになってもいいというのだろうか。あるいは、毎日一五〇〇ドルとか二〇〇〇ドルとかの利益を狙って、結果的に平均一〇〇〇ドルにしようとするのか。明らかにどちらでもない。一日一〇〇〇ドル稼ぐと大口を叩く人たちは、やはり毎日一〇〇〇ドル稼いで、その時点で休みに入ると言っているのだ。

こんなふうに、裁量トレーダーはトレード全体をまとめて考えようとしたがらない。同じ姿勢は、負ける日が必ずあっても、そのことは一日一〇〇〇ドルの成績に何の影響もないと考えるところにも現れている。その理由は……私にはその「理由」が何だかよく理解できない。そうしたうさんくさい部分の扱いはトレーダーによって少しずつ違っているようだ。だが、その種の問題に関心を向けないことに対応して、状況が不利になってもすぐに気がついて何とかできると、彼らは総じて信じているようだ。また、非常に状況が有利なら、ときどきは利益の上乗せができるとも思っている。「目標は一〇〇〇ドルだが、チャンスがあれば余分な利益のためにトレードしてもいい」というのが裁量トレーダーの信条のようだ。一〇〇〇ドルの利益に手が届かない日には、さらにひどくならないように相場に細心の注意を払う。

それもまんざら不合理と言えないかもしれない。世の中には説明のつかない能力に恵まれた人だっているからだ。そういう人に、なぜトレードの途中で突然方針を変えたのかと聞くと、「当然そうとしか考えられなかった」などといった返事が返ってくる。

いったい誰にとって「当然」なのか。もちろん大多数のトレーダーにとってではない。たいていの人がメカニカルトレーディングを始めるきっかけは、生き残るためだ。普通の人は、自分の判断に頼ったのでは相場で成功できない。というのも、トレード自体、ひどく人間的性質と食い違うという事実があるからだ。本書に登場する高名な人たちも、多くがこの見方に賛成している。

私なら一日一〇〇〇ドルという課題にメカニカルな方法で取り組む。その際、いくつかの理論的可能性があって、そのどれでも、実行されれば確かに一日一〇〇〇ドルの利益になる。具体例を挙げよう。

一．一週間五日のうち、三〇〇〇ドルの利益の日が一日、一五〇〇ドルの利益の日が二日、五〇〇ドルの損失の日が残り二日――損失日よりも多額の利益を得る日が多いケース。

二．一週間五日のうち、二〇〇〇ドルの利益の日が四日、三〇〇〇ドルの損失の日が一日――利益は少額だがその日数が多いケース。

三．九〇〇〇ドルのプラスが一日、残りの四日はそれぞれ一〇〇〇ドルのマイナス――多額の利益と少額の損失のケース。

こうした例を考えるとき、いつも同じ思いが心に浮かぶ。上のシナリオのどれも現実的とは思えないのだ。三のケースのように、通常の九倍もの利益を上げる素晴らしい日が毎週あると当てにできるものだろうか。あるいは、五日のうち四日も利益を上げられるということがあり得るだろうか。

もう少し現実的な例を考えることもできる。

四．プラス二五〇〇、プラス二五〇〇、プラス二〇〇〇、マイナス一五〇〇、マイナス五〇〇。

これならあまり変なところはないようだが、それでもかなり大きな利益日をたくさん出すことが必要になる。その辺りがやや問題だ。

数値をもっと大げさにすると、ほかのとの比較から、一〇〇〇ドルの利益が偶然にしか見えなくなる。

五．一万一〇〇〇ドルの利益の日が二日、八〇〇〇ドルの損失の日が二日、最後の日に一〇〇〇ドルの損失。

以上の例で、もちろん、そうした多額のリターンを実際にどうやって生み出したらいいのかを考えなくてはならない。やはり、可能な方法がいくつかある。

一．トレードの規模を大きくする。つまり、取引の枚数を増やす。
二．一日の流れのなかでさまざまな変動をとらえるスーパーシステムを作り出す。それがどれだけうまくいくかは、もちろん相場の高値と安値の間の変動幅がどのくらいか、ということに左右される。たぶん、思ったほど大きくないのが現実であろう。

目に見えない壁に何度も突き当たることになるはずだ。だから、その実現を願ってもあまりうまくいかない。研究の世界では珍しくないことである。懸念があり、問題があり、論理的な現実がある……。

幸いにも、トレードに有利に働く相場の規則的特徴が確かに存在する。例えばモメンタムがあることは間違いなく、そのおかげで一番初歩的なシステムでも成功の可能性がある。日足に基づいて、直近 x 日間の最高値を買ったり、最安値を売ったりすれば、だいたいの市場で利益を手にできるのである。x 日としては、二〇日でも四〇日でも、どんな日数でも構わない。

このやり方の場合、大半の人が耐えられない規模のドローダウンを喫する恐れがある（第一の関門）。オーバーナイトのリスクもある（第二の関門）。そのリスクを避けるために別の領域に入り込む人が出てくる。例えばデイトレードだ。デイトレードではオーバーナイトギャップのリスクはない。その代わり、トレードのサイクルがずっと小さくなる。トレードごとのスリッページと手数料が、一トレード当たり収益のずっと大きな割合を占めるようになる。おおかた一トレード当たり一〇〇ドルというのが経費の相場だとされる。これはフルサイズのS&Pにおける一ポイントの三分の二、債券の三ティック分以上に相当する。予想される利益幅は、日々の一五〇ティックから日中の二四ティックへと減少するのに対し、トレードのコストは変わらない。その差を埋めてくれる市場の恵みがなかったら――そう、お気の毒と言うしかない。それは逃れようのないことなのだ。

どうしても障害が出てくるのは、メカニカルアプローチに常に付きまとう問題である。ある障害について必ず対策を立てることができるが、たいていはまた別の障害が現れる。ルービックキューブをやっているようなものだ。

一日一〇〇〇ドル稼げる人がいるのは間違いない。その何倍も稼ぐ人だっている。一日一〇〇〇ドルという額が問題なのではない。言われていることの本当の中心は、**一貫して確実**に一日一〇〇〇ドル稼ぐことにあるのだ。

それに対してテクニカルアナリストは例外なく「祈るだけ」と言うだろう。これはメカニカルの研究家にとっておなじみの領分である。純益の総額が素晴らしい数字になったとしても、それはメカニカルなパズルの一片にすぎない。同じくらい大事なことは、利益分布が均等になっていることである。

システムトレーダーならだれでも滑らかなエクイティカーブを望む。バントで確実に出塁したいと願うのはどんなトレーダーにも共通する。システムトレーダーがほかと違うのは、確証を得ないうちは、決まった事実であるかのように広言したりしないという点である。

メカニカルトレーディングは、現に事実であることとそうでないことの区別を判断するアプローチである。そこには二つの面がある。まず、その実行に当たって、安心できそうで広く信じられていても実際には役立たない格言を一気に捨てる心構えが必要になる。そうすればいろいろなことが説明可能になる。気持ち良くなじみ深いけれども、研究結果が行き止まりだと証明した道はなぜ歩み続けてはいけないのか、はっきりした冷徹な数値に基づいて理解できるようになる。数量化できない生半可な考えにしがみついてはいられなくなる。

その一方で、メカニカルトレーディングを通して、勝利への道のりをほぼ確実に判断できるようになる。十分な資金量があれば、また、理論的に説明されたドローダウンに耐える用意があれば、さらに、自分のプログラムを間違いなく組んでいれば、もはや恐怖も欲望も感じずにトレードできると自信がもてるようになる。度胸をエネルギー源とする必要もなくトレードできるようになる。パニック、絶望、消耗を経験することもなくなる。プログラム化が適切に行われていれば、費用のかかる通常の習得曲線に従うこともなく、以上のことが理論的には可能になるのである。

一日一〇〇〇ドルのシナリオが、想定どおりに実現できるかどうか、私は怪しいと思う。つまり、わずかな資金を元手に、ひとつの市場、ひとつのシステムでトレードしても問題ないとか、相場の変化といった些細な出来事で大儲けができなくなることはないとかいった想像には根拠がないと考える。もっとも、偉ぶっていると思われないように言うのだが、私もそうした想像にふけることがある。

しかし、これは言わせてもらいたいのだが、長年の研究経験からして、何が実行可能で何がそうでないかを予測する力は、以前よりも増していると思う。そして、一日一〇〇〇ドルを稼ぐ完璧なマシンを作ることは実行不可能な部類に入ると考えている。もちろん、ほかの人たちは、間違いなくそうした理想に私よりも近づいた経験があるだろうが。

とはいえ、なんらかの足掛かりを築くことは可能であろう。そのためには、次のことを認めることが必要だと思われる。

一．非常に大量のトレード資金を必要とするということ（予想する毎日の利益に比べてはるかに膨大な量の資金）。
二．好条件の相場――流動性とボラティリティ。
三．「一貫して確実な」という条件の緩和。現実は、でこぼこで石ころだらけ、そして時には苦しい道のりになる可能性が高い。

繰り返しになるが、夢想から冷たく厳しい数字の世界に身を置いてみれば、楽して儲けることなどできないことが分かるのだ。

ロバート・パルド
Robert Pardo

「先物トレーダーはだれでも、基本的な目標として、最小のリスクで最大の金額を稼ぐことを目指すべきです」

『アルゴリズムトレーディング入門』（パンローリング）の著者ロバート・パルドは、メカニカルシステムの開発に関する実際的なアプローチ方法について第一級の解説を書いている。ロバートは初期の多くの商用テストプログラムの開拓に力を貸してきた。そのなかには、特別注文のトレーディングモデルの構築と検証を可能にする最初のソフトウエアであるスイングトレーダー（Swing Trader）、グラフィック表示を組み込んだアドバーンストトレーダー（Advanced Trader）が含まれている。ロバートのシステムとソフトウエアの評判は急速に高まり、大口投資家やゴールドマン・サックスや日本の大和証券などの会社のためにマネーマネジメントを引き受けるようになった。

ロバートは両社のために、現在よく使われる商用プログラムよりはずっと広い範囲に用いられる社内専用のコンピューターシステムを開発した。ロバートとその助手たちは、その専門的な特質と優れた投資バランス能力によって、当初の期待をはるかに超えるトレーディングモデルを作り出した。

ロバートとそのチームは大和証券でのある業務に関連して、現在チェース商品指数として知られる指数の開発の一翼を担った。競合するゴールドマン・サックス商品指数と同様、チェースの指数は一セットの先物市場を対象とするもので、S&P指数が一定の銘柄から構成されるの同じ仕組みになっている。

また、ロバートはその経歴のなかで期待はずれの事業展開を経験することもあった。特にこたえたのは、彼が専有資金の運用にかかわる準備を進めているときに、大和証券が突然運用方針を変えたことだった。たぶんこのことが理由のひとつとなって、近年ロバートはほかの個人や会社のためにソフトウエアを書く仕事をやめてしまった。

「今では、他人のためにする仕事としては、個々のアイデアの検証が主体になっています。だれかがやって来て『トレーディングシステムを作ってくれないか』と言ったとしても、まったくその気になれません。役に立つ新しいシステムを作ったとしても、どうしてそれを他人に売る必要があるのでしょう。そのまま自分のトレードに使えばいいのですから」

だからといって、共同出資のために別の人間を引き入れることまでやめてしまったわけではない。ロバートは最近パルド・キャピタル社を通して資金運用を行っている。同社は、フューチャーズ誌とバークレー・マネジド・ファンド・レポートによって、一九九九年六月の開始以来三〇〇%を超える利益率を上げたと報じられた。またフューチャーズの年間運用成績ランキングの五位以内に六回入り、二〇〇一年にはトップに立った。

インタビューはイリノイ州ケニルワースにあるロバートの自宅で行われた。その会話で特徴的だったのは、市場の動きに邪魔されることがなかったという点である。目につくかぎり、トレードスクリーンなどの相場用の機器はどこにもなかった。もしそれらが住居のほかの場所にあったとしても、ロバートはその機器やトレードの進展状況のチェックに気をとられることはなかった。彼はずっと平静であり、自分がいなくても変わりなく順調に仕事するシステムの能力に対して全幅の信頼を置いているようだった。

簡単に答えてほしいのですが、どうすればトレードで利益が上げられるのですか。

この仕事に携わろうと思ったら、しっかり下調べをしなくてはなりません。とても賢い人たちが大量の資金と時間をそれに費やしていることを考える必要があります。といっても、今以上に賢く、優秀にならなくてはならないという意味ではありません。きちんと動くと自分が知っているもの――安心して使えるもの――を見つけるべきだ、ということなのです。それができれば十分です。

この仕事で利益を上げている人は、なんらかの観点、得意分野をもっています。持続的に役に立ってくれる自分の得意分野を見つけなければなりません。それを可能にする優れた手段がシステムなのです。

どのようにしてそうした結論に到達したのですか。

トレードで生活していることからすれば奇妙に聞こえるかもしれませんが、わたしは本当はリスクが嫌いなんです。不必要なリスクはとりません。計算されたリスクならとります。そうしたリスクなら受け入れることができます。

私はあらゆる種類のトレーダーを見てきました。顧客のなかには、立会場で並はずれて上手にトレードする人がいました。私の最初の仕事は、生牛のトレードで何百万ドルも稼ぐ連中のためのものでした。大きな家に住んですごい車を走らせるトレーダーも目にしてきました。そう、だから私にはうまくやれる人がいるのが分かっていたんです。そして、少し稼いで少し損して、ぎりぎりでやっている大勢の人々も知っており、またただ損するだけの人もたくさん見てきました。だから「どうしてそんな違いが生じるのか」と自問してみたのです。賢くても先物で損する人はいっぱいいるわけです。そんな仲間にはならないぞと、私は決心しました。私はこの仕事に二~三年というのではなく、長期にわたってかかわっていく決意でした。中途半端なことに手を出すつもりはなかったのです。

初めてシステムの仕事をしたとき、私は頑固で客観的で分析的でした。自分が知っていることと、知らないことをいつもはっきりさせようとしていました。もしだれかが「これは使える」と言ったとすると、私は「そう、ではその理由は？　その根拠は？」と問い返したものでした。

完全に研究し尽くされたトレーディングシステムならば、それがうまく働くこと、うまく働く場所・時間・方法、利益率、リスクの大きさなど、いろいろのことが分かっています。それを使えばたくさんの市場で同時にトレードすることができます。市場分析をリアルタイムの手作業でやっていたら、とても不可能なことです。いったんトレーディングシステムが完成すれば、トレードは大した苦労なしにできるようになります。言ってみれば、難題に対するなまけ者の解決法といった感じでしょうか。システムは、トレードに必要な資金とか、将来的に期待できそうな額とかを数字で示してくれます。リスク嫌いの人間にとっては、こういったことが全部とても魅力的なのです。

実際の手順、つまりプログラミングを始めるのは簡単でしたか。

まだコンピューターのはしりの時代だったんですが、私はＢＡＳＩＣを使うことができました。データを読み、報告を書き、トレードを分析するための基本は身につけていました。二時間で新しいトレードのアイデアをタイプし、アップルⅡを使ってそれをいろいろな市場で検証する能力を持っていました。私が思ったのは、自分にそうした能力があるのならば、なぜ実際にそれをやってみないのかということでした。トレードのアイデアが実際に使い物になるかどうか、調べてみたらどうなんだ、というわけです。

大変論理的のようですが、人々はそういう考え方をなかなか受け入れようとはしません。検証作業を一切しないか、不十分なやり方やむちゃなやり方をするか、どちらかですよね。

一九八〇年代初めのことですが、私のソフトウエアの保有者で、自分が素晴らしいと思うシステムのアイデアを持っていた顧客がいました。その顧客との会話の一部は、プログラマーとトレーダーの想像上の会話として、私の本のなかに書かれています。顧客はできるだけ詳しくそのアイデアを話してくれましたし、私は、彼が語る動作どおりに確実に動くようにするのに必要な質問を全部しました。動作が安定してエラーがないようにするための質問もしました。ところが、それは、使ったすべての市場で損をしたのです。

で、彼はどうしたでしょうか。ひどく怒って「君は何か間違ったことをしたに違いない」と言ったのです。私は「そう言われるのなら、そうかもしれません」と答えました。私たちは二～三回、改めて徹底的に調べ直しました。確かに彼が作りたいと思っていたとおりのものでした。それなのに利益を上げられなかったわけです。

今ではこうした現象は「いいとこ取り（チェリーピッキング）」と呼ばれています。手計算でアイデアを調べてみて、「おや、ここでもうまくいく。ここでも、ここでもだ。素晴らしい結果だ」と思ってしまう人があまりにも多いのです。彼らが気づいていないのは、その大儲けの前に七回の損があり、そのあとさらに三回の損があるという事実です。その損は少額かもしれませんが、積み重なると大きいのです。式のなかにはその損失を含めなければいけないのです。

そのほかに、よく起きる間違った行動としてはどんなものがありますか。

ギャンブルや興奮が好きだからトレードを始めたいという人が多いですね。ありとあらゆる間違った理由で手を出し、その結果お金を失います。

準備不足で非現実的なんです。トレードというものをいきなり飛び込んでいけるように考えているんです。W・D・ギャンが数ある著作の一冊でとても良いことを言っています。「医者は四年間大学に行ったあと、さらに四年間インターンをする。弁護士になるには四年間大学で過ごしたあと、もう四年必要である。いったいどうして一万ドル持っているというだけの理由で、自分が商品取引のプロだと考えることができるのだろうか」

たいていの人が先物を、自分の財産レベルをたやすく大幅に引き上げてくれる手段とみなしているようですが、それはめったに実現しません。年に五万ドルの収入を得たいと思った場合、現実的な計算としてはどう考えればいいのでしょうか。どのような収益率で、どれほどの当初資金が必要なのか、聞かせてください。

まともなシステムを持っていて、年に五万ドル稼ぎたいと思ったら、トレードには二五～五〇万ドルほど必要なのではないでしょうか。年に一〇％の利益を上げられたら相当立派なものです。二五万ドルの元手で五万ドルの利益を手にするとすれば、年率二〇％になります。過去三年間の私の収益率は複利で四〇％でしたが、ここ三年間のアドバイザー成績ランクで四位になりました。

一〇万ドルの元手で年に三〇万ドル稼ぐフロアト

レーダーの話をよく聞きます。それを聞くと、「よし、人ができるのなら自分にだってできるはずだ」と皆考えたりするわけです。ですが、事情が違います。プロアトレーダーは証拠金が少なくてすむのでレバレッジを効かすことができるのですが、それは外部の小口トレーダーとしてトレードする普通の人にはできないことです。

私にはアドバンスト・ゲット（Advanced GET）というアプリケーションソフトのマーケティングをしている友人がいます。彼は講習会でそのプログラムの使い方を教えていて、実力のある立派な教師です。彼の話では、皆一万ドルの元手でトレードして、年に五万ドルの利益を上げたがっているということです。そう願わない者などいるでしょうか。しかし、そのためには信じられないほど優秀で、たぶんかなりの運も必要です。おそらくプロのトレーダーの大半は、そんなことを聞いたら鼻の先で笑い飛ばすのではないでしょうか。それほどの収益を上げるのに必要な能力は、先物取引から相応の利益を手にするのに必要な能力をはるかに超えるものです。

先物トレーダーは皆、自分の手にできる利益について現実的な期待をもつべきです。トレードに使う資金は、行く手にあって必ずぶつかるはずの最悪のリスクに十分対処できる額をしっかり確保しておく必要があります。

あなたのプログラムがどんなもので、どんなふうに作動するのか、ざっと説明してください。

ボラティリティブレイクアウトやレンジブレイクアウトの着想に似ている面がありますが、その使い方や定式化は独特のものです。独自に開発した重みづけの仕組みによって、各市場にどれだけのトレード資金を割り当てるかを決定します。設計では一カ月に二〇％の損失を被る確率は一〇〇分の一になっています。以上のことは全部統計的に行います。

あなたのアプローチは完全にメカニカルですか。

そのとおりです。メカニカルでないのは毎年、再最適化をするときだけです。そのときは人間が成果を評価するわけですが、これはメカニカルにはできません。

私はこの作業を、世界中のCTA（商品投資顧問業者）で三本の指に入るダン・キャピタル・マネジメントと共同で行います。彼らは一五億ドルの資金を運用しています。現時点で、私は彼らとその顧客の資金を運用しています。フューチャーズの記事に、彼らがほかのCTAとの戦略的提携を深めようとしていると書かれていましたが、私もそのうちのひとりです。

プログラミングは今でも自分でしますか、それともそのためのパートナーがいるのですか。

段階によりますね。アイデアがわいたときは、アドバンストトレーダーという自分のプログラムで仕上げていきます。ほかの市販プログラムを使うこともあります。まず初めに、技術的な観点からそれが自分の期待どおりに動いてくれるかどうかを見ようとするのです。

必ずと言っていいほど、試作品はS&P市場用に作ります。S&Pが一番気に入っているからです。これには良い点と悪い点があります。良い点は、S&Pのトレードで良い成績を上げるモデルは私にとって都合がいいということです。なぜならS&Pは正真正銘ボラティリティが高くダイナミックで、スイングがとても大きいからです。でも、そこでうまくいってもほかの市場ではうまくいかない可能性があります。それが欠点ですが、私がよく使うやり方はこうなんです。

最初は小さなサンプルを使って、そのアイデアがどれほどの成果を上げるかを見ます。取り扱う対象が一日おきにトレードすることになっている場合、S&Pモデルも一日おきにトレードして一定額の利益を上げることを目指します。一日おきにトレードして期待に近い数字が出ないときは、最大の利益と最大の損失を調べて、何が起きたのかを調べます。

会社には再雇用したばかりのC言語のプログラマーがいます。ややこしい部分が出てくると彼のところや、何年も仕事をしてくれているほかの男性のところに駆けつけます。ポートフォリオやポートフォリオの重みづけを選び出す段になると、ダンがプログラミングを行います。なんといってもトレードの管理は彼らの仕事なんです。彼らは私のとはやや違ったやり方で検証をします。そのあと、リアルタイムで監視するために、自分たち専用のシステムでそのプログラミングを行います。

最適化が誤って行われるのはどんな場合ですか。

「ちょっとした移動平均線のアイデアを使って最適化して、どんな結果になるか見てみよう」など言う人がたくさんいます。彼らは最適化によって相当に使えそうな数個のモデルを見つけるかもしれません。でも、残りの大部分がかなりひどい可能性があるという事実をまったく無視しています。わたしは最適化を、あるモデルが良いかどうかを判断するための方法とは考えません。モデルのパフォーマンス改善を狙って最適化を行うようなことはしません。ただ、直感的に価値があると判断できる一組のパラメーターの範囲内で、もともと好成績を上げていた場合は別ですが。

あなたの最終的なシステムは、すべての市場に対して同じ方法を用いるアプローチをとっていますか。

どんな市場でも同じシステムを用いますが、パラメーターは市場によって異なります。各市場の重みづけも、リスクの違いに応じて違ってきます。先物のトレーダーはだれでも、基本的な目標として、最小のリスクで最大の金額を稼ぐことを目指すべきです。なんでもないことのように聞こえるかもしれませんが、市場に対する重みづけの手順の目的はまさにそこにあるのです。つまり最高収益の達成を狙うのです。言い換えれば、安全なレベルだとみなせるリスクをとって、できるかぎりの資金を投入しようとするわけです。

ポートフォリオのなかで市場の重みづけが果たす機能について、もう少し詳しく説明してください。

私たちは各市場に対して、ボラティリティに基づいて、割り当てる資金量を決めます。また、各モデルに対して、リスク特性に基づいて割り振る資金量を考えます。

良いシステムがあったとしても、適切な額の元手を使ってどうトレードするかを理解していなかったら損が出ます。マネーマネジメントとして最低限必要なことは、絶対にオーバートレードしないことです。嵐をやりすごす十分な資金を確実に手当てしておくことです。なし得る最高のことは、資金に最大限のレバレッジを効かしながら、その一方で、市場での最悪の下落にも耐えられる資金量を確保する方法を考え出すことです。

重みづけとリスクの決定に関して本当に大事なことは、主としてそのことから、あるシステムでトレードするのに必要な資金量が決まってくるということです。ほとんどのアマチュアや、そしてプロの一部でさえも、それを正しく実行できません。アマチュアの誤りで非常に多いのは、多くの枚数のトレードを行うということです。資金的に安心できる限度をはるかに超えるポジションをとるわけです。利が乗っているかぎり結構なことですが、二標準偏差、三標準偏差のようなまれな大損失に出合ったら、ひどく苦しい目に遭い、破綻が目の前に迫ってきます。しょっちゅうそんなことが起きるわけです。

たぶんこのことが、商品取引でお金を失う最大の原因でしょう。その点を考えてほしいのです。仮にコイントスで売買するとしても、自分のリスクと利益を管理する方法さえ心得ていれば、幾分かは儲けることができるはずです。以前の顧客ですが、システムを使い始めるとき、「ランダムにトレードを選択しても、それなりの利益は手に入るものだ」と言った人がいました。彼はそれをマネーマネジメントシステムと呼んでいました——私だったらどう呼ぶか、何とも言えないのですが。

いずれにせよ、ランダムに選んでも損益平々になるはずのところなのに、先物や株式のトレードでどうして人々がそんなに多額のお金を失うのか、よく考えてみる必要があります。大部分の人はそういう問題を考えようとしませんが、考える価値のある問題です。

あなたのファンドはどんな市場を扱いますか。

ほとんど全部といってもいいくらいでしょうね。アジア、オーストラリア、ヨーロッパ、イギリス、米国など世界各国の債券。日本、ドイツ、香港、イギリス、米国の短期・長期の金利、株価指数もトレードします。それに通貨と、何種類かの金属。ロンドンと米国の大部分のエネルギー市場。コーヒー、砂糖といった「エキゾチック」商品の一部もです。今年、食肉、大豆、トウモロコシをポートフォリオに加えました。

私たちは年に一度ポートフォリオを見直します。世界中の市場で、流動性とボラティリティに関する一定の特性が満たされている市場を探しています。もしもある市場が私たちの最低条件に見合う成果を上げていないときは、そこでのトレードをやめます。そして見直しに従ってポートフォリオに加えたり、そこから除いたりします。

金融先物がいつも私たちのポートフォリオの中心です。以前から大変規模の大きな市場ですし、将来も間違いなくそうでしょう。なんといっても、銘柄が多いですし、素晴らしい流動性をもっていますからね。

私たちは、異なったシステム、市場、時間枠に分散させてトレードするようにしています。全部のモデルが同じ方向に一斉に動けば、大きく儲ける可能性がうんと広がります。そうでない場合は、ひとつをゆっくり手仕舞いながら、また別のを仕掛けるようにします。これだと、ひどいことにならないですみますからね。例えば、まさに今の相場が、どっちの方向に行くのかはっきりしない状態になっていたとします。こんなときは、私は債券を売り買い両方に建玉しますし、株価指数も両方に建てて、エネルギー商品でも売り買い両方のポジションをとります。こんなふうに両方のポジションをとっていると、実質的にはほとんどサヤ取りをしているようなものです。それらが同じ方向に勢ぞろいすれば、利益が手に入るはずです。相関や逆相関の関係にあるいろんなタイプの市場で、違った時間枠を使ってポートフォリオをトレードする利点は、こういうところにあるわけです。

たまに世界的な重大事件があったりすると、市場が一斉に同じ方向に動きます。例えば戦争の危機が迫ると、指数だけでなく、債券もエネルギー商品も通貨も全部影響を受けます。つまり、分散にならなくて、いくつかのトレードを同じ方向で手掛けてしまう時期があるのではないでしょうか。

私たちは何か異変が起きそうだと感じたら、ポジションを閉じる権利を留保しています。これまで、かなりひどい異変のなかでトレードしたこともありますが、実際には、手仕舞ったことはありません。だからそんなとき具体的にどうなるのか、何とも言えません。

五万ドルあったとして、全部を債券トレードに充てようと決めることもできます。あるいは、一部は短期モデルで、一部は中期モデルで、別の一部は長期モデルでトレードしようと決めることもできます。ポジション全部をひとつのモデルでトレードする場合には、正しいか間違っているかのどちらかになってしまいます。

しかし、短期、中期、長期のモデルでトレードする場合には、最初の動きが起きたときにポジションの三分の一に手をつけます。動きが続いて中期段階に入ったときには、二番目のポジションに手をつけます。さらに動きが続くようならば、長期モデルが開始されることになります。

こうするのは自信を少しずつ強めていくという趣旨ではありません。モデルが有効だという点にはもともと大きな自信があります。十分な専門能力を使ってモデルを作り上げていますし、これまでも非常に順調にやってこれたのです。そういうことではなく、分散化をもっと効率的なレベルに引き上げるというのが目的なんです。私たちは今、さまざまの時間枠を使って、世界中のいろんな債券市場でトレードしています。仮にひとつの米国債券モデルだけでトレードしていたとすれば、リスクがずっと大きくなるはずです。多様な重みづけをした多様な時間枠のモデルを使うことで、経済環境に一層きめ細かく対応できるようになるわけです。もちろん十分な市場の動きがなければ、ポートフォリオのなかのいくつかのモデルが適用されることもないのですが。

ボラティリティがだんだん小さくなっていって、だいたい狭いレンジ内にとどまるようになった場合、モデルは既存のパラメーターに基づいて仕掛けのポイントを調節します。その調節はいい加減に行われるわけではありません。設計どおりの仕方で調節します。

あなたのやり方では、なんらかの形で多少、基準が変化するのですね——例えばレンジの拡大や縮小に合わせて。

もっと適切な言い方をすれば、モデルの本質がダイナミックなのです。ボラティリティを測ることは簡単です。難しいのは、測ったボラティリティの度合いを効果的に組み込むことです。何年か前、「エクイティカーブトレード」なるものが大いに注目を集めたことがあります。自分のエクイティカーブの移動平均線を記録しておいて、そのカーブが急激に下降したときには、トレードを中止するわけです。そして、シグナルに従って動いてもよいと判断できる出来事が何か起きるまでは、そのままでいるのです。

注目され出した時期に、大いに研究してみたのですが、分かったのは、タイミングをうまく一致させるようにエクイティカーブをモデルに組み込むのは難しいということでした。短期的なトレードの場合、概してS&Pなどの大きな変動は二日で終わってしまう傾向があります。エクイティカーブトレードに従ってペースを遅めにすると、シグナルを実行に移せなくなったり、半分ほど進行するまで仕掛けられなくなったりして、良い成果が得にくくなるのです。

ボラティリティの変化に基づいてトレード対象を決めようとすると、モデルの動作が妨げられることにも気づきました。

手元のデータに基づいて、私はここ四～五日、スイスフランを売ろうとしてきたのですが、ボラティリティが大きすぎるために、非常に大幅な変動がないと仕掛けられません（ボラティリティが仕掛けの水準を広げるから）。今のところ、それははっきりしたトレンドを作っていないので、どっちにしても私は仕掛けていません。しかし、数日以上、静かな状態が続けば、仕掛けのポイントがだんだん相場に接近して、売りに入る可能性が大きくなるでしょう。モデルによるトレードがこんなふうに臨機応変に行われるのも、設計がそうなっているからです。

大きくても許される損失と、決めていた限度を超えてしまうような損失とをどうやって区別するのですか。許容されるパラメーター値を超えてしまった損失を経験したことがありますか。

あります。米国政府が「イラク情勢に関するかぎり外交手段は尽きた」と言ったとき、私たちはあらゆる債券を買い建て、あらゆる株価指数を売り建て、エネルギー商品を買い建て、米ドルを売り建てていました。

そして私たちはトレード開始以来、最悪の日を経験することになりました。でも、たまにはあることなんだと考えて、これにけりをつけました。何か異常な出来事だとは感じませんでした。

何よりも先にこう考えるべきです。なすべきことはきちんとやってきて、利用できるデータサンプルは全部使って検証して、しかしそれでも最悪のドローダウンを喫してしまったとします。ずっと昔から大勢の人が、最大ドローダウンの想定が小さすぎる可能性を覚悟しておきなさいと言っています。現実は少なくとも想定の倍ほどひどいことになり得ると覚悟すべきだ、と言うのです。確かに私たちのS＆Pモデルでも、ドローダウンは次第に増大してきました。しかし、同時にボラティリティも大きくなっています。そうした増大が許容範囲内のものかどうかは、現在のドローダウンとボラティリティの関係が、元のドローダウンとボラティリティの関係にある程度比例しているかどうかで決まります。ボラティリティとドローダウンの大きさがいずれも二倍になっていれば、利益の大きさもだいたい二倍になっているはずです。そういうことなら問題はない、というのが私の見方です。

利益が元のままで、ボラティリティも実質的に変わらないのに、突如としてドローダウンが元の倍になったとしても、直ちにモデルが失敗だったということになるわけではありません。ただその原因を発見すべきだというだけのことです。潜在的な危険性があるというだけのことです。

過去のデータは全部同じくらいの価値があると考えますか。それとも、遠い過去のデータよりも最近のもののほうが役に立つと考えますか。

長年モデル構築を手掛けてきて分かったことは、最良のパフォーマンスを上げるためには、手に入るかぎりの多くのデータに基づいて、全般的に好成績を出せるモデルを作らなくてはいけないということです。ただその一方で、最近の出来事に対して少し念入りな注意を払う必要もあります。一九八三年のS＆Pの記録を気にする人などいるでしょうか。当時と比べて、今はボラティリティがはるかに大きくなっているわけですから。とはいっても、私個人としては、最近の二年については大きな利益があるが、この一四～五年間になると利益がないといったモデルはご免ですね。そんなモデルはあまり安心して使えませんからね。

いわば両方の立場に立つということですね。最近の価格変動とのつながりが一番大事だが、それでも、ある傾向の持続期間をできるだけさかのぼって確認したい、ということですか。

そう、どちらか一方というわけにはいきません。

モデルは目的以外の市場でも使えることが必要だと考えますか。

その点については、私は多数意見とはやや異なっています。だれかが私のところへやって来て、こんなことを言ったとします。「私はいろんな市場用のいろんなトレーディングモデルを持っています。種類はさまざまですが、本当に素晴らしいものばかりです」。そこで、そのモデルを見てみると確かにしっかりできている。この場合、モデルが目的外の市場で使えるかどうか、私は大して気にしません。設計どおりの市場で問題なく使えそうであれば、それでいいんです。

市場ごとの独自性というものが確かに存在しています。私がゴールドマン・サックスのコンサルタントをしていたとき――今もそうですが――エネルギー市場は大変独特のものでした。その仕事で気づいたことは、原油については、たぶんどんな市場よりも多くのファンダメンタルズ情報があるという事実です。おそらく一般に想像される以上の量なのです。そうした原油特有の情報を使って素晴らしく好調に原油トレードができるモデルがあったとすれば、モデルの独自性は気になりません。ただし、私がモデルの背後にある原理を理解できて、それが信頼できると確信できれば、の話ですが。

私自身がその種のモデルを実際に作ったわけではないのですが、それを手掛け始めていたゴールドマン・サックスの人たちとは知り合いでした。彼らは、ファンダメンタルなデータを使って構築したテクニカルモデルといったものを使っていました。今後有望な領域だと思いますね。

ということは、一定の市場の独自性を用いて効果的なシステムを構築することができると考えているわけですね。でも、おっしゃったように、あなた自身はそれを目指す仕事はほとんどしていません。あなたのように普遍志向の強いアプローチに従う場合、危険信号はどんなところに現れるものですか。研究の成果を聞かせてください。

私たちのモデルは個々の市場特性には依存しないものですから、五〇の市場で試してみて五つの市場でしか使えなかったとしたら、私としては困った事態だと考えます。市場によってパフォーマンスの差はあるでしょうが、どんな市場でも有効であってほしいのです。私の考えでは、市場によるパフォーマンスの差はモデルのせいというよりも、市場の動きの違いによります。市場が動かなかったら、ローカルズを除いてだれも儲けることなどできないでしょう。

定期的に再最適化を行うという話題に戻らせてください。市場では、時間の経過につれて以前の特性が相当に変化するものでしょうか。

そのとおりです。相当に変化して大きな影響を及ぼします。一九九〇～一九九二年ごろまでは、通貨トレードは樽のなかから魚をすくうのも同然の状態でした。少しでもまともなシステムを持っていれば、だれでもごく簡単に儲けられたのです。その後しばらくして市場はがらりと変わり、通貨トレードはひどく難しくなりました。二種類の通貨を使ってここ三～四年のデータで自分のモデルを試してごらんなさい。「いや、これでは引退資金は貯められない」と感じることでしょう。人は間違った思い込みに陥りやすいものです。だからこそ広い視点で――大きな時間枠でなるべくたくさんの市場を――見ることが必要になります。

一九八〇年ごろ、Tビルは信じられないほど変動の激しい市場でした。投機活動の主戦場になっていたのです。当時、プライムレートは二〇～二二％辺りを付けていましたし、短期金利はそれをさらに上回るものでした。

そのさなか、経済界はこんなふうに言っていたものでした。「どんな水準でも構わないから、六カ月か一年、プライムレートが変わらないと保証してほしい。

そうすればちゃんとした計画が立てられるから」。相場は二～三カ月のうちに、大きなボラティリティを伴いながら一〇〇〇ベーシスポイントほどもはね上がりました。一方、その間の最大の押しは七五ポイントほどだったでしょうか。そのおかげであっという間に大金持ちになる人が何人も出ました。この話は日経平均やS&Pやナスダックなどの代表的な強気相場よりも何年も前の出来事ですが、私は、このTビルの値上がりがすべての強気相場の生みの親になったのではと考えています。

そうしたある種、目のくらむような上昇が終わって、Tビル市場はいわば動きを止めました。Tビルは今でも先物市場として存在しているわけですが、ある時点からまともなトレードができなくなっています。私の仕事仲間なんですが、活況の時期にフロアトレーダーで注文に向かっていた者がいました。彼は大きな変動の間に記録的な額を稼ぎましたが、突然、やることがないと不平をもらすような状態になってしまいました。私はこう言ってやりました。「もし私が君だったら、S&P市場に移るね。どうしてこんなことになったのかは分からないが、Tビル市場は死んだんだよ」

トレーダーのなかには、ボラティリティフィルターなどのダイナミックツールを使って、自分のモデルでそうした変化を予測しようとする人もいます。彼らは当然、有効なトレード環境の評価を目指すそうした手順のなかに、人間的要素を持ち込まないようにしています。あなたは、市場の変化に直接対応するためにシステムの手直しを行いますか。

私のアプローチではいずれにしても定期的な間隔で再最適化を行うのですが、現在実行中のトレードの一部として、自分たちのレーダースクリーンで市場のボラティリティを監視しています。流動性も監視していると思います。

そこがお聞きしたいところなんです。市場が死んだとか、どこかが非効率的になったとか、人間が判断しなくてもすむように、システムが自己修正するようにはなっていないのですか。

実際のところ、その問題には何通りかの方法で対処しています。ボラティリティはシステムにとって最重要の特性です。もしボラティリティが何か重大な点で変化して、そのままの状態が続くとすれば、仕掛けのポイントでのサイズを大きくしたり小さくしたりします。それが第一の方法ですが、第二のアプローチとして、毎年行うモデルの再最適化があります。何らかの点でボラティリティに大きな変化があったときには、パラメーターを変更するわけです。

第三の対応策として、市場がトレード可能かどうかを監視します。市場がこうとか、こうとか、こうとか（手で宙にいろいろな上昇や下降のトレンド曲線を描く）なってるかぎり放っておけます。困るのはこんなふうになるときです（平らな線を描く）。横ばいになってしまったら、市場には経済的な妙味がなくなって、トレードで利益を上げることができなくなります。

流動性はボラティリティのあとを追う癖があります。相場の流動性が低くなると、プレーヤーの数が極端に減ります。ですから、ギリギリの最低線として、安心して手掛けられるほど十分な動きが市場にあるかどうかを調べるようにしています。そのためには何種類もの方法があります。一定程度の投入資金はいつも準備しておいて、どこか別の場所でもっと良いリターンを提供してくれる所がないかどうかを調べるわけです。

私たちはどんな商品でもトレードできるだけの資金を幾分かは用意しておきます。トレードしたいと思った市場で、資金不足のためにそれができないといった状況に陥ったことはまだありません。その可能性がゼロというわけではありませんが。つまり肝心なことは、もし商品Aに見込みがなく、商品Bが大いに有望そうで、しかもトレードすることができるのなら、どうして商品Aをトレードしなくてはいけないのかということです。私たちは数多くのチェック項目を使ってそうした判断を下しています。

長年にわたってS&Pがそんなにも大きな注目を集めてきた理由は、ボラティリティが高く、流動性が大きいというところにあります。世界中の株価指数はおおかた似たようなボラティリティをもっていますが、流動性という点ではどれもS&Pに及びません。

システムがちゃんと機能する理由は何ですか。シス

テムは市場のどんな特性を利用するものだと考えますか。

「システムが市場のどんな特性を利用するか」という質問に対する一般的な答えはありません。システムが違えば、利用する特性も違ってくるからです。システムが機能する究極の理由は、数学的な優位性を与えてくれるからです。優れたシステムはもともとプラスの期待値をもっています。優れたシステムは一貫しているからこそ機能します。毎日毎日、同じように動くのです。

そのことは市場の非効率性と何か関係がありますか。

私は市場が効率的だと信じたことはありませんが、効率的という言葉の意味に近いものになることはあるでしょう。もしも効率的ということが、市場がどんな瞬間でも必ず本来あるべき完全な価格を付けているということを意味するのならば、私はそれが正しいとは思いません。私が使っているシステムは、市場には持続的なトレンドがあるという事実とボラティリティに基づいて機能するのですから。

システムは「ラン」をとらえることができるときだけ機能します。日中の市場変動を表すにはランという用語のほうが適切です。トレンドという言葉はそれよりも長い時間枠の場合に使います。

日中のデータには、一日を超えるデータにはない現象が見られます。例えば日足や週足のチャートでは、バーが五本連続して上昇することはまずありません。ところが、日中足の場合にはごくありふれた現象なんです。

日足でのトレンドは上げ、下げ、上げ、上げ、下げ、下げとなることがあります。スイングが頻繁に生じるわけです。トレードで儲ける方法は、結局どんな時間枠のバーでも、その種のトレンドを活用し、全体として利益が出るまでそれに乗っていることに尽きます。

それを効果的に行うためには、なんらかの方法でリスクをだいたい一定に保つ必要があります。トレードが有利だと思うと、限度以上に玉を抱え込んでしまう人がたくさんいます。普通以上のリスクを背負い込むわけです。逆に、神経質になると玉を減らしすぎます。リスクやボラティリティからすれば、もっとたくさん保有しても構わない場合でもそんなふうなのです。

システムでは、リスクは均一で一定です。条件やボラティリティは変化するものですから、私は定期的にモデルの再最適化を行います。最良のリターンを手に入れるためには、そうした変化に合わせなければなりません。でも一般的に言えば、今日のリスクと明日のリスクの量は変えません。大半の人はリスクの量を大幅に増減させるだけでなく、実際には利益を得られるときにひどく臆病になったりします。

そんなことをしたら当然、「損切りは素早く、利益は伸ばせ」というトレードの最重要原則を破ることになりますよね。

そのとおりです。典型的なアマチュアがどんなふうにトレードするか、実例をお話ししましょう。何年も前、私がブローカーをしていたころの話ですが、とても頭の良い客がいました。自分の国では数学科を二番の成績で卒業し、化学工学で博士号を取っていました。しかしトレーダーとしてはひどいものでした。よくあるように、リスクと利益をいい加減にしか管理しないせいで、木材取引で損を抱えた状態にありました。でも、とうとうトレードで勝てる機会がやってきました。ところが、利益を伸びるに任せるのではなく、ほとんど一〇分とか一五分おきにストップを動かし続けるといった有様でした。相場に変動の余地をまったく与えないのです。なんとか損失から利益に変わるくらいまでは保有し続けていましたが、ひどく心配するあまり、あれこれひねり回した揚げ句、結局二〇〇ドルの利益で終わりました。それまでの損失は七〇〇ドル、八〇〇ドル、九〇〇ドルといった調子だったんですが。

アマチュアはだいたいこんな具合です。好んで必要以上のリスクをとる一方で、やっと利が乗り始めてもひどく居心地が悪いらしくて、ゆっくりと利が伸ばせないのです。

先物取引で私が気づいたことのひとつは、時には少し落ち着かない気分になることがあっても、できるだけ利益が伸びていくのに任せたほうが概してうまくいく、ということです。それに対して、目標の値段に注文を入れて、いつも同じ利益を手にするのが最良の方法だと言う人たちもいます。でも私の経験によれば、それが成功するのはシステムが非常に正確な場合だけです。大部分のシステムは、それほど正確ではありません。

ということは、利益目標には賛成できないということですか。

自分が何年も使ってきたシステムに関していえば、目標値のせいでモデルの利益パフォーマンスは低下しました。トレード回数が多くて非常に正確なモデルなら、目標値によって正確さを高めることができるかもしれません。トレードの勝率が六〇％のモデルがあったとして、そのモデルが優良なら、目標値によってその勝率を五～一〇％アップできるかもしれません。ということは一〇回のうち七回正しいということになるのですが、たいていの人には大進歩に見えます。彼らはそれほどの的中率に大いに満足します。しかし、それがうまくトレードできないもうひとつの原因になっているのです。儲けることよりも正しいことのほうに気を取られてしまうのです。

私はモデルの正確さをあまり気にしませんでした。大勢の人はそれを気にします。もちろん、できるだけ正確なことに越したことはありません。でも、私はモデル構築でそれを最優先させたことはないのです。今のコンピューターシステムのモデルを使い始めたとき、正確度は四五～四八％といったところでした。それでもそのモデルは大いに稼いでくれました。それは、利益を伸ばして損失をわずかにとどめることができたからです。

正確さを高める努力は何もしていませんが、私の現在のモデルは、正確さのレンジが六〇～六五％になっています。それは何か大きな皮肉のような感じがしますね。

あなたは常にそうした論理的な投資アプローチをとってきたのですか。それとも私たちの大半がそうであるように、非生産的な仕方でトレードをしていて、厳しい教訓を学ぶようなこともありましたか。

以前、債券やオプションのフロアトレーダーをしている客がいました。彼とは親友になり、S&P、債券、原油、大豆、銀などのトレードに気持ちよく使っていたモデルを見せました。そして、共同のプール資金を使ってそのモデルでトレードすることに決めました。

しかし、私たちは一カ月しか続きませんでした。その間、彼はシグナルを見つけだしてきては、トレードしたいと言い張りました。システムよりも賢いつもりだったのです。結果だけ言えば、口座の資金はなくなりました。私はこう言いました。「トニー、これはバカげている。君はそのバカげた目移りのせいで私のシステムを台無しにしている。私はもう降りる」

いうまでもなく当時そのモデルは大金を稼いでくれていました。口座残高が倍になる可能性だってあったのです。でも、当時、まだ私の知識は十分ではなく、「そんなことをすべきではない」と彼に言うことができませんでした。彼は成功したトレーダーで、もっとよく心得ているはずだと思い込んでいたのです。しかしそれは間違いでした。

彼には二年前に会いましたが、相変わらず優雅な暮らしをしていました。もっとも、いわばシステムを相手にゲームをするという点も変わっていませんでした。私は、どんな人間もシステムを強化できない、と言っているわけではありません。現にその能力があり、それを実行している人たちを知っています。しかし、彼らは系統だった方法でそれをやっています。

感覚的にいいと思うからそうするわけではないのですよね。

そうです。別の指標が買いシグナルを出すのを見て、見込みが少し高くなったと判断するのです。観察の結果というわけです。「素晴らしい直感」をもった人はそんなにいるものではありません。だからこそ私は、したいと思うことを全部やってくれて、しかも信頼できる方法を手に入れようと決心したのです。そうすれば、あとは全部放っておいてもいいわけですから。

■参考文献

『アルゴリズムトレーディング入門』（パンローリング）
『規律とトレンドフォロー売買法』（パンローリング）
『世界一簡単なアルゴリズムトレードの構築方法』（パンローリング）

チャーリー・ライト
Charlie Wright

「研究の中で私たちが見つけた面白い事実は、結局指標は大事でないということです」

チャーリー・ライトは、メカニカルなシステムトレーディングに関する決定版ともいえる『トレーディング・アズ・ア・ビジネス（ビジネスとしてのトレーディング）』の著者である。その内容は、トレードステーションを開発したオメガ・リサーチ社の同じ表題のセミナーにおける講義から発展したものである。チャーリーはそのプログラム開発の初期段階で着想の面で協力し、「ショーミー」研究法と「ティック」チャートという二つの基本コンポーネントを個人的に考案した。彼は一九七四年から株式を、一九八二年からは先物を精力的にトレードしている。一九八〇年代にはCME（シカゴ・マーカンタイル取引所）の会員としてS&P先物のデイトレードを行っていた。

一九九九年にチャーリーは、CTA（商品投資顧問業者）を目的としてフォール・リバー・キャピタル社（http://www.fallrivercapital.com/）をロブ・フリードルと共同設立した。そのファンドは二〇〇〇年八月から、完全にシステマティックな長期トレンドフォローのアプローチに従って、先物市場でのトレードを開始した。

「私は自分が教えたり書いたりした原理が現実に有効であることを証明しようとしたのです。現在のところ、そうした原理に基づくプログラムを二つ使っています」とチャーリーは言う。

チャーリーは確かにその目的を果たした。同社が開発した「グローバル・トレンド・プログラム」は、この三年間、最大ドローダウンを一四・三％にとどめながら、年平均三二％の収益率を上げている。

現在同社は六九の市場でいつもトレードを行っている（「わが社は常に六九の市場にいます」）。そのポートフォリオに含まれるのは株価指数先物、穀物、ココアやコーヒーなどのエキゾチック先物、金利、通貨、金属、エネルギーなどである。

私がチャーリーとの電話インタビューを行ったのは、アメリカ合衆国東部で大停電が起きた二〇〇三年八月一四日の翌日だった。前日私は、売り建てていたEミニS&Pが棚ボタの急落を見せたあと、元の木阿弥に戻るのをニュースで眺めていた。その余韻で心はまだ沈んでいた。自然、会話はその話題から始まった。絶対的なシステムトレーダーであるチャーリーは、検証していない思いつきの相場アイデアの有効性をそう簡単には試さない、と語り始めた。

停電のニュースの衝撃で、取引開始直後のEミニS&P市場が一〇ポイント以上下落したとき、私はスクリーンで見ていました。側にいた友人は「叩くと膝がはね上がる例の反射と同じで、すぐに戻すよ。売り玉を急いで買い戻さなくっちゃ」と言いました。でも、私はそうしませんでした。私はシステムトレーダーなのです。それに、いったんそうした衝動に身を任せると、どうしたってパンドラの箱を開けることになってしまうからです。

あなたが見ていたのは「ウオーターホール」という現象です。それに関しては、以前デイトレードを教えていたとき、いつも抱えていた問題があります。三年とか四年の長い時間をかけて私が検証していたデイトレードシステムは、ほとんどが損得なしの状態でした。一分足とか五分足のバーチャートをもとにしてメカニカルトレードをしても、一定期間で確実な利益を上げられる対象を見つけることはとても難しかったのです。それは市場が少しずつ性格を変える傾向があったからです。だから、私はよくこう言っていました。デイトレードで儲けるコツは、信仰のように従えるシステムを使うこと、そして、全体がおかしくなりかけたときに手仕舞う潮時を知ることだ、とね。

その時期はどうやって決めるのですが。

ちょっとしたコツがあるのです。私がいつも使っていたのは、昨日の午後起きたような「ウオーターホール」を利用することでした。五分足を使って売りを仕掛けていたとします。そんなとき、五分か一〇分で相場が一〇〇ベーシスポイントも下落する激しい動きが起きたら、私はこう考えます。「これはウオーターホールだ。手仕舞わなければ」

そうして手仕舞ったあと、一日か二日は様子を見ます。というのも、あまりのスピードであまりに多くのストップが執行され、だれもが錯乱状態になっていることが多いからです。一日か二日は激しい動きになる傾向があります。だからこそウオーターホールで利益を確保するわけです。そうして一日か二日システムトレードを休んだあと、また再開します。

理論的にはかなりうまくいきそうな感じですね。調査でもそれが裏づけられていますか。

いいえ。それがデイトレードの問題点なのです。昔は、利益を確保して手を引けばいいだけの話だと確信していた時期もありました。例えば統計的な調査をしたときに、トレードをした日が二一日あるとれば、たいていは、大損の日が一日あり、大儲けの日が二〜三日で、あとはわずかの儲けや損でトントンになっていることに気づきました。一カ月のうちで損や儲けの突出した日が四日ほどあって、あとは横ばいの状態なのです。二日か三日連続して大金を稼ぐようなことがあったら、その月はもう終わりだと分かりました。システムの統計をとってみれば、どれだけ異常値があるのかが分かります。

でも、このことが当てはまるのはデイトレードだけです。こうした方法は長期的なトレードを行う人には勧めません。

あなたは今でもデイトレードをしていますか。

できればそうしたいのですが……。実際、デイトレードが一番好きなんです。でも、今はロブと一緒にCTAをやっています。フォール・リバー社は約一億二〇〇〇万ドルの運用資産を持ち、一貫した伸びを示しています。

先物市場を気に入っている理由は何ですか。

相関性がないからです。それら（先物市場）は長期にわたって全部が同じ方向に動くことはありません。

たまには、何日か、あるいは何カ月かずっと全部が相関して動くこともありますが、長期的に見れば、ほとんどの場合いろいろなセクター間の相関がないと言えます。最終的には、そのことでリスクが低減されます。連動しない非相関の市場を組み合わせれば、効率性を高めることができるのです。

ということからすると、あなたがメカニカルなシステムを構築する場合、個別的なシステムよりはポートフォリオ上の配分が中心になるということですね。

そうです。リスクをコントロールするために、トレードをする銘柄間の相関関係に気を配ります。

その過程は完全にメカニカルですか。

そう、検証をします。私たちはどんな場合にも検証を行います。あらゆることを長期的な観点から分析するのです。

その考え方についてもう少し詳しく聞かせてくださ い。個々の部分を足し合わせるより、総合的な成果を追求したほうが良い結果が得られますか。

間違いありません。私たちの研究によれば、時間枠を短くするか、多くの市場で多種類のトレードをするかしてトレードの回数を増やせば、それだけリスクは少なくなります。一定の時間枠のなかにできるだけたくさんのトレードを詰め込むことが目標になるのです。

問題はリターンではなく、リスク・リワードなんです。単にリターンを求めるだけだったら、あなたの質問への答えはノーです。たぶん（結果を）全体的に集めることで、ほぼ一定のリターンが生み出されるのです。考えるべき大事な問題は、「多重システムを使うことで、ドローダウンを低下させつつ、同じ利益を達成できるだろうか」ということです。ドローダウンやリスクのことなど考えないというのなら、単一のシステムから生み出されるリターンだけで十分に満足することができます。

もしリターンだけが目的で、そのリターンを得るときにとるリスクやドローダウンの心配はしないというのなら、単一のシステムでなんら問題ありません。検証の結果、ずっとそのシステムが利益を上げてくれそうなら、どうして多重システムのことなど気にかける必要があるでしょうか。
　多重システムの本当の問題は、リターンの流れが非相関かどうかということと、その非相関のゆえにリスクが低下しているかどうかということです。もう少し説明しましょう。例えば、最大七〇％のドローダウンで五〇％のリターンを稼ぐことができたとして、それで満足しているとします。しかし、二～三のシステムを追加することによって、リターンは五〇％のままでドローダウンを四〇％ないし三〇％に下げることができるかもしれません。そうなればもっと大きな満足が得られます。なにしろ七〇％のドローダウンといったら、市場から消え去る可能性が非常に高いのです。

そのことは、トレーダーが厳密にシステムの設計どおり実行しないか、実行できない場合には、効果的なシステムも大した意味をもたない、という事実とかかわりがありますね。

　そのとおりです。トレードは否定的なフィードバックがたくさん生じる仕事です。というのも、大部分の場合、ずっとドローダウンの状態になっているからです。私たちの経験では、七〇～九〇％の期間がそうした状態だといえます。利益は短期間で急激に増えるだけなんです。大半がドローダウンの状態ですから、そのドローダウンの時期を心理的にどう乗り切るかが問題になります。システムを多重化して、破産を心配する必要のない水準までドローダウンを低くすることは、そのひとつの方法なんです。
　安心できる数字としてリターン五〇％、ドローダウン四〇％という計画を立てて、実際にドローダウンが四〇％かその前後となったとすれば、期待どおりのトレードができているということになります。問題は、実際のトレードが期待どおりにいかないときです。例えばドローダウンの予想が四〇％なのに、いきなり七〇％になったとしたら、システムがちゃんと動いてないのではとか、破産してしまうのではないかと心配になります。逆に、過去の検証に基づいて立てた予想の範囲内でトレードでき、予想に反するようなことが何ひとつ起きてない場合には安心できます。そのままトレードが続けられますし、その規則を維持することができます。

しばらく、わざと反対の立場をとらせてください。私が厳格なメカニカルトレードに踏み込んだ自分なりの理由は自衛本能でした。相場に反応しながら自由にトレードするといったたぐいのことは、私にはできませんでした。最終的にシステムトレーダーになった人は、たいていそうした道をたどったのだと思います。その一方で、私よりうんと少ない資金で、うんと少ない継続的リスクをとりながら、うんとたくさん儲けることのできる非システム的な、相場反応的なトレーダーが市場にいることを私は知っています。彼らにはトレードがおかしくなった時期が勘で分かって、すぐに反応できるのです。私は、システムを開発でき、確信をもってそれでトレードできることをありがたいと思っています。でもその一方で、それが一種の残念賞のように感じられるのです。次善のやり方というわけです。そこで、システムトレードの限界と、生まれつき才能豊かなトレーダーに与えられるより開けた可能性という点について、意見を伺えますか。

私の感じでは、何を目的にするかによると思いますね。自由裁量的なトレードで問題だと思うのは、自分の判断力と精神状態を維持する能力に完全に依存しているという点だけです。ただ自分のためにだけトレードしているのだったら、ある判断を付け加えるかどうか勝手に決められます。それでだれかを傷つけるということにはならないでしょうし、他人のお金をリスクにさらすわけでもありません。この問題は、自分の勘定でトレードしているのか、それとも他人のお金でトレードしているのか、という文脈で考える必要があると思います。そこには違いがあります。

しかし、人にアドバイスするとき、ある程度そうした自由裁量のドアを開けておいてもまったく問題ないんだと、言いたくなるような気持ちはないですか。

私の個人的意見は、この点についてはまったく揺らぎません。私は百％メカニカルトレーダーです。自分の精神状態によってトレードを乱したくないのです。夜更かししたり、気分が優れなかったりすることもありますし、風邪を引いて、頭を鈍らせる抗ヒスタミン剤を飲むこともあります。そんな場合でも、それでトレードを乱されたくないのです。厳密なメカニカルを良しとする気持ちがあって、こうした考えに立つのです。

トレードを自動的に行うような機械が本当に欲しいですね。以前製造業にかかわっていたときにそのことを学んだのです（フォール・リバー・グループ。のちに、その日常的な業務はチャーリーのパートナーの息子に委ねられた）。製造にあたって、私たちは製品をデザインし、その製品を製造する組み立てラインを設置しました。それによって、その製品を買って何をしたいのかをはっきりと自覚しているいろいろな人たちに販売することが可能になりました。

私が絶対にしたくないのは、組み立てラインで製品を作っている人たちに向かって、創造的になって、その日の気分によって違った色を塗ったり、少しデザインを変えてもいいよ、と言うことです。私はトレードでも、それと同じアプローチをとってきました。お客になりそうな投資家に話をするときや、あるいは個人的なトレードを考えるだけのときでも、自分や他人に信じ込ませたくないのは、私の判断力が特に鋭いということです。どんな相手でも、システムに対してお金を払うだけでなく、判断力やトレード嗅覚といった私の能力に投資していると思い込んでほしくないのです。トレードの実績（トラックレコード）や、もし望むなら、つもり売買の実績を見てもらったほうがずっと気分が楽です。そして、こんなふうに言えたらいいと思うのです。「私たちの調査ではこうなっていますし、そのトレードに全能力を傾けることを約束します。そうすれば、一定のリターンが見込めます。その結果は過去と同じくらいになることも、そうでないこともあり得ます。でも、私たちが分析した全データからすれば、(予測は)将来もずっと当てはまると予想できます」

平均的なトレーダーが自分の裁量で動いて成功するチャンスはどれくらいだと考えますか。

非常にわずかですね。

なぜですか。

私の見方では、相場には人間の行動が現れます。人間の性質、つまり恐怖と欲望の総体が現れるわけです。恐怖と欲望が相場に姿を見せると、私たちは人間として、どうしてもそれに目を引かれます。そのことで、自分の人間的性質が刺激され、影響を受け始めます。研究によれば、トレードに関するかぎり、人間的性質は間違っているということがはっきりと示されてます。恐怖と欲望が一層強くなって、客観的でいれなくなるからです。

そこから引き出されるのは、最高の成功を収めるトレーダーは、人間的性質に逆らってトレードできる者だということです。人間的性質に従ったらお金を失うし、裁量的トレーダーの九五％が人間的性質に基づいてトレードするせいで時間とお金を失っている、とする見方があります。そういう見方を受け入れられるなら、大きく飛躍してトレードで儲けることができます。そのためには自分の人間的性質に逆らってトレードしなくてはなりません。それを裁量でやるのは非常に難しいことです。メカニカルなやり方を採ったとしても相当に難しいことなんです。それでも、メカニカルなシステムを使っていて、人間的性質が「そのトレードに手をつけるな！」と叫んでいるときでもトレードでき、そのままやり通せる自制心があれば、トレードで利益が上げられるでしょう。長いことメカニカルトレードをしてきた人のだれもが私に言うことですが、実行の一番難しいトレードがたいていは最大の利益につながります。そうしたトレードは人間的性質に逆らうものなんです。

ひとつの実例があります。二年前、金利がひどく低下していた時期の出来事です。私たちは、ストップによって債券の買いポジションからはじき出されたばかりでした。そのとき、再度買うようにとのシグナルが出ました。私はロブを見て、ロブも私を見ました。で、彼はこう言いました。「さあ、どうする？　買いに入れと、メカニカルシグナルが出た。だが、価格は歴史的な高値水準で、金利は歴史的な低水準にあるときてる」。もしも自分の意志に任せられたとしたら、私たちはそのトレードに手をつけなかったでしょう。でも、私たちはメカニカルトレーダーですから仕掛けました。結果的にそのトレードは記録的な利益になりました。というのも、金利はその後六カ月にわたって下がり続けたからです。裁量が許されていたら、絶対にこのトレードは仕掛けなかったでしょう。私に言わせれば、長期的に成功するにはメカニカルトレードしかないんです。この例もその証拠のひとつになります。

そうした結論に達した個人的な道筋について聞かせてください。

実際のところ、相当昔の話ですが、きわめて単純な本を読んだんです。三種類の移動平均線を使うきわめて簡単なシステムが書いてありました。要点は、全部の移動平均線がそろって強気になったら売りのポジションをとってはいけないし、その反対も言える。そして、それに従っていれば、長期的に見て、けっしてひどいことにはならない、ということでした。

それがきっかけで、私はメカニカルに考えるようになりました。サイクルや、サイクルの底を選びとることを試みましたし、エリオット波動を理解しようとか、いろんなことをやったのですが、あまりうまくいきませんでした。でも、三種類の移動平均線には絶対に逆らわないというルールを適用したときに、私は（トレードによってずっと利益を上げ続けることが）できると考え始めるようになったのです。

その後、本当に必要なのはトレードを自動的に行う機械だと考えるようになりました。ここで、私の製造業の経歴と結びついたわけです。あるアイデアを一定期間検証して、利益が出ると証明できれば万全だと考えたのです。

私が最終的に理解したのは、大半のトレードが本来トレンドフォローになるはずだということでした。言いたいのは、トレードはすべてトレンドを追いかけるもので、ただ時間枠だけが違うのだということです。私は核となる哲学を作り上げました。それは、長期的にお金を稼ぐ方法のひとつはたえず市場にいることだ、というものです。ただ、方向は絶えず変えなければなりませんが。要するに、市場はトレードを助けるために存在しているという、ピーター・ステイドルマイヤー（何よりもマーケット・プロファイルの開発者として知られる著名なトレーダー兼アドバイザー）の主張に立ち返ることになるわけです。トレードを助けるためには、市場はどうしてもトレンドを形成しなければなりません。トレンドを形成しなかったら、皆、資金を引き上げてトレードをやめてしまいます。そうなったら、市場は結局死んでしまいます。

つまり、私は一足飛びに進歩して、市場は自分自身が生き延びるために、トレンドを作りトレーダーを引きつけてお金を稼がせるのだ、という絶対の確信をもつようになったのです。そうでないと、トレーダーはよその市場に移り、その市場は死んでしまうことになります。

何があっても、市場はトレンドを作りトレードを助けてくれるのだと一足飛びに悟ると、いつも市場にいるべきだという次の飛躍に移ることができます。いつもそこにいて方向を変えていれば、そのうちに素晴らしい動きをつかみ、不安定な市場で失った資金を全部取り戻し、そのうえに利益を手にすることになるでしょう。一足飛びにそれが理解できるようになった時点で、トレードは、方法の問題ではなく、ビジネスの問題になりました。

そんなふうに完全に確信するまでに何度痛い目に遭いましたか。

何百回もです。私は市場についての判断を試みて、不安定な市場をくぐり抜ける間に自信を失いました。市場は、人をトレードに向かわせ、損をさせ、退場させるためには、できることは何でもやるし、トレンドも結局そのためにある——そういう確信を何度も失いました。でも、それが市場の目的なのです。資金を奪って、人を放り出すのです。

現在あなたが使っているもののどれかに、その三種類の移動平均線が組み込まれていますか。

いいえ。研究の中で私たちが見つけた面白い事実は、結局指標は大事でないということです。移動平均線、n日ブレイクアウト、モメンタム・エントリー、MACD、RSIのどれであってもです。トレンドトレーディングをしているかぎり、同じ時間枠で比べてみれば、どんなテクニックを使うかは大して重要なことではありません。

あなたと私が、ある時間区分を長期間にわたって調べることに合意したとしましょう。例えば、七〇市場における四〇日間の時間枠を一〇年の期間で調査したとします。私たちの研究によれば、四〇日間のブレイクアウトも、同期間の移動平均線交差も、モメンタムも、利益は全部似たりよったりになります。

そしてエントリーポイントもだいたい同じようなものだったのではないでしょうか。

まさにそのとおりです。だいたい同じレベルになります。ＣＴＡの世界を見てみれば、大部分のＣＴＡがそうだと思うのですが、たいてい三〇～九〇日の期間でトレンドフォローのトレードを行っています。そのだれもがほぼ同じ時期と同じ位置で仕掛けるのです。ずれがあっても、前後一週間というところでしょう。

こんなふうにエントリーがだいたい同じになって、そこで差がつかないとしたら、ではいったいトレードのどこで差がつくのでしょうか。結局のところ、トレードで強みを発揮できるとしたら、それはリスクマネジメントによるのです。トレードの背後のマネーマネジメントによるわけです。リスクコントロールとポジション増減をどうやるのかの問題なんです。指標とは何の関係もありません。皮肉なことに、トレーダーが研究しようとするとき、十中八九、指標をいじくり回すのにほとんどの時間を使います。良い指標を探すわけです。私たちは、掛け値なしに研究時間の九〇％をマネーマネジメントとリスクコントロールに充てます。率直に言って、私たちはエントリーで勝負しようとは思っていません。いろいろエントリーを検証してみて、結果に差が出ないということが分かったんですから。

トレード期間はどうですか。時間枠に本質的な良し悪しがあるのでしょうか。

そうは思いませんね。単に個人的な好みの問題だと思います。あるプログラムで、私たちは三種類の時間枠を完全に混ぜ合わせて使っています。一種の分散化にもなります。短期、中期、長期といった具合にね。時間枠は人によって六種類だったり、三種類だったりするのですが、成功したトレーダーの多くは、何種類かの時間枠に基づいたトレードを行っています。

私たちのほかのプログラムでは、長期的なモメンタムフィルターを基本として、そのほかに、長期的モメンタムの方向に沿って短期的なトレードを活発に行っています。私たちの基本方針は、長期的に変動が続く可能性が十分にあって、それに確信がもてたら、その方向に沿って短期的なトレードをすることを考えます。

興味深いアプローチですね。短期トレードについて何か気に入っている点があるのですか。

低リスクということです。結局大事なのは、皆が儲かると分かる時期なんです。時間枠全体のなかで相当の比率を占める期間、市場のトレンドが続けば、トレーダーは儲けることができます。一分足を基にしてデイトレードをする場合、そうしたトレンドが一〇分とか一五分続くことがあります。日足のチャートを使ってもっと長期的な指標に基づいてトレードする場合には、トレンドが三年ということもあります。でもチャートはチャートです。どれを使っても差はありません。時間枠の好みだけの問題なんです。

大事なのは、利益が得られると想定した動きを相場が示してくれない不安定な時期に、コストをどう管理するかということです。五分足のチャートで一日中続くトレンドを待っているときに、二日間も、相場がちゃぶついていたらどうしますか。どうやってコストを抑えますか。繰り返しになりますが、ビジネス上の問題は、必ず来ると確信して素晴らしい動きを待っている間にちゃぶつきのせいで生じるコストをどうやって最小限にとどめるか、ということです。エントリーは関係ないことになったのですから、これはトレードの問題ではなくて、ビジネスの問題になるわけです。エントリーでは何も変わらないと分かっているのですから。要するに、ちゃぶついた時期に当面のコストをあまり大きくしないようにして、トレンド期間中にそのコストを上回る利益を上げる、というリスクマネジメントに取り組むことになるのです。

それは製造ラインを運営することとなんら変わりません。固定コストというものがあります。従業員コスト、設備コスト、電力コストなどがかかってくるわけです。これらのコストを全体として抑制して、最終的に製品を完成させて売ったときに、そのコストを埋めてさらに利益が出るようにしなくてはならないのです。

この例えは市場にも当てはまります。ちゃぶつく時期はコストなんです。そして、市場がトレンドを描くときに、ちゃぶついた期間のすべてのビジネスコストとドローダウンの総額を上回る利益が得られることを証明できなくてはいけないのです。

以上のすべてのことを理解できた人がいて、これからトレードで生活していくための現実的な計画を立てようとしているとします。この人が生活費として年収五万ドルを稼がなければならないとしたら、初期コストを含めてどんなものが必要なのか、教えてください。

必要なコストについて、多くの人が非現実的な考え方をしているようです。たいていはトレードコストとドローダウンだけを考えて、自分の時間や、コンピューター代や、事務所の家賃や、電気代などを考えようとしません。だから、まず必要なのは現実的になることです。

第二に必要なのは、次の点に気がつくことです。すべての事業の失敗のもと――すべての事業とすべてのトレーダーの破綻原因の九〇％は、十分な資金がないということです。成りたてのトレーダーは、ほんのわずか資金を用意すれば、山のように稼げると考えます。でも、成功はトレードの腕前と投資できる資金量によって決まるのです。大半の人が犯す間違いは、十分なトレード資金を用意せず、少しの元手で大金を稼ごうとすることです。トレードビジネスなら一万ドルを用意すれば一〇〇万ドル稼げる、と考えてしまう点にあります。

その原因の一部は、それを実際に成し遂げた並はずれた人たちのトレード話が世間でもてはやされていることにありますが。

ラリー（・ウィリアムズ）もそのひとりですが、ラリーはプロのトレーダーで、非常に厳密なマネーマネジメントの枠組みの下に、リスクコントロールを行っていました。確かに彼は一万ドルの元手を一〇〇万ドル以上に増やしました。でも、そのやり方は非常に系統だったもので、「この一万ドルを一〇〇万ドルに増やすのだ」などと言って衝動的な行動に出たりしませんでした。言ってみれば、「ここに一万ドルある。これを元手にシステムを使ってトレードをする。資金は、前もって決めた方法に従って管理するつもりだ。もし相場が私が考えたとおりに動いてくれたなら、大金を稼ぐことができる」という具合です。これはほとんどの人が持っていない一風変わった考え方なのです。

もうひとつ必要なのは、バックテストに基づいて口座のトレード資金に対応したリスクを考えるということです。私たちは長年のトレードを調べてみて、年間で三〇％の利益を上げ、ドローダウンを三〇％以下に抑えるというのが妥当な目標だと考えました。

そうした結論に至ったのは、おそらく過去の研究から導かれたからなのでしょう。ところで、あなたの研究結果を実践するときの原則として、何か別のものはありませんか。例えば、ドローダウンが過去に経験したことのないほどの数値になることを予想していますか。

行く手に最悪のドローダウンが待っていることは、だれもが承知しています。だから、どんなときも冷静でいるために、必ず研究結果を低めに見積もっておく必要があります。検証の結果がどんなものであっても、さらにひどいドローダウンに出合うだろうと、常に私たちは覚悟しています。

基本的に、私たちはドローダウンを平均利益率と同じに保つことを基準にしています。結果が一対一の比率になれば、だいたい満足できます。つまり、年間三〇％の利益率を目標にする一方で、ドローダウンを三〇％と想定したときに、それをクリアできるという検証結果が出ればいいんです。

検証の結果、二〇～三〇年にわたって三〇％の利益が見込まれ、しかもドローダウンが一五％ということになれば、ドローダウンの余裕がずいぶんあることになります。そんなときは、「そういうことなら、最悪のドローダウンが、出た結果の倍になると考えて計画を立てようじゃないか」と言います。たいていの場合、概算値として一・五倍と二倍の間の数値を使っています。

「あなたはどの時点で自分のシステムが破綻したと判断するのですか」と、何度となく投資家から聞かれます。要するに、どの時点でトレードをやめるのかという質問です。それに対する私たちの基本的な答えは、ドローダウンが仮想的な検証の示す値の倍になったら、何か間違いを犯したのではないかと心配し始めます、というものです。

通常のドローダウンが限界を超えるときではなく、突然の異常事態で市場がショックを受けたときはどうしますか。何度か私たちが経験したような、相場がひどい歴史的な外れ値を付けるような事態です。

興味深い問題です。実際、今年(二〇〇三年)初めにそんなことが起きました。一月から二月にかけて、戦争に対する懸念からエネルギーと金利が異常に上がりしました。でも、三月に入ると、例外なく一月と二月の上昇分が帳消しになりました。私たちのメカニカルトレードの結果として、三月に埃が全部収まったとき、少しだけプラスになっていました。それは素敵なことでしたが、なんといっても、その前の大幅な値上がり分を全部失ったのです。

そこで問題は、どうするのが正しかったのかということです。熟練したCTAや古参のトレーダーの何人かは、二月末に手仕舞っていました。あまりに大きく値上がりしたので、ポジションを半分に減らしていたのです。人によって多い少ないはあったでしょうが。彼らは「大金を稼いだし、こんなことが続くはずがない」などと言っていました。

私たちはそうしませんでした。話し合って、そうしないことに決めたのです。私たちはメカニカルトレーダーだからです。自分のメカニカルシステムを貫くのです。

そのころ、業界でちょうどこの問題について非常に興味深い論争がありました。なぜ(ポジションサイズを)減らさなかったかという点に対する私の答えはこうです。仮に、二月末に手仕舞って、ドローダウンを実際の半分に収めたとします。この場合、私は自分の顧客のところへ行って、自分がいつもそんなことができて、おそらく間違いなど犯さないほど賢いのだと、相手を納得させなければならなかったでしょう。そして、彼らが私の商品を購入するだけでなく、市場の異常事態を見抜いて、それをもとに手仕舞ったり再度仕掛けたりする私の能力も買っているのだと、納得させる必要があったでしょう。

奇妙なのは、私やそのほかのシステムトレーダーにとって、そんなことは当たり前なのに、部外者たちは、そうしたこだわりを不必要で無茶だと考えるということです。戦争や政府発表が迫っていても私がそのままシステムトレードを続ける理由を説明しなければならないことが、これまで数え切れないほどありました。

　そのとおりですね。これからどうするつもりかと、あちこちから質問責めにあうことが私たちにもありました。要するに、システムにこだわるのをやめたらどうか、という意味なんです。もちろん答えはノーです。私たちはシステムを堅持するのです。

　私はあくまでもシステムの検証者ですから、そのときこう言いました。「分かりました。それなら、一月や二月のような事態を教えてくれる指標を考案しましょう」。そして研究に戻って完成に漕ぎつけました。「これでいいだろう。この指標がこのレベルを超えたら、手仕舞うことにしよう」と私は言いました。

　私たちはこんなふうに言い合いました。「おい、これはすごいぜ。これで、こんな市況は避けることができる。三月のような痛い目に遭うことはなくなるだろう」。私たちは（ざっと）見直してみて、それが役に立つ状況がほかにもあることに気づきました。「素晴らしい」と声を上げました。

　今度は数値を使って動かしてみました。検証プログラムにかけて、「この指標がこのレベルに届いたら手仕舞おう」ということになったのです。結果はメチャクチャでした。そこで、行ったトレードを調べ、手仕舞い方を調べました。すると、指標が当てはまった直近の三回は手仕舞いが成功したのですが、さらにさかのぼるとまったく違った結末になっていたのです。指標が基準に届いて手仕舞ったあとで、相場はさらに九カ月間そのままの動きを続け、結局、手仕舞ったせいで三〇％の利益を手に入れ損ったのです。

　私たちが発見したのは、これは裁量的取引の欠点を示すおなじみの事例のひとつで、長期間使うとボロが出るということでした。短期的にうまくいくものを見つけたとしても、十分な長さの期間をとって検証すると、トレードの回数が増えるせいで大部分がうまくいかなくなる、ということがしょっちゅうあるのです。

メカニカルシステムトレードに付きものの問題としては、ほかにどんなものがありますか。

メカニカルトレードをするときにいつもぶつかった問題のひとつは、先物のつなぎ足では長期データ上でずれがよく生じるということでした。つまり、研究データとしてあるつなぎ足を使っていて、そのあとでリアルタイムのトレードを始めた場合、同じデータを使うことにならないのです（理論上の連続フィールドとは違った特定の存続中の限月をトレードすることになるから）。このことから、リアルタイムデータに基づくパフォーマンスは、先物つなぎ足で検証した結果と本当に対応するものかどうか、という問題が生じます。

そこで私たちがまずやったのは、つなぎ足のデータマネジャーを自作してしまうということでした。私たちは、検証と実際のトレードの両方で同じデータストリームを使いました。その日のバーを（既存の汎用データブロックに）付け加えたうえで、シグナルを受け取れるようにしたのです。

これで、リアルタイムのトレードと平行して検証プログラムを動せるようになりました。リアルタイムでもつもり売買と同じトレードをしてるのかどうかを確かめるためには、相関係数を計算すればいいわけです。その数字はずっと〇・九五ほどで、大いに満足できる結果になっています。

これは大きな問題でした。いつどうやって先物を乗り換えるのか、どうやってつなぎ足にするのかについての選択結果は、リアルタイムのトレードに影響を与えます。データの対応づけは注意深く行う必要があります。

それでもやはり、使う記録を増やせば、それだけつもり売買の記録との対応性は良くなりました。私たちは一九七〇年まで三〇年さかのぼって、すべての先物を統合しました。そして、最大リターン、最大ドローダウン、シャープレシオなどの数値を算出したのです。「グローバル・トレンド・プログラム」はフォール・リバー社が開発した最初のプログラムで、運用を開始してちょうど三年たったところですが、その統計データは、つもり売買の結果と大変よく一致しています。

過剰最適化の落とし穴を避ける方法について説明し

てください。

ひとつは、アイデアを複数の市場で検証するということです。二番目は、検証を特定の時間枠や特定の時期の銘柄に限定しないようにすることです。いろいろな市場条件を調べられるように、十分な長さの期間をとって検討しなければいけません。三番目として、選んだパラメーター以外のどんな副次的なパラメーターを使っても、それなりの利益が出るようにすべきです。好ましくない流れが生じても、その影響を受けないようにするためです。私たちが考えている基本的な方法としてはこんなところですね。

ほかの環境で検証するときにそのまま持ち込めないような、個々の銘柄や銘柄グループに特有の性質があると考えますか。

そうは考えません。この話は、さっき話した、指標は大事ではないという基本的前提に立ち返ることになります。あなたの質問は、基本的に「指標のパラメーターや期間を変える必要があるか」という意味ですよね。それはカーブフィッティングに当たると考えます。

長期的な検証を行うなかで、プログラムについて私たちが学んだのは、指標を最適化しないほうが長期的に見てシステムがうまくいくということです。また、短期的には、短い時間枠で最適化したり検証したほうがパフォーマンスが良くなることもある、ということにも気づきました。でも、私たちは、短期的な時間枠を使って最適化をしたほかのCTAに比べて、仕事の期間が長ければ長いほど、より良好なパフォーマンスを上げてきました。それは、パラメーターを最適化しなかったおかげなんです。

システムやポートフォリオを実行に移したあとで、定期的な最適化を行いますか。

指標の最適化のやり直しは一切しません。何の役にも立たないと分かっているからです。私たちが一貫して取り組んでいるのはマネーマネジメントとリスクコントロールです。少しでもドローダウン率を下げる方法をあれこれと模索しています。リスクコントロールとマネーマネジメントの研究は、私たちにとって強迫観念のようになっています。四六時中それをしてるのです。もっとも、ここ三年、まだ変更はしていないのですが。まだ著しい効果のある方法は発見できていないのですが、良いところまでは来ています。

あなたにとって、好成績の原因を理解することは大事なことですか、それとも好成績の数字を見るだけで十分ですか。

私たちは自分たちの数字の背後にあるものを理解しています。理解が必要だと考えています。安心できる唯一の方法ですからね。私にはブラックボックスでトレードすることはできません。ここで話し合ったことを思い起こして、その論理をたどってもらえれば、どの時点でも、私たちが自分の立場を理解していたことが分かってもらえるでしょう。どんな時点でも、私たちはある仮定から出発して別の仮定に到達し、それがまた別の理解に結びつき、さらにそれがあるパラメーターに至る、といった具合に論理的な手順を踏んでいるのです。

出発点にあるのは、市場は生き残るためにトレンドを形成しなければならない、という基本的な仮定です。そこから、素晴らしい動きをとらえるための方法はどんなものかという問題が出てきて、指標の決定ということにつながっていきます。そして、指標は大事ではないという認識に至ります。この時点で、「自分に使いやすい指標にしようではないか」ということになります。

それから、こんなふうに考えます。「ところで、私がいつも市場にいて、指標に従って方向を変えるとしたら、動きを待っている間に大きなドローダウンを被ることになるはずだ」。これはひとつの見識です。そういうわけで、リターンを待っている間に、どうやってリスクを限定するかがビジネス上の問題になります。そうした見識の結果、システムを複数にするか、銘柄を複数にするか、マネーマネジメントに必死に取り組むか、いずれかの方法をとることになります。あるいは、たぶんそれら全部ということになりそうです。

繰り返しますが、結局これらすべてが、トレードの問題ではなく、ビジネスの問題となります。私たちの最大のチャンスは、自分たちのビジネス計画を貫徹することにあります。

ラリー・ウィリアムズ
Larry Williams

「富を作りだすのは、システムではなくマネーマネジメントです」

ラリー・ウィリアムズは、トレード・投資セミナー関係ではトップクラスの著名人である。彼には、よく読まれている『ハウ・アイ・メイド・ア・ミリオン・ダラーズ・トレーディング・コモディティーズ（私が商品トレードで一〇〇万ドル稼いだ方法）』や『ラリー・ウィリアムズの株式必勝法』（パンローリング）をはじめとする数多くの著書がある。

ラリーが最も有名になった出来事は、一九八七年に始まったばかりのロビンズ・トレーディング・チャンピオン大会で一万ドルを投資したことによるものだった。一〇月にはその口座は二一〇万ドルになっていた。その後の株式相場の暴落で金額は七〇万ドルに減ったが、年末には一一〇万ドルまで盛り返した。一万一〇〇〇％の収益率だった。

もちろんラリーは大会に優勝した。ただ、その離業に対しては異論がないわけではなかった。

ラリーは進んでこう語っている。「私が大会で何か不正を働いているとか、S&Pのトレード能力しかないといったうわさがありました。でも、記録を見れば、私があらゆるトレードを行っていた時期のあることが分かります。それは単に『ほら、動きがあれば、私はトレードをするんだ』ということを示すためでした」

彼はその出来事から、利益と知名度以外にも手に入れたものがあった。

「私のマネーマネジメントは、とんでもなく猛烈な攻撃型でした。上昇期には一万ドルが二〇〇万ドルになったのですが、その下落（二〇〇万ドルから七〇万ドルへ）は悲惨でした」と、彼は総括する。

その後ラリーは、エネルギーの多くをマネーマネジメント――彼によれば投資家が一番見逃しているトレード要素――に費やすようになった。「富を作りだすのは、システムではなくマネーマネジメントです」と彼は言う。これは、このインタビューの随所に現れるテーマである。

ここ四〇年以上の間、ラリーは、商品市場に対する冷静な分析アプローチによって、国中の会合で参加者に影響を与えてきた。そのテクニックは、移動平均ブレイクアウトやレンジ・エクステンションといったおなじみのものから、独特のパターン認識戦略などのひどく難解なものまでのすべてを含んでいる。

ブラックジャックの名人と同様、ラリーは確実に確率を有利にしてくれるものならなんでも取り入れる。その結果として、数種類のテクニックを「重複使用」することがある。また、見込み一％のプレーでも、より広範囲の有利な展開につながって、それがもっと大きな考え方と一致する場合には実行に移すことがある。「ジェネシス」という彼のソフトウエアは、複数の市場だけでなく、追加的なテクニカル要因やファンダメンタル要因にも同時にアクセスできるようになっている。その結果生じる複合作用によって、日常的に八〇％以上の的中率を持つ成果が生み出される。

思い切って白状すれば、私はラリーから直接個人的な影響を受けている。ラリーが同僚の有名人ジェイク・バーンスタインと共催したセミナーに出て、メカニカルトレードの話を聞いたおかげで、訳も分からない長年の敗北者だった私が、稼げるシステムトレーダへと素早く変身できたのである。初めのころ私がよく使った戦略は、彼の教えを直接に応用したものだった。さまざまな市場でさまざまのシステムや仕掛けのテクニックを使ったが、それらにはひとつの共通点があった。トレードを一晩持ち越して、前日の高値で買い玉を手仕舞うようにし、売り玉についても同様に前日の安値で手仕舞ったのである。

それは、ラリーが「その日の高値で売って安値で買う方法」として考案した考え方の借り物で、細かな点までラリー流だった。怪しげなところもあったが、それでも間違いなく効果的だった。ラリーの言葉を借りれば「前の日のことを繰り返してみたらどうだろう」、というわけだ。

ラリーは、私が自分のトレードを「すっきりさせる」

のを手助けしてくれた。型ができ、ごまかしもなくなり、横目でチャートを見ることも不要になった。私はやや単純にも、彼のインタビューも同じように一貫したものになると思い込んでいた。しかし、ラリーは、自分の冷徹な統計データから別の結論を引き出していた。確かに全体の九八％ほどはメカニカルに説明することができるだろうが、時には相場が予想外のカーブを投げて人を混乱に陥れることがある、というのだ。純粋なシステム信奉者は、あらかじめ何もかも予想してそれに対処しようとする。相場のボラティリティが高くなりすぎたときには、なんらかのサーキットブレーカーを働かせることになる。レンジがそれまでの幅を超えるようなら、それに応じて仕掛けと手仕舞いのポイントを広げることになる。要するに、トレーダーは自分の方法をできるかぎり柔軟にする――相場のあらゆる突発事態に応じて変える――のがよい、というわけである。

たいていの場合、システムから外れて、直感的・衝動的に動くと、どうしても災難を招く。多くの人は（私を含めて）いつまでたっても相場に合わせることができない。それはありふれた問題で、あるマーケットの名人が言ったように「相場は、間違ったプレー法を教えようとする敵のようなものなのだ」。

そうしたせいで、私の質問のうちに、あたかもラリーを思いつきで非難しているかのようにみえる発言が混じっているかもしれない。しかし、ラリーは自分から純粋なメカニカルトレーダーだと名乗ったことは一度もない。もっとも、そうした結論に飛びつく人がいたとしても、それは許されることだろう。なんといっても、ラリーはそれほどたくさんのメカニカルアプローチを提供してくれているのだ。それでも、時おり相場に生じるショックに対して、当然、ラリーはその場で素早く処理できる。

ラリーは次のように言う。「道路ではセンターラインの右側を走ることになっています。それが法律です。でも、大きなトレーラーが同じレーンをこっちに向かって走って来たとします。センターラインの向こう側は空いています。このとき、『さて、法律制度に従うべきなんだろうな』とか、『まずいな。何か条件が変わったんだ』などと言ってられるでしょうか。私なら

『現実を認めるしかないな』と考えます」

インタビューは、カリフォルニアのサロナビーチにある彼の事務所（丘を登る曲がりくねった道路脇のビルのなかにある）で差し向かいで行われた。一帯は高級街なのに、ラリーの仕事環境はつつましく、すっきりしていた。二〜三の部屋と受け付けスペースに受け付けがひとりといった具合だった。シンプルさは、ラリーが特にトレードに望むものである。

ラリーはプルオーバーにジーンズ姿で迎えてくれた（加えて、以前にはなかった今はやりの口ひげとあごひげを生やしていた）。コーヒーは普通か、スターバックスよりも濃くするかと好みを聞かれた。私たちは、システムを無視するのが賢明だとラリーが考える二％の期間について少し話し、彼の膨大なレパートリーにあるほかのすべてが使える九八％の期間についてたくさんの話をした。

システムトレードを高速道路のドライブに例えたアナロジーですが、むしろ危険な坂道のほうが適切ではないでしょうか。自分のレーンをトラックが近づいて来ることがはっきりしていても、その場しのぎのトレードをしたら、大半の人が厄介な目に遭うのではないでしょうか。

高速道路のドライブというのは、分かりやすくするための例えです。でも、相場では未来のことは分かりません。予測できないのですからね。だから、システムがダメになったのかどうかも確信できないわけです。ドライブ中にシステムの手直しや改良を迫られるときもあります。

高速道路の上でですか。

そう、高速道路の上で。

でも、そういうときは気分的に落ち込んでいて、最悪に近い時ではないですか。

そのとおりです。実際には初めから準備し直したほうがいいのです。高速道路、できれば低速レーンを走りながらということですが。車にエアバッグがついているかどうか確かめるべきですし、交通情報も調べたほうがいい。できるだけ広範囲の突発事態への対処法も考えるべきでしょう。

もとに戻って、うまくいかなかった原因を調べることが気分的にこたえるとは思いません。「このシナリオのどこがいけなかったのか」「ああそうか、こんな条件があったんだ。そのときは思いもつかなかったのに」といった具合なんですから。

一〇年ほど前に比べて、今は私も相場について少しは余計にものを学びました。自分の新しい知識を、自分がかかわっているものすべてに応用しようとしています。

様子見やその場しのぎをせざるを得ない事態の例を挙げてもらえませんか。

買いのシグナルが出ているときに、FRB(連邦準備制度理事会)のアラン・グリーンスパン議長が証言するようなケースです。毎日トレードしなくてはいけない、ということはないですからね。これは良い例と言っていいでしょう。何かが起きると分かっているわけですから。

あなたが厳密なメカニカル派だった根拠と、そうでなくなった理由は何でしょうか。

私は厳密なメカニカル派だったことはありません。メカニカルシステムのはっきりした信奉者だったことはないのです。正直に言えば、だれだって一〇〇%メカニカルになることはないだろうと思います。

私は非常にシステマティックなやり方をします。今朝ここへ出勤してきて、注文を出し、ストップを設定し、目標値の指示を出しました。これをメカニカルと言う人もいるかもしれませんが、私自身はむしろシステマティックとみなしています。

私は、全期間の九八%は自分のアプローチに従います。しかし、ほかの人もそうでしょうが、私にとって特別な臨時の判断が必要だと思うときが二%はあると、はっきり認めざるを得ません。

もちろん、とても直感的にやっている人たちもいます。私には六〇年代からずっとトレードをしている友人がいますが、彼は頭のなかで考え、相場のメモをとるだけで、とてもうまくやってきました。

ですが、講師として、そういうたぐいの専門能力を教えることはできませんよね。

講師としては真実を教えるべきだと考えています。生徒に向かってこう言うのです。「君たちは自分がどんな人間で、何をすべきかを見つける必要がある。私がこんなふうにやると言っても、君たちは私ではないし、私も君たちではない」とね。

私が生徒に示すことはプログラムに組めるし、教えることもできます。しかし、人はどうしたって、受け取ったアイデアに自分流のひねりを加えることになるのです。

トム・デマークは親しい友人です。彼のしたことのなかには私が理解すらできないものもありますが、理解できたことは私自身の仕事のなかに組み込もうとしています。私はそれらを見て品定めをします。「やあ、こんなことは一度も思いつかなかった。彼と話してよかった。話を聞いてよかったな。これが使えるんだから」というわけです。

トレードを始めた経緯はどのようなものでしたか。

最初は株式トレードで、当時のオシレーター系のテクニカルな本を読みました。ギャンの一連の手法や、エリオットや、おまじないのようないろいろな代物を信じ込んでいました。長いことそんなことを続け、相場は「N度」の角度に従って予測できるなどと考えていました。

今ではそれら全部を信じていません。相場はひどく非合理的で、完全ということがなく、神の手もなく相場操縦家もいないと考えています。長期的なファンダメンタルの条件を踏みにじるランダムなゲームなんです。

その後、もっと筋が通りそうなアイデアを思いついてそれに夢中になりました。その四～五年後には商品取引を始めました。ブローカーをやっている古い友人が「商品トレードのほうが儲けが大きいよ。やってる人間は少ないけど、レバレッジがすごいんだ」と言ったのです。

アドバイザーとしての経歴はいつどんなふうに始まったのですか。

今の話のかなりあとのことです。しばらくトレードをし、少し稼ぎ、いくらか腕が上がってからのことです。有限責任のパートナーシップをやっていたのですが、かなりうまくいってました。よく人からアドバイスを求められました。大学でジャーナリズムを勉強したときにひとつ学んだことがあります（ラリーはオレゴン大学で学士号を修得している）。私の教授はとても賢い人でした。「何かしたらその報酬をもらいなさい」というのです。それで、「そうだ。この情報に対して支払い請求をしなくては」と思ったのです。

あなたのテクニックの知識が広まるとその効果が弱められるのではないか、と心配になったことはありませんか。

ないですね。何よりも、実際にそれを使う人はそう多くないと考えていました。第二に、自分には宣伝の能力は大してないと思ってました。現在でも、私の信奉者はそんなにいないでしょう。

収入のうちで実際のトレードから得られる収入はどの程度の割合なのでしょうか。

年によりますね。一九八七年とか一九九七年のように、トレードが大部分を占める年もあります。最近では五〇・五〇くらいでしょうか。

いつ相場で稼げるかということは予測がつきません。稼げるかもしれないし、そうでないかもしれない。友だちのロバート・アレンは不動産で大きな利益を上げたのですが、「複数の収入の道が欲しい」と言っていました。これは皆に当てはまることだと思いますね。

ビル・ゲイツはどうして引退しないのでしょう？ ビル・ゲイツに比べたら私は貧乏です。だれもが働き続けたいのです。自分の仕事を続けるのが好きなんです。法学の教授はどうして法律を教えながら実務もするのでしょうか。両方を楽しみ、両方が収入の道になっているからです。

私が講義をしたり、本を書く理由も、それが楽しいからです。心から好きなんです。私はジャーナリズムの教育を受けました。だから、それは自然だし、私が学んだことなんです。私の心の表現であり、原点なんです。

相場の調査をしたり、システムを作り上げたりするとき、手掛かりにすることを簡単に説明してください。

私は相場を長期と短期の二重の観点でとらえます。長期的にはファンダメンタルズが相場を動かしますし、短期的な変動は感情によって作られます。

最初は長期的にとらえます。上昇や下降につながりそうな条件を探すのです。例えばコマーシャルズ（当業者）、大衆の動き、取組高、シーズナルな要因などが長期的なシナリオを作り上げます。それに、バリュエーションも大事です。もちろん望ましいのは過小評価された銘柄です。

過去の事例によれば、大半のケースで「現在」が未来を作り出していきます。必ずというのではないのですが、過去の事例を見ると、一定の条件がそろうと高値や安値からの一定の動きが頻繁に生じています。そんな場合、私はそれに従いたいと考えます。

そうしたモデルのほかにマーケットタイミングを計る手段も使います。私は相場が毎回同じ仕方で底を打つとは考えませんので、底打ちの動きをとらえる方法を数種類用意しています。実際に底打ちが生じるとき、だいたいはそれを捕まえることができます。私の方法はトレンドライン、移動平均線、チャネルブレイクアウトなどで、これらのどれかが手掛かりになります。

短期的にはチャートは感情を反映します。例えば安値引けの日があって、相場があまりにもひどくみえるので、だれもが次の日の寄り付きで投げてきそうなときがあります。こんな場合にだいたい買いに入ります。群衆の感情を利用したいと考えるのです。安値で引けたアウトサイドデイ（包み足）は私にとってまさに最高の日です。たぶん次の日かその次の日に買うことを考えるでしょう。

債券がきつい下降トレンドにあるときは、そんなふうに株を買いたいとは思いません。強力な上昇トレンドにあってほしいのです。できれば月末辺りに買いたいと思います。株はたいていその辺りから上昇に転じるからです。加えて、相場それ自体がある程度の期間、上昇トレンドにあるのならば、なおさら好条件です。

つまり、私は良いトレードを試み実行するために、複数の条件を立てているわけです。

ファンダメンタルズの評価についてはどうですか。

毎週、ＣＦＴＣ（商品先物取引委員会）は建て玉報告書を発表しています。それを使えば、どの商品についても、過小評価されているか過大評価されているかが判断できます。「買われ過ぎ・売られ過ぎ」ではありません。それらはテクニカル用語です。そうではなく、真の意味での過小・過大評価のことです。

私は大口筋のしていることを推測できます。個人投資家のしていることも推測できます。買いに入りたいのは、コマーシャルズが強力なアキュミュレーションをしているときです。コマーシャルズが強力な売り手になっているときは売りに回ります。取組高も見ますが、それでコマーシャルズの活動が分かります。最後ですが、シーズナル表も見ます。だから、五～六種のファンダメンタルズ要因を見ていることになります。

それから、週ベースで主要アドバイスサービス会社の何社が強気・弱気になっているかも調べます。アドバイザーの大多数の見方がいつ一致するかがそれで分かります。それで、例えば八〇％が強気になったとすると、相場はたいてい下げに転じます。

このあとラリーはびっくりするような実例を見せてくれた。このインタビューが行われたのは二〇〇三年の二月半ばで、イラク情勢への懸念からＳ＆Ｐは長いこと下降トレンドにあった。ラリーは、強気コンセンサスの数字が一一％になっていることを指摘した。この指標は逆に読むので、今にも「信じがたい買い」が起きるかもしれないと彼は断定した。その翌日、Ｓ＆Ｐはほぼ終日安値で取引されていたが、最後はやや高く引けた。さらに次の日は、終値で一八ポイントのプラスとなった。たいていの人は、そうしたひどく不安定な時期に相場が上げることなど思いもよらず、その値上がりに仰天した。

ある状況を仮定してみることにします。ひとりのトレーダーがプロの投機家になりたがっているとしましょう。彼には意欲もあります。トレードのソフトを扱う適切な能力ももっています。また、それまでの直感トレードの結果がいつも散々だったことも心に刻まれています。そして、ある種のメカニカルな金儲け法のアイデアに従って取引するつもりになっています。ど

んな調査結果にも従う用意が完全にできています。このトレーダーが成功するかどうかは何によって決まるのでしょうか。

トレードで生活できるようになりたいという声をよく聞きます。素晴らしいことです。しかし、生活していくためにはいくら必要なのでしょうか。年に五万ドルの収入を得たいと思ったら、その現実的な方法を何か考えなくてはなりません。もしあるファンドが一貫して年に二〇～三〇％の成果を上げたら、とても素晴らしいとみなされます。ある年に六〇％儲けて次の年に二〇％損することもあるでしょうが、もし優秀なら平均値で二〇～三〇％という数字を出せるでしょう。

だから、その彼が五万ドル稼ぎたいと思ったら、最初の資金として一五万ドルほどが必要になります。それに、それでもリスクは付きまとうのです。投入資金に対して三三％の収益率といったら、驚異的な数字です。

現実を見れば、その数字はもっと下げる必要があります。

でも、この業界は小さな資金を大きくした話で有名になっているのではないでしょうか。リチャード・デニスとかあなたとか。

それは確かですが、あなたのは計画的に継続的成果を上げる話ではないですか。相場というものは今日、明日、来年はどうなるか分かりません。目を見張るような成功を収めることもありますが、毎日、毎週そんなふうにいくわけではありません。継続的にそんな成果を上げることはだれにもできないのです。

効果的なシステムを持ってそれに従い、感情をコントロールし、時間と資金があれば、トップに立つ可能性があります。しかし、三六点のスコアにしろ、一点のスコアにしろ、それを出すと予言してゲームに勝つことがあるでしょうか。ある年にシステムがどれだけのものをもたらしてくれるのかは、予測できないのです。

私たちが耳にする素晴らしい話は全部、小さな資金から出発した人の話です。けれど、もっとよく聞くのは、大きな資金から始めて、それを小さくして終わった人たちの話です。

あなたが途方もない利益を上げていた時期には、考えてみれば、今、人に大胆な行動として勧めるようなことをやっていたのではないでしょうか。

もちろん私は若かったわけです。

つまりある意味でラッキーだったということですか。

そう。だが、相場には、それに合った適切な時期というのがあります。いつもそういう時期にいるわけではないのです。

私はとくに頭の良い人間ではないですが、この仕事には必死に取り組んできました。これまでずっとそうした市場で過ごしてわけで、少しは理解できるようになりました。

私が人に言うのは、少額でゆっくりと始めなさいということです。つもり売買で訓練を積みなさいとも、だんだんと口座残高を増やしていきなさいとも言います。

アドバイザーのなかには、つもり売買は実際のトレード能力を正確に示すものではないと考える人もいます。感情的なプレッシャーがないせいで。

感情的な問題を引き起こす原因は、たいてい玉の建てすぎにあります。どうしても資金の投入しすぎになります。トレードをやりすぎるのです。すると感情的におかしくなります。

マネーマネジメントは感情のマネジメントです。これは皆が見過ごしてきたポイントだと思います。感情的な揺れが大きくなるのは、トレード行動そのもののせいではなく、投入した自分のお金の額が大きくなりすぎるからです。

では、つもり売買によって学ぶことができるということですか。

確かにそう思います。医学部の学生を見てください。彼らは三年生になるまで手術はしません。そして死体を使って「つもり売買」をします。ある年、裸馬のロデオで優勝したロックシンガーがいましたが、彼は大会まで年がら年中、暴れ馬マシーンに乗っていました。それは「つもり売買」みたいなものです。ロデオに行って腕や脚を折るようなまねはしませんでした。だから、オクラホマシティにやって来たときは、怪我ひとつありませんでした。MBA（経営学修士号）を取るために大学に行くのも「つもり売買」なのです。

つまり落とし穴はトレードそのものではなくて、お金や感情のマネジメントにあるというわけですね。あなたとしては、その問題にどう取り組んでいるのでしょうか。

魔法の公式のようなものはありません。基本的には、自分にとって居心地の良いリスク要因は何かをつかむ必要があります。私は六一歳になりますが、以前に比べてトレードに慎重になっています。今では基本的にひとつの市場でしかトレードしません。三つも四つもの市場に集中するほどの力はなくなっています。トレードするのはS&Pで、たまに債券もやります。そんなわけで、私の話はすべて単一市場のアプローチとかかわっています。もっとも複数の市場でトレードするトレーダーについても当てはまるとは思いますが。私はどんなトレードについても、資金の八％以上をリスクにさらすつもりはありません。人によっては二〇％というケースも、二％というケースもあるでしょう。ポートフォリオでトレードする場合には、五～六つのポジションで一～二％のリスクをとることもあります。もし全部が失敗したらリスクは一二％ほどになるでしょう。

いずれにせよ、リスクエクスポージャーはできるだけ低く保たなければなりません。

あなたのトレードスタイルについてもう少し詳しく聞かせてください。

私は短期型のトレーダーです。ポジションをもつ平均期間は一日半から一日と四分の三といったところです。しかし、それはS&Pの場合です。かつて市場を分散してポートフォリオでトレードしていたときは、一二～三〇日ほどだったでしょうか。

S&Pのシステムトレードは平均年七〇回くらいします。一週間にすれば一・五回ということです。今年はシグナルが一二回出ました。

ストップの幅は大きくとります。近いところにストップを置くと、引っかかる回数がそれだけ増えますから。

価格の目標値を使いますか。

短期的トレーダーとしては使いませんが、長期的トレーダーとしては目標値は好きです。中期的なスイングにも好んで目標値を設定します。

目標値を置くと、一定期間の利益が思ったほど上がらないことがあります。いつまでも玉を抱えているシステムの問題は、大幅な急騰があっても利益を手中に収められないことがあるという点です。急騰のあとで、相場が一～二カ月横ばいになったり、下落することだってあります。そうなると刑務所に入ったと同じで身動きがとれません。

それからまた上げ始めます。でも、もっと良い状況に立つことだってできたのです。それに、この上げ下げの激しい時期は精神的にとても疲れます。だれかがチャート集の一点を指して、「私はここで買って、ここで抜け出したんだ」などと言いますが、実際のところは、途中の一カ月ほどの押しの間、トレードに手をつけることができなかったわけです。システムがそれをとらえていたかどうかは問題になりません。こんな経験を続けるようなことはできないでしょう。

普通の人は、自分を救い出してくれるトレンドフォローシステムを使うぜいたくが許されません。ファンドがプレーするのと同じゲームをすることはできないのです。

戦略のパフォーマンスの研究に対して一番求めるものは何ですか。

私が関心をもつのは最大損失のトレードです。システムによっては、九〇％正しく、トレード一回当たりの平均で相当の利益を上げながら、一度の損でその九回分の勝利の成果を全部台無しにしてしまうといったことがあり得ます。最悪のドローダウンも我慢できます。ただし、それが全部一気に起きない場合に限ります。だから私はドローダウン（システムの指標としてですが）の大ファンにはなれません。私が自分のトレード経験から学んだことは、大きな損失のトレードに気をつけるということです。それが起きると破滅してしまうからです。

システムの最適化とその行きすぎについて聞かせてください。将来予想される結果とはほとんど無関係に、過去についてだけ完全な解釈を行うことをどうやって避けるのですか。

商品の数字は戦争捕虜に似ています。必要なだけ打ちすえれば、何でも白状するのです。

打ちすえるのも、やりすぎないほうがいいでしょう。ぎりぎりまでしないほうがいいのです。まず最初に振り分けをします。「そうか、何かがここにありそうだ」とか、「何もない。忘れてしまえ、ラリー」などと言いながら。私はほんとに素早く物事を忘れてしまえるのです。

目に止まるデータのなかにはある種の弾力性がなければなりません。もしそれがあれば、「よし。この例をもっと詳しく見てみよう」と考えます。そして、そのパターンを直接視覚的にチェックします。市場で何が起きていたのか。インサイドデイ？　アウトサイドデイ？　ギャップはあったのか。それは月初めなのか、月末なのか。債券市場はどうだったのか。そうしたことを全部見て、何らかの構造を作り出してみようとします。

システムは、その対象に関する統一性に基づいて判断します。そこに何らかの論理があるだろうか。私はその判断と、あと成果についての判断も行います。それ以外の点では、システムは非常に単純でも非常に複雑でも、どちらでも構いません。

いろいろなシステムの多くは、特に初期の時代には、単にコンピューターが数字を処理していただけのものにすぎず、結果的に利益が上がっただけのことでした。そこには論理がありませんでした。「数字が稼いでくれる」という以外の原理はなかったのです。だから当然、時間がたつと使い物にならなくなるわけです。

ということは、結果の背後にある原理がつかめないと満足できないわけですね。

そのとおりです。相場でも私の人生でも、物事は理由があって起きるのです。だから理論が必要なんです。

でも、相当な数字を生み出してくれるシステムがあったとすれば、あなたはそれをもっと調べたくなるの

ではないかと想像するのですが、どうでしょう。

そう、それを動かして、未知のデータに適用してみます。一年かけてそれが使えるかどうか調べます。だれかが「その暗号を解く」チャンスが常にありますからね。しかし、何よりもまず、いや……やはり理由が必要です。秩序が必要です。根拠が必要です。その根拠をチェックしなくてはなりません。

だから、それがあなたの個人的経験に一致すれば、それだけ自分の気に入るということになるのですね。

自分の気に入る可能性があるということです。でもやはり、私の市場の知識は限られています。外部のだれかが、私の知っていることと合わないシステムを持っていて、それが先へ進むドアを開いてくれて、私の視野と知識が広がるということもあるでしょう。

次のような論争の仲裁をしてくれませんか。「単一のシステムを使ってすべての市場でほぼ同じようなパフォーマンスを上げるべきだ」という見方と、「各市場は独自の特徴をもっており、それぞれに合わせて作ったシステムを使うことで利益が得られる」という見方で、正しいのは前者か、後者か、あるいはその組み合わせでしょうか。

組み合わせだと思います。何らかの特徴というものは存在します。今、証拠金三万ドルのS&Pの取引と、証拠金四〇〇ドルの生牛（ライブキャトル）取引を比べるとすれば、明らかにS&Pと生牛では同じプレーになりません。まったく違った分野だということです。

トレードルールに従って一月にS&Pを買う場合と、一月に生牛を買う場合とでは違ってきます。それは、キャトル・オン・フィード（集中肥育場内の牛頭数）報告書や市場におけるそのほかすべてのファンダメンタルズの要因が違っているからです。

すべての市場に当てはまるようにしたいのですが、各市場に独自の特徴もあるのです。一例を挙げれば、金にはプレミアムがつきませんが、農産物市場ではプレミアムをつけることができます。指数にはプレミアムがつきません。ファンダメンタルズを見る必要があるわけです。

ある商品取引の過去の全データが自由に使えるとした場合、その全体を研究に取り入れますか。それとも現在の市場の動きに合うように一部を切り詰めますか。

全体のデータを使います。ただその場合でも、考慮する必要のあることが出てきます。S&Pの研究をするとき、債券を使ってS&Pのトレードの仕掛け時を測ります。覚えているでしょうが、一九八〇年代には毎週木曜日に政府の重要発表があったので、木曜日の債券の動きは今と違っています。取引開始時間も違っていました(中部時間で今は七時二〇分ですが、当時は八時でした)。それに、TボンドではなくTビルが主に取引されていました。

また、思い出してほしいのですが、S&P先物の売買単位が半分になりました(一ポイント当たり五〇〇ドルから二五〇ドルに)。それに、今ではボラティリティがうんと大きくなっているので、手仕舞いのポイントは、一九八二年当時とは違っているはずです。こういうことを全部考慮する必要があるわけです。

要するに、自分が見ているデータのなかに何があるのかを知っておく必要があるということです。数学は完全なものです。でも、その完全なものを不完全な世界に当てはめようとすると、問題にぶつかります。とはいっても、過去にさかのぼっても通用するようなパターンを見るのは好きですね。

あなたは処女データ(あとでその領域のアイデアを「フォワードテスト」にかけられるように、最適化の過程で使わないでおくデータ)を使いますか。

少なくとも三年分の「サンプル外」データを取っておくようにしています。ただ、その量はデータの頻度によって違ってきます。八〇〇例ほどあれば、たぶん検証に必要なサンプル外データは一年分で足りるでしょう。

どんな時間枠のチャートがお好きですか。

日足です。トレードの数は、増やすより減らしたいと思っています。この仕事では、トレードを仕掛けるたびに、やられる可能性があります。一分足でトレードしたいとは思いません。一日は一四〇〇分ですから、失敗する可能性が一四〇〇倍になるのですから。

今、私の注意力はあなたに向けられていますが、この時点で私はS&Pのポジションをとっています。今朝そうしたいと思えば、外にジョギングにいくこともできました。ストップが設定してあるので、ここを離れることもできます。こちらのほうが健康的な生活です。

デイトレードは利益になります。私はその方法を人に教えてきました。しかし、それに夢中にはなれません。もうその激しさを味わいたくないのです。それは、大半の人たちが考え、口にするよりはずっと厳しいのです。

どうしてでしょう？

デイトレーダーは、毎日相場に手をつけて、それに打ち勝てると思っているからです。しかし、良い日もあれば悪い日もあります。相場で利益を得るのに一番良い日、あるいはなんとか利益を絞り出せる日を選ばなくてはならないのです。

デイトレーダーはテクニカルな傾向が強く、小さな動きを全部とらえたがります。私なら、ちょこまか手をつけて手早く利益を手にしようとするよりも、一日のなかの大きなトレンドを捕まえます。動きすぎると、トレンドが形成されても、一時的なあやにだまされて間違った側についてしまうおそれがあります。そうなったら、苦労して細かくかき集めた儲けを全部失ってしまいます。

私は利益が得られるところに目を向けようとします。本当に大きな儲けは、翌日に持ち越すようなトレードから得られるのです。

トレードは芸術と科学のどちらでしょうか。

そら来た（笑）。脳の両側を使うようにしなければいけませんね。システム開発は、「これまで、絶対だれも気づかなかったはずだ！」と思うことがあり、創造的な面があって芸術と言えるでしょう。そして、その創造的なアイデアを科学的なアプローチに応用することになります。そうしたプロセスを何年も何年も続けていくわけです。

トレーダーの能力は生まれつきですか、訓練による

ものですか。

主として生まれつきのものです。ほかの人よりもトレードの「感覚」をたくさん備えている人がいるものです。ある朝、目が覚めて、「そうか。自分はこれに向いてないいんだ。もっと別のことをやったらうまくいくかもしれないな」と気がつく人もいるでしょう。

頭を壁にぶつけ続けるよりは、自分に合ったものを見つけたほうがいいと勧めたいですね。自分の周りを見るべきです。周りの世界とある程度うまくやっているかどうかということです。もしそうなら結構。続けなさい。そうでなければ、相場と衝突ばかりしているという事実を認めなくてはいけません。

F・スコット・フィッツジェラルドの小説のなかに美しい一節があります。「知性とは、二つの対極的な見方を同時に心のなかに保ちながら、機能することのできる能力である」

まさにこれがトレードです。恐怖と欲望。上昇と下落。二つの考えが心を引き裂こうとします。そのせいで破滅する人が大勢います。どっちか一方にしか気持ちが行かないか、うまく機能できないかのどちらかになってしまうのです。

このゲームがそれ以外のものと似ている点は何ですか。

ビジネスで失敗する最大の原因は資金不足、二番目は経験不足です。

違っている点は何ですか。

楽しいこと（笑）。社員の数が少なくてすみます。費用をかけずに商売を始められます。自分に才能があるかどうか、タダで突き止めることができます。

トレードで人が失敗するのを見るのは、とりわけ悲しいことですね。私の二人の友人が長年トレードを続けてきて、最近破産しました。……今や中年で履歴書には大して書くことがない。

ちょっと待って。私だったら自分の履歴書にこう書きますね。「いいかい、私は立会場にいたんだ。すごい連中といっしょだった。そこで私は優秀だった！」とね。

どんな分野にいたとしても、それを自分の強みにしなさい――相場で失敗した人たちに、私はこう言いますね。感情とお金と人間について経験を積んだのですから。

共同の世界を築き上げるというのは、なんと素晴らしい経験でしょうか！

■参考文献

『ラリー・ウィリアムズの相場で儲ける法』（日本経済新聞社）
『ラリー・ウィリアムズの短期売買法【第2版】』（パンローリング）
『魔術師たちのトレーディングモデル』（パンローリング）
『ラリー・ウィリアムズの株式必勝法』（パンローリング）
『ロビンスカップの魔術師たち』（パンローリング）
『マーケットの魔術師　大損失編』（パンローリング）
『トレーダーのメンタルエッジ』（パンローリング）

■参考ビデオ・DVD

『ラリー・ウィリアムズ この50年間で学んだ5つの事実』（パンローリング）
『ラリー・ウィリアムズのバイアスとプライスパターントレード』（パンローリング）

ルイス・ルカッチ

Louis Lukac

「第一日目からこれまで、私たちが開発してきたのは全部メカニカルなものでした」

ルイス・ルカッチは、ウィザード・トレーディング社の社長兼CEOで、CTA（商品投資顧問業者）である。ルイスは、『マーケットの魔術師』シリーズの本（パンローリング）を書いたジャック・シュワッガーとともに、長年メカニカルトレードシステムについて徹底的な研究を行ってきた。同社は、その自然な結末として共同設立された。一九九八年にジャックは、ヘッジファンド・マネジメントを始めるために会社を去ったが、ルイスは引き続きポートフォリオのトレードを手掛け、世界有数のトレードメカニズムとも言えるシステムの改良と強化を行っている。

ルイスと数字とのかかわりは、一九八五年にパデュー大学で修士論文のためにプログラム開発に着手したことに始まる。分野は農業経済学で、テーマは先物市場における市場の効率性というものだった。

「私たちは、先物市場が効率的かどうかの理論を検証するためにメカニカルトレードの手法を用いたのです」とルイスは語っている。

ルイスは仲間たちと、一日、三日、五日という枠のなかで一二種類のシステムがどの程度類似したトレード結果を生み出すかを比較した。また、それらを純粋にランダムなモデル――市場にバイアスがないときに期待される結果――と対比してみた。ルイスはプログラミングを担当したが、その後、プロとしてのトレード生活のなかで、それがずっと続くことになった。シュワッガーを含めた仲間たちもブレーンストーミングを通して手助けをしてくれたが、理論を現実に変えたのはルイス自身だった。

だれもがそうしたように、ルイスは最初、既存のソフトウエアを使ってアイデアの検証を行ったが、市販製品特有の問題にぶつかった。例えば、一番よく使われるプログラムでも、総合的なポートフォリオマネジメントができなかったりしたのである。

「それに、エクセルのスプレッドシートを作成して、それをあれこれつなぎ合わせる作業も必要でした。このとき、自分のプログラムを作る決心を固めたのです」とルイスは言う。彼はそれ以来ずっと、すべてを一から始めるやり方で研究を行ってきている。

ルイスの研究の結果として、論文が何本か発表されているが、そこでは、少なくともある程度は市場が非効率的であること――投機で成功するための必要条件――が示されている。

ルイスはこう語っている。「発表した研究では、トレードパターンに一定の類似性があって、ある種のまとまりがあることを明らかにしました。いろいろの期間やシステムで検証しましたが、そのほとんどの場合に、通常期待される以上の相当な利益を得られることが分かりました。そうじゃないかとずっと私が思っていたとおりでした。

私たちは脱均衡による価格決定理論を提案しました。その理論では、市場がある均衡状態から別の均衡状態に移ると考えます。新たな均衡状態に向かう途中は、市場は脱均衡状態にあって、情報を消化しながらトレンドを形作っていきます。つまり、トレンドとは、そうした市場における自然現象にほかならないのです。それで、トレンドフォローのシステムが何をするかといえば、そのトレンドを捕まえるわけです。

だから、市場が新たな均衡に向かい、ひどく不安定でボラティリティが高い時期にこそ、そうしたシステムがだいたい好成績を収めるのです。

一九九八年、一九九九年、二〇〇〇年のような相対的に安定している時期には、システムはあまり成果が上がりません。だからといって、システムの強みが失われたとか、物事が変わってしまったということにはなりません。ただ、市場のボラティリティが低下し、市場が新たな均衡状態に移るチャンスが少なくなって、システムがトレンドをとらえる機会が減ってしまったというだけのことにすぎないのです」

ルイスは自らの仕事から直接利益を得ている。ウィザードの活動結果を全部取り込んだモデルによってトレードを行うウィザード・キャピタル・LL・ファンドに個人的に投資しているのである。これまでどおり研究にも没頭している。現在のところ、ある種の革新的展開につながるはずのトレード法の改善に取り組んでいる。ルイスは、個別的なシステムを細かくいじるよりは、最悪のトレード破壊の一般的原因となる全般的な市場環境の性質に照準を合わせている。その目標は、たいていは被るはずの損害をなんとか軽減することにある。

ルイスはまた、自分の会社の知名度向上にも取り組んでいる。

「私はマーケティング強化を図っています。ただ研究をするだけでなく、製品の販売にももっと精力を注ぐつもりです」と彼は言う。

インタビューは、イラク戦争の開始直前にあたる二〇〇三年三月に行われた。だから、そのときの市場環境は、ルイスにとって成功のチャンスの大きいものだった。彼の表現を借りれば、「確かにボラティリティが収益の鍵を握っている」からである。

初期のころのブレーンストーミングとシステムの実行について聞かせてください。

基本的にジャック（・シュワッガー）が、『マーケットの魔術師』の取材過程や、ウォール街のいくつかの主要証券会社における研究部門の報告などからアイデアを得ていました。ジャックはアイデアを紙に書きとめ、あとでそれをタイプして私のところへ送ってきました。そこからが私の出番で、書かれたルールを見て、検証や評価ができるようにそれをプログラムとして仕上げました。手掛けたのは、個々のトレーディングモデルそのものだったり、既存プログラムへの組み込みだったり、広範な時間枠や広範な市場グループにわたる戦略を分析したさまざまのポートフォリオ統計データだったりしました。

何を使っていたのですか。

最初は、パデュー大学にあった、えーと、CDC六〇〇〇か六〇〇〇か何かだったと思います。一九八五年のことでした。当時、パソコンはのろすぎて私たちの仕事には使えなかったのです。

それから一九八〇年代の終わりごろには、ヒューレット・パッカード製のメインフレームを使ってプログラミングをしました。デジタル・マイクロVAXも使いましたが、これはメインフレームのようなものでした。一九九〇年代の初めになると、技術が進歩して検証と評価を全部PCでやれるようになりました。それからはずっとPCです。

私は自分でプログラムを書きます。全部C言語です。CとC＋＋の入り混じったようなやつですね。自分で書いたのは、ジャックと私にとって必要なことを全部してくれる既製品のコンピューターシステムが見つからなかったからです。私は結局、プログラムを全部書くはめになりました。検証や評価のためのプログラムだけでなく、経理や職員管理といった事務用のプログラムを含めた実行プログラムなども書いたのです。

システム検証のためにはほとんどの場合、始値・高値・安値・終値、出来高、取組高、センチメント指標を使いました。

どんなセンチメント指標を使うのですか。

数種類あるのですが、マーケット・ベイン社のサービスや強気一致指数などです。日次の指標もありますし、週次の指標もあります。ジャックと私は、業界の三種類の異なったセンチメント指標を使い、その加重平均をもとにセンチメント指数を作り出しました。

それを完全にメカニカルに使ってきたのですか。

そのとおりです。情報を集めたあとで、私たちはセンチメント情報をもとに完全にメカニカルなトレーディングシステムを開発しました。第一日目からこれまで、私たちが開発してきたのは全部メカニカルなものでした。

ということは、大勢のトレーダーが苦労して、しかも何回ももとに戻って学ばなければならないことを、あなたは早くから直感的につかんだ、ということのようですね。人間のかかわりは〇％にして、一〇〇％メカニカルでないと成功できない、と悟ったのはどんなきっかけからですか。

良い質問ですね。今もありありと覚えていることがあるのです。私が勤めていた別の会社の話ですが、その名前は言わないでおきましょう。卒業してすぐに勤めた所ですから、ずいぶん古い話になります。その会社は外国通貨に大変偏った集中的なポートフォリオをトレードしていましたが、売られ過ぎや買われ過ぎの判断に一種のボリンジャーバンドのようなシステムを使っていました。バンドの内側でトレードしようとしていたのです。

それを始めた人物は、自分のやり方はメカニカルだと思っていたのですが、そうではありませんでした。一八カ月ほどはとても快調にやってました。その時点で、彼は市場のことがバッチリ分かって、思うとおりにできると考えてしまったのです。

最終的に、ある月になって、私は彼の部屋に入って行って、会社はほぼ五五％の損を出しているが、ポジションを閉じていいかどうか聞きました。彼はろくに口も利けませんでした。もう判断すらできなくなっていたのです。会社は結局そう決めて撤退し、資金をすっかり失いました。このことは私にとってとても良い経験になりました。もし会社がシステムに従ってさえいれば、ストップに引っかかってポジションをドテンし、その月は逆に利益を出せていたのです。

直感型トレードや裁量型のトレードは、結果的にそれまでの実績（トラックレコード）や資産そのものまで、完全に消滅させてしまったのです。会社のプログラムでそこから立ち直ることは不可能でした。

私はそれを「ヘッドライトのなかの鹿」症候群と呼んでいます。穴の底に落ち込んだせいで、ただもう何も決断することができなくなってしまうわけです。それに、穴に落ちたのは自分のせいだと――自分の判断のせいだと――分かっているのです。

そのとき、私はもう大学院を卒業していて、いろいろなメカニカルトレードをやっていました。順調でした。メカニカルトレードにはほかにない良さがあり、市場も非効率的で、システムを使って利益を上げることができると分かりました。私が勤めていた間、会社は開発を進めてメカニカルトレードを手掛け始めていました。でも、彼の気持ちとしては、そのときの通貨ポートフォリオで、システムに自分の判断を加えてみたかったのです。会社では相当の時間をかけてそのシステムを研究していたのですが。トレーダーにとって最悪に近いことは、いきなり抜群の成功を収めてしまうことです。そうすると、やり方をのみ込んだと思い込んでしまうからです。当然、そんなときにたいてい相場の流れが変わるわけです。そして、それに合わせて方向を変えることができなければ、まず叩きのめされてしまうことになります。

一方、システムは、冷静で計画的で、統計数字とパターンしか見ませんから、余分なことは気にかけません。ただ損失の管理だけを心掛けています。そのおかげで、次の日もトレードができ、良い時期には損を取り戻すことができるわけです。

私にはこういうこと全部がまったく論理的に思えます。しかも、ウィザードは世界の五六以上の市場でトレードしていますから、個人や個人のグループでさえも、それら全部の市場に目を光らせて、それに対処し続けることは不可能です。ポール・チューダー・ジョーンズ並みの能力があれば別でしょうが。確かに市場にはアインシュタインがいます。数は多くないですが、間違いなくいます。あっさり認めますが、私は裁量でトレードするための水晶球を持ち合わせていません。

言うまでもなく、システムにも問題があります。相場が、過去のデータから予測されるボラティリティをいきなり超えてしまうようなこともありますが、あなたはそれをどうやって回避しますか。たまに起きるそうした不意打ち——予測できないショック——に対して何か防御策がありますか。

ありませんね。寄り付きのギャップのようにいきなり起きることに対しては、なすすべがありません。

私たちが経験した最悪とも言えるトレードは、ユーロリラが七～九％も動いたことです。ボラティリティはずっと三～四ティックだったのに、予想しない方向に五〇ティックものギャップが生じたのです。

その動きは、通常見られるものの一〇倍ほどに相当したのですが、でもそれは一三年間で一回しか起きませんでした。しかも、ひとつの市場でだけ起きたものです。そうしたショックを避けるためにこそ、私たちは五〇ほどの市場に分散しているのです。そうすることで、その種の出来事がまだ起きない前から対処できるわけです——ひとつの市場に資産をたくさん集めすぎないにようにすることでね。

そこまでやったら、あとは自分の証明できることを信頼しなければなりません。まず最初に、十分長期間にわたって、相当数の市場を対象にして、大きな時間枠でシステムを検証し、そのあと「モンテカルロ」シミュレーションを使って収益の流れを組み替えてみます。組み換えを何千回も行えば、とても良い分布ができて、将来、そのシステムがもたらしてくれるものが分かります。

「モンテカルロ」シミュレーションについて説明してください。

一九九〇年から二〇〇三年におけるウィザードの実際のトレード収益をデータとして、それを「モンテカルロ」シミュレーターにかけたとします。このシミュレーターは現実の結果を、収益の流れが生じ得るひとつの事例として扱います。たまたまそう起きたから現実になった、というわけです。仮定として、ある月に一〇％の損失、別の月に六％の損失、また別の月に八％損しているとしましょう。それが全部連続して起こることがあり得なかったとは断言できないわけです。それは、あり得るシナリオの結果の問題であるのと同時に、そのモデルの一部でもあります。シミュレーターは何回も収益を組み替えて違った結果を出します。そして最後には、単に現実に起きた事例だけでなく、収益の流れの真の分布を作り出せるようになります。「モンテカルロ」はこんなふうにより多くのデータをシミュレーションする方法なのです。

その結果として、悪い月が全部そろってしまうシミュレーションがあるわけで、このとき最大のドローダウンが現れます。その実際の意味は、システムによる本当のリスクと本当の儲けが示されるということです。それは最初に予想するものよりは必ず悪い結果になります。このことによって、そのモデルには自分の考える以上に大きなリスクがあるかもしれないという事実がはっきりします。シミュレーションのおかげで、一層正確にレバレッジを設定することができるようになるのです。

大半のシステムは長期的にみて、ほんのわずかしか市場を上回ることができません。良い時期も悪い時期もくぐり抜けることになるという意味で、システムには落とし穴があります。でも、ウィザードの長所のひとつは、できるだけたくさんのタイプのトレード戦略を組み合わせようとしている点です。そのなかには、反トレンド（カウンタートレンド）のシステムも入っています。それによって、ちょうど今のようなひどく高リスクな時期の影響を少なくしたいわけです。

実際「ちゃぶついた」相場では、いつも思いどおりいくとは限りません。もともと長期システムでは、利益は全部トレンドが生じたときに稼ぐものですから、大半のブレイクアウトを買おうとするようにできているのです。

メカニカルなトレンドフォローシステムは、数えきれないほどの方法で開発することができます。だから、大部分のシステムは似たようなものになってしまいます。ボラティリティが低いちゃぶついた相場では、損失が出てしまいます。

支持・抵抗システムについてはどうですか（そうしたシステムなら、彼が述べたようなトレンドのない時期にも利益を出せるかもしれない）。

そうしたシステムは、長期のパラメーターセットを使って長期的に稼動すれば、素晴らしい結果を生みます。私はそれをチャネルブレイクアウトシステムとかドンチャン法とかと呼んでいます。しかし、短期のパラメーターを使ってこの種のシステムでトレードすることは大変危険です。長い目で見れば、それは長期的なトレンドフォローシステムとして使ってこそ、最良の結果が得られるからです。トレンドのない時期にそれを反トレンドシステムとして使おうとするのは、長期的戦略としてはひどくまずいものです。ブレイクアウトシステムと二重移動平均線システムが、現在でも依然として最も優れたシステムと言えるでしょう。

今、五〇日間の高値と安値を使うとします。「買いのストップ」はチャネルの高値に置いて、「売りのストップ」はチャネルの安値に置きます。言うまでもなく、先に進めば、それとともにチャネルも移動します。ですから、五〇日、一〇〇日、一五〇日など、どんなパラメーターを使っても、その期間に実際にしていることは、支持と抵抗のレベルを決めていることにほかならないのです。これは長期的な場合の話です。例えば一〇〇日チャネルを上にブレイクアウトすれば、たぶん、かなりの期間抵抗レベルだったものをブレイクアウトした可能性が高いでしょう。この現象は、何か変化が起きて相場が脱均衡状態になっており、新たな均衡状態を見つけだそうとしていることの確かな指標になり得るものです。

二重移動平均線交差システムについても同じことが言えます。そうしたシステムもまた、長期的に相当の成果を上げ得ると言えます。しかし、もう一度強調したいのは、間違いなく一九九八～二〇〇〇年は、この業界にとって苦しい時期だったということです。システムはまったく利益を生んでくれないようでした。ウィザードについて言えば、(資産は)増えたり減ったり、増えたり減ったりといった具合でした。損していたわけではなく、一〇%増え一〇%減るといったように、ただ横ばいだったのです。システムに欠陥があるというのではなく、前例のないほどの無風状態を経験していたわけです。市場のボラティリティが低い時期には、どうしてもシステムはうまくいきません。

利益の秘訣は、いつそんな時期に入るのかを発見したり、今がその時期なのかどうかを見極めたりすることにあります。そうすれば、配分を減らすとか、ちゃぶつきに遭わないようにパラメーターセットを長めにするとか、システムを手直しすることができますからね。

それはある種のスイッチシステムの話ですか。

そのとおりです。今それに取り組んでいるところです。選択肢を設けることでそれを実現しようとしています。このアイデアは、ジャックと私がこれまで何回も話し合ってきたものです。今ちょうどその検証にかかっているところですが、その結果についてかなり良い見通しをもっています。

もしだれかがそんな仕組みを実現したら、損する可能性の高い時期には深入りを避けるようにしたり、昨年(二〇〇二年)経験したような変動の大きい時期には、目いっぱい資金投入してシステムを動かしたりできるようになります。昨年、ウィザードは八〇%以上の利益を上げましたが、それは、至るところで素敵な脱均衡状態となりトレンドが形成されたからです。

　エクイティカーブをなだらかにするもうひとつの方法は、反トレンドの研究成果をモデルに組み込むことによって、トレンドが先に進むにつれてポジションを減らすようにすることです。これは私の個人的経験から言えることですが、そのとき大事なのは、時間をかけて相当にゆっくりやるということです。この大変良い例は、つい最近方向転換したばかりの通貨市場と債券市場です。両市場が反転したとき、ウィザードのモデルはポジションを二〇％以下に減らしていましたが、トレンドフォロアーは、ちょうど天井を打った時点でまだ目いっぱいロングになっていました。私たちは、リスクを軽くするためにポジションを徹底的に減らし終えていたのです。

それは反トレンドのシグナルが出ていたからですか。

　システムのシグナルは、反転が起きるぞと大声で呼びかけていました。

これまでの話ではっきり分かるのは、あなたが単にトレンドに従うだけではないということです。あなたのシステムの一部は、相場の転換点を予測し先取りするという、システムとしては非常に珍しい離れ業をやるのですね。

　まさにそのとおりです。私たちは、変動を先取りするシステムだけでなく、動きがどこまで進み、それが統計上どんな意味があるか、ということを調べるシステムも持っています。もし市場が毎日毎日、二〇〇～三〇〇日間の新高値を更新していたら、そこには何か意味があります。相場が勢いよくブレイクアウトして先に進み、三年来とか四年来とかの高値を塗りかえ、支持線も抵抗線も関係なく、ほとんど休まず一直線に突き進んだなら、これもシステムが注意しなければならないことです。この種のシナリオでは、つい最近も多くの市場で生じたVトップの可能性が高くなります。純粋なトレンドフォローのシステムにとって、VトップやVボトムほど致命的なものはほかにありません。ちょうど今みたいに、それが通貨やエネルギーや債券の市場で同じ月に起きたら、この業界にとって良い前兆ではありません。

トレンドの時期には大いに儲けることができます。昨年私たちは年間八〇％台の成績を上げました。今月は三～四％のダウンですが、今年は今現在までで一一％か一二％ほどアップといったところにいます。私たちはトレンドに従います。やはりトレンドフォロアーと同じパターンをとります。しかし、私たちは、一定のダウンの時期にはボラティリティを低くしようと努力しています。ボラティリティが低く、たえず行ったり来たりしているだけのダウンの時期には、違う行動をとろうとするのです。そういう時期には、ほかの皆といっしょで、私たちも損するでしょう。システムはやはりブレイクアウトに賭けなければならないからです。でも、今取り組んでいる新しい戦略では何とかその影響を少なくしようとしています。そうした低ボラティリティとダマシのブレイクアウトの時期を何とかしたいわけです。

私たちがかなりよく理解できるようになった危険性の高い時期というのは、今月起きているような、急激な動きのあとに生じるタイプのボラティリティです。目下ウィザード内部で使っているシステムには、この種のボラティリティを低減するとても優れたシステムが備わっています。今月が三～五％のダウンだったら、非常に良い成績だと思いますね。一番慎重な（トレンドフォロー）システムでもひどいダウンになるでしょうからね。

要するに、低ボラティリティのちゃぶつきのリスクと、高ボラティリティのトレンド末期のリスクという、二種類のタイプのリスクがあるわけです。私が低くしようとしているリスクは、低ボラティリティのリスクなのです。


そうした相当に複雑なモデルに、マネーマネジメントをどうやって組み込むのですか。

トレーディングモデルはそれだけで自立しています。モデルは五〇～六〇ほどのさまざまなタイプのシステムの組み合わせなのですが、各システムは、何組かのパラメーターの違いでもっと多くの変種をもつことになります。そのパラメーターセットのどれかを使ってトレードするわけです。つまり、システムでトレードするときには、自分が望むポジションに従って各パラメーターにあるウエートを与えるのです。そのポジションを、つまり複合的予測をポジションウエートと呼びます。複合的予測はプラス一からマイナス一まで変化し、その間のどんな値も取ります。値がプラス一ならシステムは全面的に買い持ちにできますし、マイナス一なら全面的な売り持ちにできます。あとはその中間で、ゼロなら、全部のシステムパラメーターが打ち消し合っていて、手をつけることとさえ避けたほうがいい相場だということを意味します。

これが、私のいるべき場所を教えてくれるのです。そのほかに、ポジションウエートのなかにはいくつかの反トレンドシステムが含まれていて、大相場のあと、いつ私のポジションウエートからできるだけたくさんポジションを引き上げるべきかを教えてくれます。これは大変慎重にやる必要があります。引き上げるのが早すぎるとひどい目に遭います。

マネーマネジメントもだいたい同じような形でシステムに組み込まれています。システムは、ボラティリティをもとにして、資金投下は最大でx%までだと決めます。専用のマネーマネジメントモデルが最良のリスク・リワード・トレードを見つけだし、そのあとでポートフォリオ全体でセクター間のバランスを維持しようとするわけです。

もちろん、システムトレードをじっと見ていても、どのアルゴリズムがその日のトレードを操っているのかなどということは分かりません。

投資家がどれだけの資金量でトレードするか、どうやって決めるのですか。

ひとつには口座残高、二番目はポートフォリオと比較したその口座のボラティリティ、三番目はそのときの相場における私のトレンド・反トレンド・ポジションウエートによって決まります。マネーマネジメントの観点からはっきり言えるのは、私のモデルは、市場が低ボラティリティのときよりも、高ボラティリティのときにトレードを控えるということです。それは完全にメカニカルに組み込まれています。

その完璧なお手本が、ちょうど今の、ボラティリティの高いエネルギー市場です。私たちは目下エネルギー市場に手を出さないでいます。なんだかんだで私のポジションウエートが高かったとしても、その種のボラティリティの場合には、ほとんどどんなポジションもとるわけにはいきません。それは相対的なボラティリティが基準からはずれているからです。私のモデルは、そうした場合には近づかないようにするのです。

ボラティリティはどうやって測るのですか。

必ず相対的ボラティリティを使います。つまり、現在のボラティリティを過去のある期間のボラティリティと比べるのです。私が使うのは、一日の真の値幅の平均値によるレシオです。まず、一日の真の値幅の平均値を短い期間で平滑化して、次にもっと長期間でのボラティリティを計算します。私が求めるのはその間のレシオなのです。

市場がすべてのことを教えてくれるのですか、それとも自分で自由に決めることもありますか。

市場はすべてのことを教えてくれます。それを無視することは絶対にありません。今までもそうでしたし、これからもずっとです（ただ、当社では開示文書で、自由に決める権利を留保しています。あらゆるケースを予想することはできないので、そうした文言が開示文書に入っているのです）。

システムがあまりにたくさんのことを要求するとき、それを無視したいという気持ちになることはなかったですか。

そうならない人なんているんですか。でも、その誘惑が実際どんなことに役立つか、知ってますか。新しいアイデアを生み出すのに役立つのです。ひどく気に入らない状況に出合ったら、そのときの誘惑をもとにして、それを和らげるような試行モジュールを組み立てるのです。昔、ジャックが教えてくれたことなんです。

でも、それをするのは、ひどい時期が過ぎて平静になったときですよね。

普通はひどい事件が終わった直後です。展開次第で、そのひどい状況がどうなるかは予想できないないですからね。あとで批判を浴びて、手直しをする気になれないことだってあります。私は、次の改良のときウィザードをどういう方向にもっていきたいか決めていますし、そこにたどり着くための地図も持っています。それは、ちゃぶついた相場の時期にボラティリティとドローダウンを低減することです。そのためには選択肢を使うことになるでしょう。

複雑なシステムを組み込んでいるところからすると、あなたは、単純なシステムが最高だとする格言にはくみしない立場ですね。

中核レベルのシステムでは、単純が最高ということに賛成です。その部分部分は単純にすべきです。意味が理解できる必要がありますからね。それに、堅牢であることも必要です。それらの部分を全部結合すると、うんと複雑なものになるのです。

広範囲の市場に対して単一のシステムが同じように動くはずだという立場と、各市場にはそれ専用のシステムだけが利用できる特性があるという立場とがありますが、その点どのように考えますか。

その問題について、これまでどんなふうに考えてきたかをお話ししましょう。もともとは、システムがすべての市場を通して同じように動くはずだと考えていました。しかし、思い出してほしいのですが、私たちのシステムはパラメーターセットをひとつしか持っていないというわけではありません。むしろ、ある範囲のパラメーターセットを使うと言ったほうが正確です。だいたいその範囲の平均に近い成果が得られるわけです。ひとつのパラメーターセットだけに固定しようとはしていないのです。

ですから、システムをいくつかの違った市場に当てはめようとすると、その市場がどんな段階にあるかによって変わってくることになります。以前、S&P五〇〇は、システムトレードという点からするとひどいものでした。その後、事態がガラリと変わって、何年にもわたってきれいなトレンドを描くようになりました。システムトレードのためには素晴らしい市場と言えるものでした。最後にはトレンドが下向きになって、また大金が稼げました。株式市場が強気相場になる前にだけ分析していたとすれば、強気に入ってからも同じようにトレードすべきだと考えてしまったかもしれません。しかし、それは単純なトレンドフォローのシステムにとって良いことではありませんでした。だから、私たちはいくつかの市場用に別個のシステムを開発しました。主に株価指数先物のためでした。ジャックはそれが本当にほかと違うと考えたのですが、当時、それは筋が通っているように思えました。

今から見れば、それは間違いでした。私はぐるっと一巡りして、今ではまた、どの市場も同じようにトレードしていますし、ひとつの市場用にひとつのシステムを作り上げるようなことは一切していません。そんなことはしたくないのです。ただ、将来、優位に立てるようなその市場専用のデータが見つかって、その市場だけにそうした情報を使うのなら別ですが。その場合には確かに筋が通ります。しかし、数種類の市場を対象にした一五～二〇年といった長期的な観点からすれば、ひとつの市場で一年間に起きることなどは、たかがしれています。肝心なのは、さまざまな市場循環のなかでポートフォリオ全体を通して、システムが長期的にどんな成果を上げられるかということなのです。

私は純粋主義者として出発しました。そして道を外しました。その後、株式市場が変化して、私たちが使っていたモデル（特定市場専用のシステム）はこてんぱにやられました。そこで研究を一からやり直した結果、必要なことは、ほかで使うのとまったく同じで、ほかのどんな市場でも似たような成果を上げるモデルを使うことに尽きる、ということになりました。

結果は、もっぱら選ぶ市場次第ですし、もっぱら選ぶ時期次第です。先物市場では良いデータはどのみち二〇～二五年くらいしかなく、資料としては不十分です。つまり、システムを評価するには、非常にたくさんの市場を対象にして非常に長い年月にわたってトレードするしかないのです。そうして初めて、統計的な意味をもつようになるわけです。

その理由の一部として、相対的に見てシグナルが少ないということもあるのですか。

いいえ。理由の一部は、一〇年や二〇年のデータでは全然大したデータとはいえないと考えられることです。

平均しておよそ年にどのくらいのシグナルを受け取ってますか。

私はたえずポジションを変えています。例えば、一・〇〇のポジションウエートだったのを〇・七五にして、ポジションの二五％をはずします。それから〇・五のポジションウエートにして、もう二五％はずすかもしれません。その後、市場がブレイクアウトして反トレンドシグナルが消えれば、また一〇〇％に戻すでしょうね。ほかと比べて、このシステムはかなり積極的です。といっても、激しく売買を繰り返すというものではありません。上げ下げに応じてポジション全体を「マッサージ（調整）」するということなのです。

このポジションの「マッサージ」のせいで、かなり積極的なプログラムになるわけです。私たちのシステムでは、売買手数料が自己資本の八％とか九％になることも珍しくありません。それは、昔のジョン・ヘンリー型のシステムと違って、全面的な買い持ちのあと、大きな転換点で全面的な売り持ちにし、また別の大きな転換点までそのポジションを維持するといったようなことはしません。私たちのシステムがいつも二、三、五枚のトレードをするというので、ときどきブローカーが愚痴をこぼしています。それが、私たちのいう「ポジションのマッサージ」というものです。

思いついたアイデアに手を加えて指標として使えるようにするまでの過程について話してください。

最高の例は、ウィザードに組み込まれている、あるパターン認識シグナルです。ジャックはずっと長い間同じひとつのパターンを見続けてきて、今後それを使い物になるようにしたいと決めたのです。ジャックはそのパターンを見たままに書き留め続けたあとで、私がメカニカル形式と呼んでいたものに書き改めました。それをもとにして、メカニカルにプログラムに変換することができるのです。そうなると、あいまいな部分がなくなり、人間が何かを決める必要もなくなります。「こうなったら、こうする。これと、これと、これが生じたらこうする」といった具合です。

それがジャックのしたことで、私たちはそれを紙に書いて検討を加え、まだ説明できてない「もしも」がないようにしました。もちろん、もしそれが残っていれば、システムをプログラム化するときに私が気づくのですが。

初めてプログラムを実行し、結合したあとで、私は、「トレードステーション」で検証できるファイルに出力します。「トレードステーション」はグラフに「売り」や「買い」の印をプロットしてくれるのです。私のアルゴリズムによって、ジャックは、そのシステムが正確にトレードすべき場所でシグナルを発しているかどうかを、目で見て確認できるようになるわけです。

普通は二〜三回プログラムを直すことになるのですが、それがちゃんと確認できたら、たくさんのいろいろなシステム特有の指標を使って二年分のプリントアウトを出します。そして、ジャックがグラフを調べて、システムがちゃんとトレードしてほしい場所でトレードしているかどうか確かめます。「まさにこれだ」と確信できたら、それをロードして、すべての市場のすべてのデータベースをもとにその評価を行います。ほとんどの場合、評価はそのシステム単独で行います。

次に、ポートフォリオへの影響を調べるために、既存の複合システムに組み入れてみて、評価します。つまり、その効果を測るために、現行のポジションウエートのなかに入れてみるのです。

たいていは個々の結果から、システムが使えるかどうか分かるものです。そのあとで、複合システムに組み入れるのです。何回も経験したことですが、単独のシステムとしては調子良くみえたものが、ポートフォリオの価値を高められないということもありました。シャープレシオが高くならないのです。その原因は、新しいシステムとまったく同じことをするシステムが、すでにもう複合システムのなかにいくつか含まれている、というところにありました。

複合システムは、個々の部分的実行システムをより良くするものですか。全体は部分を合わせたよりも大きくなりますか。

「マーコウィッツの効率性」によってね。これは前からある理論なんですが、単に損益トントンのシステムが複合体のなかに入ると、ボラティリティを低下させる必要のあるときに、それを素晴らしく低下させてくれることがあるのです。しかも、そのシステムは全体のパフォーマンスを損なうことはありません。それは、（経済学者の）ハリー・マーコウィッツの名をとって、マーコウィッツの効率的ポートフォリオと呼ばれています。それは、同じリスク水準でより大きなリターンが得られるか、同じリターンでリスク水準がより低いポートフォリオを指します。どちらの場合でも、元のものよりは優れたポートフォリオになっています。私たちが何度も経験していることですが、単独ではトレードに使えないシステムでも、複合体に加えれば使えるようになることがあるのです。

つまり、あなたは常に改良のことを考えているのですね。

そうです。実際、ちょうど今、ポートフォリオのかなり大きな改良をすませたばかりです。

その点詳しく聞かせてください。あなたのシステムが、ある意味で永久的で、広範囲に適用できて、個々の市場やトレード環境に合わせて調整しないとすれば、なぜ、いわば車輪の再点検を続ける必要があるのですか。それは、夢中になりすぎてしまうからですか。それとも、生き残るためには、結局そんなダイナミックなやり方が必要なのですか。

ある意味で、より良いトレンドフォローモデルを休みなく追求することは不必要なことです。私は、基本的に、トレンドフォローモデル自体を問題にすることをやめました。今取り組んでいるのは、儲けにつながる高ボラティリティのパターンを示す市場でトレードし、そうしたパターンを示さない市場を避けるポートフォリオを開発するためのシステムの基礎の問題です。それが、トレーディングモデルに対する最新の改良でした。私の預かる口座は全部同じトレードを行いますので、そのときに全部が修正されたわけです。

私が取り組んでいる選択肢に関する新しいアイデアは、純粋なシステムトレードアプローチというよりは、現在のトレンド・反トレンドモデルに対してマネーマネジメント部分を追加して修正しようとするアプローチです。

私は、進歩し、生き残るために（アプローチを）再検討することが必要だと考えます。大半の会社がシャープレシオを高めることを求めているのです。でも、それは私の情熱でもあります。

市場をとらえられなくなってしまうのですか。でも、もし改良をしなかったらどうなるのですか。

とらえられなくなることはありません。どんなときでももっと良くできると、ただそう考えるだけのことです。この統計データが堅牢で、全体の結果を改善できるのなら、じゃあ使ってみよう、と考えるのです。私はいつも、最大のドローダウンを低くして、シャープレシオを向上させることに心を砕いています。

しかし、実を言えば、トレンド・反トレンド・パターン認識システムを作り上げて以来、私たちはそこから何も取り去ってはいません。いつも心掛けているのは、新しいアイデアによって今のシステムを強化することです。それは、システムAでトレードしていて、次にシステムBに取り替え、さらに数年後にシステムCに取り替えるのとは違います。確かにそんな場合には問題があると言えるでしょう。

しかし、システムAから出発して、それを使いながら、システム1Aとでも言える別のアイデアを生み出して、システムに統合するとします。その結果両者の融合ができるわけですが、これはさっきとは別の話になります。それはまさに進歩を示しているのです。取り替えるのでも変更するのでもなく、改善しようとしているのです。

仮定の話ですが、あるトレーダー希望者がいて、裁量でトレードしたら必ずひどい目に遭うこと以外に大した知識をもっていないとします。彼はメカニカルシステムのアイデアに夢中で、研究結果が導いてくれるどんな方向にも進もうと決意しています。理論的に見て、彼はどうすれば成功できますか。

まず必要なのは、評価ができ、最終的に自分自身のプログラムを書ける能力ですね。あるいは、少なくとも、それができる人を確保できること。システムをプログラムしてもらえる所に行くことができ、十分な期間シミュレーションを実行して一部サンプルの結果を出し、「モンテカルロ」シミュレーションによって「データの並び替え」に基づく分布を作り出して、それがどんな結果になりそうか決定すれば、一〇年間という限定的なデータの流れを一〇〇年間の流れに変えることができます。もちろんそれは同じ基本的な収益の流れから取られたものですが、たったひとつの収益の流れよりは数段まさっています。

心理的にはどんな条件が必要ですか。

システムトレーダーになるためには、自分の開発能力に確信がもてることだけが必要です。そこから先は、ただそれを自然に伸ばしていけばいいのです。心配しなくてはならない唯一のことは、実際のトレードの最中になんらかのパフォーマンスの数字――例えばボラティリティ、最大のリトレイスメント（騰落率）、シャープレシオなど――が「モンテカルロ」シミュレーションの外に出始めることです。そのときには問題が発生したと言えるでしょう。

これまでそういったことを何回経験しましたか。

一回もありません。私は、自分たちの最悪のドローダウンが二〇％台後半になると考えていました。シミュレーションによって、ウィザードが二〇％台後半までドローダウンすることがあり得ると分かっていたのです。最悪の状態になりつつあったとき、それが心理的な支えになりました。市場は予想の範囲内で止まり、そして例によって反発はケタ外れのものでした。私たちの資産は、大底から一三〇～一四〇％増加しました。ついでに言えば、その反発はちょうど今月止まったばかりのところです。今月は、反発が始まって以来、初めての本格的下落になりそうです。私は最近になってモデルの手直しをしましたので、今後ドローダウンは最悪でも二〇％台前半にとどまるでしょう。

深刻なドローダウンのあとの大幅反発というパターンは、結構よくありますよね。目を見張るような回復がこれから楽しめるというその直前に、相場に愛想が尽きて手を引いてしまう、という話を何度も耳にされたのではないでしょうか。

確かに。しかし、資産の種類を考える必要があります。債券は二〇％の下落でした。株式は三〇～四〇％の下落でした。それらを全部視野に入れなくてはなりません。システムトレードなら二〇～二五％ものドローダウンはないはずだ、といった魔法じみた話は商品取引に通用しません。きちんと研究していたら、ドローダウンはほとんど想定どおりのことになるはずです。特に私たちのように一三年以上もトレードしていたら、どこかの時点で起きるはずのものなのです。

ここでもまた、そのひどい事態がどんな様子になりそうかを、「モンテカルロ」シミュレーションが示してくれます。以前の私の座右の銘は「最悪のドローダウンがいつも自分を待っている」というものでした。どこかの時点で、相場は、自分のシステムが出合ったことのないような低ボラティリティの時期やすごい方向転換を用意して待っているのです。そして、まずたいていは、それまでで最悪のドローダウンを味わわされることになるはずです。相当長い間トレードをしている間に、「モンテカルロ」シミュレーションが予想するような二〇％台前半のドローダウンは覚悟しますね。

あなたにも、心理的に自分を取り戻さなければならないときというのがあるのではないですか。

それはしょっちゅうです。おそらくその点ジャックのほうがうまくやっていますね。長期的にものを見て、こんなふうに言うのです。「いいかい、これはどんなパターンからも外れてはいないんだ。それを飛び出してはいないんだ。これをくぐり抜けることになっているんだ」とね。でも、他人のお金を失って、口座が閉鎖されていくようなときには、積極性をなくさないように、そしてもう一度研究に集中するようにと、自分を励まさざるを得ないのが人間というものでしょう。

そのドローダウンの真っただ中にあったときに比べれば、確かに今は気分がずっと楽です。今では、それを振り返ってこう言うことができます。「そう、あれはひどい時期で、二〇％台後半近くまで行った。今では回復もほとんど予測どおりのものだった。だが、パフォーマンスは標準並みになっている」。しかし、その最中はいたたまれないような気分になるものです。

今私たちの前にあるこのイラク情勢とか、差し迫ったＦＲＢの発表とかへの対処法はどうですか。つまり、

一定時点で市場が何か重大な動きを示しそうだと分かっているときはどうしますか。そんな場合、アプローチのどこかを変更しますか。

いいえ。変えることはありません。

数年前、私はカナダ銀行引受手形市場で、それまでにない誘惑を経験しました。短期金利物であるカナダ銀行引受手形はモントリオール証券取引所でトレードされています。当時、八～一〇ポイント動けば大幅な値動きでした。

国民投票が間近に迫っており、相場はギャップを空けて、下で寄り付きました。だいたい七〇ポイントほどだったと思います。なんと七〇ですよ。私たちはとても大きな売りのポジションをとっていました。誘惑というのは、（棚ボタを頂戴して）手仕舞うことでした。記憶では、ジャックに電話したら賛成はしたんですが、でも、いつもどおりやろうじゃないかと言いました。それで、私たちは何もしませんでした。そしたらなんと、次の日にはちょうどもとの所まで戻して、チャンスは消えました。

その動きが行きすぎだったのは明白でした。ユーロドルは動いてなかったのです。それは差し迫った投票に対する無条件反射のような反応だったわけです。そういうものに対しては何もできません。システムトレーダーはシステムトレーダーなのです。

言うまでもなく、結果がまったく反対になったケースも数え切れないくらいあります。エネルギーや通貨や外国債の最近の市場で、私が自由にトレードしていたとすれば、「やあ、こんな相場からは手を引かなくっちゃ。もうやってられないよ」などと考えたはずの時期がたくさんありました。そのあとで相場が再度一五％も上昇したりしたのです。それは両刃の剣です。慎重にやる必要があります。私たちは絶対に危ない橋を渡らないと決めたのです。

キース・フィッチェン

Keith Fitschen

「断言できることですが、将来、分析したとおりにトレードできるという統計的信頼性を得るためには、開発サンプル中に何千ものトレードが含まれていなくてはならないのです」

キース・フィッチェンは、有名なアベレーションシステムの販売会社であるトレードシステム社の社長である。この長期的トレンドフォロー型のシステムは、株式を除くほとんどすべての商品市場を追跡している。キースは一九八六年にそれを開発し、一九九三年まで個人的にそれを使ってトレードし、成功を収めてきたが、同年公開に踏み切った。

そのとき以来、そのシステムは世界有数の人気ある商品取引ソフトとなった。フューチャーズ・トゥルース誌はこれまでトレーディングシステムの歴代トップテンを三回発表しているが、アベレーションはそのいずれのときもランク入りした。すべてのルールを完全に公表したこのシステムを、だれもが自由に買うことができるし、あるいは、キースのさまざまな規模のポートフォリオファンドのどれかに参加して、そのトレードから利益を得ることもできる。

アベレーションはキースの仕事の土台をなすものであり、インタビューから判断するかぎり、明らかに開発者にとって安心して使えるピッタリのシステムとなっている。キースにとってシステムの有効性を測る主要基準は、なるべく多様な市場環境におけるデータサンプルを使った豊富なトレード例を含んでいるかどうか、ということである。アベレーションはほとんどすべての市場セクターでトレードを行っている（満足できる量と分散化）。そのシステムは、キースが最も永続的で堅牢だと考える特性、つまり長期的な市場モメンタムを活用する。市場の人間心理的側面ではなく、需要・供給的側面に依拠するのである。だから、キースにとって、すべての市場の基本的特性が変わってしまうというありそうもない事態を別にして、そのシステムで利益が上げられなくなることはまったく想像できない。

トレードシステム社はそれ以外に二種類のシステムを販売している。短期トレンドでトレードするアズテック（キースが作成）と株価指数をトレードするＩマスター（システム担当の同僚マレー・Ａ・ルジェーロ・ジュニアが開発）である。キースが説明しているように、株価指数はほかの市場のようなトレンドを形成しない。実際に、Ｉマスターは優勢な動きに逆らってトレードを行う。弱気を買って強気を売るのである。

キースは全国をめぐってシステム開発についての講演をしょっちゅう行っている。三時間にわたるそのセミナーでは、システムの有効性に関する数学的測定法やカーブフィッティングの落とし穴の回避法など、市場調査におけるあらゆる落とし穴が取り上げられる。

どんなふうにしてシステム開発を始めたのですか。

私は一九六八年に工学部を卒業しました。徴兵されるよりはと考えて空軍に入隊し、ベトナムにも行きました。帰還したとき、私が修士号を取ることを空軍が望んだので、確率論的推定で修士号を取りました。その結果として、今のような仕事をしているわけです。

確率論的推定というのは、ノイズのある時系列データから信号を取り出す方法です。どんなデータにも何らかのノイズが含まれています。私たちが扱っていた誘導システムの信号にはノイズがいっぱいあり、本当の信号内容を知るためには、ノイズをフィルターで除去する必要がありました。私はそうした教育を受けたわけです。株式や商品データほどノイズの大きいものはほかにありません。八〇年代初めになって、私は自分の受けた教育を実用に生かそうと決心し、そうしたデータとの取り組みを始めました。

一九八六年ごろにアベレーションを開発しました。そのシステムを市場で販売し始めたのは一九九三年のことでした。市販されて一〇年経っているということですね。ただ、私は一九八六年からそれを使ってトレードしているわけで、結果として大変良いパフォーマンスを上げています。

アベレーションはバスケットシステムです。自分のセミナーで証明していることですが、株価指数を除く全商品、つまり穀物、食肉、金属、エネルギー、金融、ソフトといった真の商品をトレードする最良の方法はトレンドフォローのテクニックです。そして、最高収益を出せる最良のトレンドフォローシステムは長期的なもので、アベレーションがまさにそれなのです。アベレーションは株価指数を除いたすべての市場でトレードを行います。ただ、日本の株価指数である日経平均だけは例外です。大変はっきりしたトレンドを描くからです。

指数が素直で純粋なトレンドを形成しない理由はどこにあるのでしょうか。

私の説明はこうです。つまり、純粋な商品は絶対的な需給に基づいて取引されるということなのです。金の延べ棒にしろブッシェル単位のトウモロコシにしろ、なんだって物理的に引き渡すことが可能です。売り手側と買い手側の両方に本当のヘッジャーがいます。供給側のヘッジャーは農業主などで、その一方にゼネラルミルズのようなエンドユーザーがいます。一流の資金所有者が市場の両側でポジションをヘッジしており、価格は実際にいつもファンダメンタルズに従っています。こういう条件のもとでは、市場の背後で需給バランスを崩すような出来事が起きると、そこにトレンドが形成されます。それをとらえて、私たちは先物取引を行うわけです。

株では話がまるで違ってきます。引き渡し可能な物は存在しません。純粋な価値を伴った株券というものは存在しないのです。市場のどちらの側にもヘッジャーはいませんし、本当の価値はだれにも分かりません。

ここ三年ほど効率的市場という考え方が議論されています。CEOは嘘をついています。監査を行う会社は嘘をついています。会社についての価値判断をばらまくアナリストは嘘をついています。会社の価値のなんたるかついて理解している者などいないのです。だから、株式や株式を基にした指数は、需要・供給ではなく心理によって取引されることになります。心理がかかわってくるということは、人間が価格を上げ下げしているということです。

好況時のS&Pを見てみると、年間の変動幅が五〇

○ポイントほどになります。この市場では、一日の変動幅が五〇ポイントになることが日常茶飯事です。合衆国のどんなファンダメンタルな変化によって、一日に年間変動幅の一〇％も動くようなことが引き起こされるのでしょうか。そういうことがいつも起きているのです。

でも、短期的には、その種のヒステリックな変動がほかの市場でも起きているのではないでしょうか。例えば穀物の天候相場とかで。

それは確かですが、その変動は心理ではなく需給関係に基づいています。一時的に値の飛ぶことはありますが、それは、大規模な需給アンバランスによって価格の大幅な上昇や下落が引き起こされたあとにだけ生じるものです。でも、株ではそんなことが毎週起きます。原因は、価格を押し上げたり引き下げたりするトレーダー以外にはないのです。もし本当の価値が存在するとして、その価値の二〇〇ポイントも超えるようなことがあったら、値下がりせざるを得ません。だからこそ、買われ過ぎのあと、それが修正され値下がりするわけです。売られ過ぎのあとで修正によって、そこから上げていくのも同じことでしょう。

指数市場でのトレードは反トレンド（カウンタートレンド）戦略に従うのが最良だというのはそこに原因があります。優れた指数システムは基本的にすべて反トレンド的で、強気を売って弱気を買おうとします。

それでも、日経平均はトレンド的と言うのですね。

日本では別の心理が働いています。私はひとつ残らず世界の（株式）市場を調べてみました。結果は、日経平均が最もはっきりしたトレンドを持ち、最もトレンドの弱いのが米国の指数です。DAX（ドイツ株価指数）、CAC（フランス株価指数）、FTSE（ロンドン株価指数）はトレンドと反トレンドの中間にきます。香港のハンセン指数でさえそうです。これらの指数は、トレンド的なテクニックを使っても反トレンド的なテクニックを使っても効果が薄いので、実際上トレードが極めて難しい、というのが私の見方です。

トレンドが一番はっきりしているのはどの市場です

か。

通貨と金融です。

あなたは日足を使ったトレンドシステムによってトレードしますか。

します。日中の変動に基づいてトレードできる商品市場は、S&P、ナスダック、ラッセルなどの指数に限られるというのが私の考えです。

大半の市場は長期トレンドによるトレードによって最高の成果が得られるという結論に到達した経緯はどのようなものですか。

人は市場が許してくれることをする必要があります。市場がトレンドフォロー方式でしかトレードできないときは、反トレンド方式でトレードしようとしてもムダです。市場が反トレンドトレードに向いているときは、トレンドトレードは、反トレンド法を使ったときのようにたやすくはできません。私は、市場がトレンドなのか反トレンドなのかを見極めようとします。それは簡単なことです。毎月データを調べればいいのです。

トレンドフォローのほうが良いと思ったら、月初めに一定の平均（レラティブストレングス）以上のものを買って、月末に売ってさらに再投資することになるでしょう。私は株でそれをやったことがありますが、それではっきり分かったことは、非常にたくさんのトレードを重ねた場合、強い株よりも弱い株を買ったほうがパフォーマンスが良いということです。平均以下の強さの株を買えば、バイ・アンド・ホールドの二倍ほどのリターンが望めます。平均以上の強さの株を買ったら、パフォーマンスが三分の一ほど下回ることになります。市場がそんなふうになっている以上、トレンドに従おうとするのはバカげています。

私は、商品市場では必ずトレンドに従いますが、株式市場では必ず反トレンドトレードをします。

ということは、どんな市場でも突発的変動が頻繁に生じるものですが、それでも、あなたのトレンドフォローの手法は十分使い物になるということですね。

そのこととの関連で、トレンドフォローシステムの問題が出てきます。それは、市場にトレンドがある期間は全体の三分の一しかないということです。でも、それで十分です。私たちはアベレーションを使ったポートフォリオを四種類提供していますが、これまで損した年はありません。毎年ドローダウンはありましたし、これからも必ずあるでしょうが、市場はしっかりしたトレンドを形成するのですから、十分に多様な市場グループを対象にして、その水のなかにたくさんの釣り針を垂らしておけば、どれかがしっかりしたトレンドを捕らえ、それ以外の市場の埋め合わせをしてくれるはずです。

それに、アベレーションはいつも市場にいるわけではありません。強力なトレンドを探しているのです。名前もそこから来ています。並はずれた（アベラント）価格トレンドを求める、というわけです。価格がどっちかの方向に強力なトレンドを作っているときにだけ、トレードしたいのです。それ以外のときはジッとしています。

そのことは、一日の平均レンジといった市場の動きとつながってくるのですか。

そうですね、それこそ（私たちの顧客）が買っているものです。その動きをとらえる論理を買うわけです。しかし、念のために言えば、そのトレンドの強さを測るために統計を使います。その強さが一定の一般的な水準を超えたときに、トレンドの方向に乗っていくわけです。

価格目標といったものを使いますか、それとも、大半のトレンドフォロアーといっしょで、トレンドが変わって、最終的にはオープンエクイティの一部を失うことになりますか。

基本的なトレンドフォローシステムは、いつだって変動の最後には含み益の一部を失うものです。変動がいつ終わるのかは予測できませんからね。トレンドフォロアーは、市場は自分の頭でものを考えており、その中身は理解や予測を超えている、ということを認めるものです。ただ市場に従うしかありません。

多くの人が使うメカニズムは、ある種のトレイリングストップです。私たちの基本システムは利益目標を使いませんが、一回に二枚以上のトレードで分割売買をする戦略をとる大口トレーダーについては、総合的なマネーマネジメントを行っています。いくつかの利益目標があって、そこでポジションを半分手仕舞いま す。その良い所は、オープンエクイティがひどい打撃を受けるときに、被害が一〇分の一だけですんだりすることです。ほかは全部、天井付近で処分していたりしてね。こうすればドローダウンを低く抑えられます。

あなたは一〇〇%メカニカルなトレードをしていますよね。

もちろんです。

メカニカルアプローチと自分の判断で自由にトレードする是非について聞かせてください。

チャートを見て、そこから次に何が起きそうか自分で決めることができるとしたら、それは、いつも市場に合わせて自在に儲けられるということです。それは本当に素晴らしい才能です。

私にはそんな才能はありません。チャートから次に起きることを読めるわけではないのです。だから、メカニカルにやらざるを得ません。だいたいは、そうした（裁量による）トレーダーは私たちを見下していて、「継続的に稼げるシステムなど見たことがない」などと言っています。でも、私たちは彼らを見下したりはしません。そんなふうにトレードできたらいいのに、というのが私の気持ちです。でも現実はそうではありません。無粋な科学、おびただしいデータ、山ほどの数字や山ほどのトレード――こうしたものに頼って決めるしかないわけです。しかし、それが私のやり方なのです。

裁量トレーダーについてはこんなことが言えます。確かに、チャートが読めて先行きが分かるとしたら、それは素晴らしい才能です。ただ問題は、しょっちゅう自分で、過ぎたことのあら探しをしてしまうということです。私が満足しているのは、ドローダウンに陥ったときでも、その理由がちゃんと分かっているという点です。私はやるべきことをやってさえいればいいのです。同じ量をトレードしていれば、そこから抜け出せると分かっているわけです。

裁量でトレードする人たちは、行動を変えないように、自分を押さえつける必要があります。それは、ドローダウンのときには、感情的に非常に難しいことです。また、相場が急騰すれば賭けに出たくなって、目に入るあらゆるシグナルを口実にして、限度以上の玉を抱え込んでしまいます。メカニカルトレーダーは、普段どおりのアプローチを続けるのにそんな苦労をしませんから、ドローダウンや急騰のときには有利な立場にいる、と言っていいでしょう。

そういうやり方が必要なのだということを学んだのは、かなり初めのころですか、それとも何回かひどい目に遭ってからのことですか。

私は裁量トレーダーだったことは一度もありません。先行きが読めなかったのです。先を見極めようとしたら、当て推量することになります。私にとっては、自分の行動が正しいと確信がもてるようななんらかの理由が必要です。例えば、トレンドフォローなら、相場が上昇するのを見て、「このトレンドに乗ろう」と考えます。少なくとも、自分の行動の背後に一定の理由があるわけです。

私の意見では、システムが利益を出せるかどうかの九五％は仕掛けで決まります。私の知っている（効果的な仕掛け）はたった一一種類です。私はセミナーの受講者にその仕掛けの話をします。私は二〇年トレードをしていますので、二年に一種類ずつ見つけてきたことになりますね。

だれかが効果的な仕掛けを教えてくれた場合、自分の開発システム――トレードステーションでもメタストックでも何でもいいのですが――に手慣れていれば、何時間かのうちに九五％まで解法を開発できます。仕掛けさえ分かっていれば、大変なことができるのです。しかし、その仕掛けを見つけだすのにとてつもなく時間がかかります。素晴らしい仕掛けは、そうはありません。

しかし、長期的に見れば、相場がトレンドを形成する期間はかなり低い割合になります。だから、どんなトレンドフォローシステムも、成功したいと思ったら、

だいたいは同じ全体領域の範囲内で売買せざるを得ないのではないですか。

長期的トレンドフォローシステムはすべて、ある時点でトレンドに飛び乗ります。問題は、トレンドの半分とか三分の二をとらえられるほど早く飛び乗れるかどうかということです。そのとき、ストップではじき出されるほど早くてはいけません。

フューチャーズ・トゥルース誌が関心を持っているのはその点です。（そのスタッフたちは）三〇〇のシステムをモニターしていますが、優秀なのはごく少数で、残りは冴えないか、損を出しています。

つまり、たいていは、理論的な「今飛び乗れ」という指示に従って利益を手にすることができていないということですね。

というより、大多数のシステムの問題は、カーブフィッティングをしているというところにあります。カーブフィッティングをしないシステムのなかにも、良いものとそれほどでもないものが混じっています。とびきり最高のものだけが、トレンドの相当部分を享受できるほど早く、しかもちゃぶつきを避けられるだけゆっくりと、仕掛けることができるのです。仕掛けが早すぎると、一日以上続くトレンドのすべてでマーケットに参入することになり、しょっちゅうストップでマーケットからはじき出されるはめになります。

私の印象では、あなたは、好成績のシステムを開発する手順を一歩一歩、大変整然と講義されています。インターネットには、この問題に関する三回分の講義のひとつが詳しく掲載されています。あなたがシステムを作り出すときの手順について、簡単に説明してもらえますか。

セミナーで講義するのは月に一～二回です。セミナーでは二つの話をします。ひとつはカーブフィッティングの問題を取り上げます。カーブフィッティングに該当するかどうかを示すために、実例による証拠を二つ挙げます。そのあとで、システムのカーブフィッティングの度合いを測る数量的方法を説明します。それは、実際には、開発サンプル中のトレード数と関係する話です。

どんなシステムも過去のデータに基づいて開発されます。重力や相対性と違って、相場のメカニズムは理論的に説明することはできません。相場にはノイズが多すぎるのです。だから、過去のデータに頼らざるを得ないのです。

大半の人はひとつのチャートをもとにしてシステムを開発します。トレード数にすれば一〇〇ほどになるでしょうか。それでは不十分です。断言できることですが、将来、分析したとおりにトレードできるという統計的信頼性を得るためには、開発サンプル中に何千ものトレードが含まれていなくてはならないのです。

こんな話を四五分したあとで、カーブフィッティングを極力避けながらシステムを開発する方法を説明します。仕掛けと、ストップと、フィルターと、システムの良否を測る評価基準を説明し、そのあとで、少しずつそれら全部を結びつけながらシステムを開発していきます。できたシステムは参加者に家に持ち帰ってもらいます。

必ずサンプルを十分大きくとるということのほかに、カーブフィッティングを防ぐ何か別の方法がありますか。処女データを使ってフォワードテストをすることがありますか。

いいえ。それは現実には不可能です。フォワードテストは理論的には素晴らしいものです。「検証のとき、データの半分は使わずにとっておくのが良い」とよく言われます。問題は、普通、統計的有効性のために必要なトレード数を確保できるほどたくさんのデータがないということです。だから、半分とっておこうとすると、事態がさらにまずいことになります。私は、世界の五七の商品市場を使ってシステムを開発します。大半が米国の市場ですが、ロンドンの金属市場や海外の債券市場も含まれています。

あなたのインターネットサイトで見たのですが、なかには私が耳にしたことすらないような市場もありますね。二つだけ挙げれば、乾繭先物とか、バルチック不定期船海上運賃指数（BFI）とか。

そうですね。ほかの市場とそれほど相関の高くない市場をいつも探しているのです。私たちは五七市場のバスケットを開発しました。問題は、その市場の半分は一九八〇年までもさかのぼらないことです。ということは、各商品に約五〇〇〇の日足があるわけです。五〇〇〇の日足からは約一〇〇回トレードができます。もし処女データとして半分取り除いておくとすれば、残りは五〇です。五〇のトレードはゼロ同然です。何千も必要なんですよ。五〇のトレードをもとにしたシステムなどまるで信用できません。見る価値すらないでしょう。

私なら、データを半分にして五〇〇のトレードを分析するよりは、全部使って一〇〇〇のトレードにしますね。分析結果と同じようなトレードが将来もできると確信できるためには、何千も必要なんですから。

ということは、ひとつの市場に特有の特徴を活用したシステムの開発には関心がないということですか。

いいえ、確信をもてるだけのデータ量があればそうします。私たちが開発したIマスター・プログラムは株価指数専用のものです。それが使う仕掛けの背後には四〇〇〇のトレードがあり、だからこそ信頼できたのです。だからこそ、ココアや大豆ではなく、指数専用として開発できたのです。

要するに、対象となる市場が多いか少ないかということは無関係で、トレードの豊富さだけが大事だということですね。

そのとおりです。オーバーナイトの長期的システムに比べて、デイトレーディングシステムには良い点がひとつあります。それはトレードの回数が多いということです。S&P先物は一九八二年から取引されていますが、毎日トレードするとしたら、五〇〇〇のトレードをバックテストに使えるでしょう。

システムが、過去のデータに現れた以上のひどい結果を出したことがありますか。もしそうなら、どの時点でシステムを見放そうとしましたか。

えーと、それは「過去の時点での予測を超えることがあるか」という意味の質問ですよね。その答えは、必ず超えるということです。数学的に言って超えざるを得ないのです。二〇年間のデータをもとにシステムを開発して、この先いつまでもそれを使うとすれば、将来必ず過去以上のドローダウンを経験することになります。その場合、システムが破綻したことになるかといえば、それは違います。

アベレーションは絶対に破綻しないとはっきり言えます。それは、アベレーションが需給市場をもとにした非常に洗練されたトレンドフォロー手法だからです。需要と供給に基づく市場はけっして変質しません。

個々の商品市場は変わることがあります。私は、イギリスポンドが根本から変わってしまったと考えています。七〇年代のポンドは、全商品市場のなかで一番トレンドのはっきりした市場でした。でも、一九九二年以降、私のどの商品システムも、ポンドでは利益を上げていません。

つまり、市場は変わると。

個々の市場は変わります。ですが、商品市場全体の特性は変わりません。だから、トレンドフォローシステムは、多い少ないの違いはあっても必ず成果を上げてくれます。すべてがうまくいかなくなることがあるとすれば、それは商品全体の基本的性格が変わる場合です。

株価指数システムはしょっちゅうおかしくなります。その理由は、前にも言ったとおり、市場が心理に動かされ、いつも性質が変化しているからです。一九八二年にS&Pが登場したとき、私はトレンドフォロー手法を使ってトレードを行い、何の問題もなく稼いでいました。ですが、それは、一九八七年の大暴落が起きるまでのことでした。このときからS&Pは反トレンドの市場になりました。一九九〇年代の初めには、非常に高いボラティリティを示しました。一九九七年になると、一枚の倍数が一ポイント当たり五〇〇ドルから二五〇ドルと半分になりました。それはまた、別のおそらく最大の変化が生じた年でもありました。グローベックス取引（シカゴ市場の二四時間取引）が始まったのです。

グローベックスが始まるまでは、S&Pの変動の九五%は、一日の立ち会いの開始から終了までの間に起きていました。今では、変動のほぼ半分は夜間取引の間に起きています。ということは、以前のレンジの半分しかシステムがトレードしていないということです。一番最近の変化は二〇〇〇年の三月に起きたもので、弱気相場に突入したということです。これらの変化のどれかが生じると、うまくトレードできていたシステムが変調を来して、新しいシステムが機能し始めることになります。

指数をトレードするシステムはしょっちゅうおかしくなります。以前、アセンデックスという名前のS&P用のシステムを使っていたことがありますが、弱気相場のせいで使い物にならなくなりました。二〇〇〇年の三月までは大いに稼いでくれていたのですが、それは、二回の短い例外的時期を除いて一九八二年以来ずっと右肩上がりだった市場に合わせて開発されていたせいだったのです。弱気相場が始まると、それは生き延びることができませんでした。私はさじを投げて、そのシステムでは弱気相場に対処できないことをユーザーに知らせました。

そういうケースでは、いつダメになったかが分かります。成果が上がらないのは、市場にどんな根本的変化が起きたせいなのかも分かります。株価指数のトレードで厄介なことになるシステムは、私たちのIマスターも含めて結構あります。そのことに悩まされている人が大勢いるのですが、私は確実にその原因をつかんでいます。現時点での問題は、S&Pのボラティリティがほぼここ六年間で最低の時期にあるということです。こんなにボラティリティが低いのは一九九七年以来のことです。レンジが狭かった一九九七年は、それでもまだ、倍数が一ポイント当たり五〇〇ドルでした。現在の倍あったのです。

システムはレンジで利益を上げます。もし相場が動かなかったら、利益は上げられません。

市場のファンダメンタルな特性を知っていれば、自分のシステムの背後にある変動要因がまだ作用しているかどうかが分かります。でも、あなたは実際のトレードにファンダメンタルズを取り入れていないのではないですか。

問題は市場のファンダメンタルズではなく、市場そのものなのです。今市場がしていることなのです。弱気相場のときに、自分のシステムが強気相場のときに開発したもので、だから成果が上がらないのだ、ということに気づけば、それで問題の原因をつかめたことになるわけです。

私のすることはすべてメカニカルでテクニカルです。どちらの言葉も私にとっては同じです。検証によって有効なものを見つけだそうとするわけです。トレーダーでなくても、値段が上がっていれば、中西部で干ばつが起きているとか、コーヒー豆が不足になっているとかということは分かります。私もそういう事実は知っているのですが、それを気に留めたりはしません。システムがすべてを決定するのです。

個人トレーダーとしては、あるいは大会社の一員だったとしても、本物のインサイダーと同じように本物のファンダメンタルズを知ることはあり得ません。私は、ゼネラルミルズが知っていることを絶対に知ることができません。中西部全体で起きていることをサンプリングによって調べようとする者もいますが、アルゼンチンとかオーストラリアの状況までは無理です。しかし、ゼネラルミルズはそれを知っているのです。私が彼らのようにファンダメンタルズに通じることはあり得ません。でも、価格の変化ならば、彼らと同じ瞬間に知ることができるのです。

定期的にシステムの再最適化をしますか。

しません。最初に何千ものサンプルを集めてからスタートするのですが、それでトレード方法が決まります。もとに戻ってやり直すようなことはしません。アベレーションのパラメーターはひとつの値しか取りません。それは結論を出すのに何本のバーを使うかという数値です。一九八六年に私たちはそれを八〇本と決め、今でも同じ数字を使っています。当時、その数字は三五の市場に基づいて算出しました。今は五七か五八の市場で検証していますが、バーの数はやはり八〇本です。それは出発点として正しい値でした。何が正しい値なのかという答えを得るためのサンプルが十分にあったからこそ決められた数字なのです。

ポートフォリオの配分にはどんなアプローチをとっていますか。

まず最小のポートフォリオから始めます。一番パフォーマンスの良い穀物、食肉、金融、エネルギーなどといった具合に組んでいきます。こうして分散化を図ります。次に考えるべきことは規模です。私たちは一枚ずつトレードします。さらにリスクを考慮します。トレードでは三〇〇〇ドル以下のリスクしかとらないのですが、顧客が好みの数値を決めて、その検証を私たちにさせることもできるようにしています。

いろいろな額の口座向けのポートフォリオを用意しています。一～三万ドルの口座向けの基本ポートフォリオ、三～五万ドルの中規模口座向け、五～一〇万ドルの大口口座向け、一〇万ドル以上の総合ポートフォリオがあります。

セクター間のバランスは等しくしています。通貨も金融も同じ量だけ含めるわけです。トレードの成績に差があるときでさえそうします。例えば、ドル指数が生牛（ライブキャトル）よりも成績が良いような場合です。よく聞かれるのは、「どうして食肉のような弱い部門を除かないのか。食肉市場のトレンドは最低なのに」ということです。それに対しては、したい人はそうすればいいけれど、私たちはそうしない、と答えます。それは、食肉のファンダメンタルズがほかの全部から統計的に独立しているからです。つまり、ファンダメンタルズが、食肉セクターだけが変動するような条件になったときにも食肉以外は一切変動しないわけです。現在のところ、生牛のトレードには七〇〇〇ドル充てています。それはしょっちゅう起きることではないのですが、もしそうなったときには、そのセクターがポートフォリオ全体の牽引役になれるのです。

マネーマネジメントについてはどんなアプローチをとっていますか。

単純なものです。増し玉は絶対にしません。増し玉したくなることがあるとすれば、トレードを始めてからかなり時間がたって、そのシステムで当初の予想以上の利益が得られそうなときだけでしょう。でも、そんな例は一回もありませんでした。だから、増し玉というのは私には無縁です。

セミナーでは、何枚かあるポジションの一部を利食うのが良いと教えています。そうすれば、天井でポジションの一部をはずせるでしょうし、ドローダウンを最小に抑えられます。

私たちは一回一回のトレードでどれだけのリスクを冒せるかをわきまえています。そうした予定リスクに従って、小規模のポートフォリオではそのトレードを実行するかどうかを決めますし、大規模ポートフォリオではそのトレードで何枚の先物を売買するかを決定します。

確かにオーバーナイトのポジションがギャップを空けて寄り付く、といったこともたまにあります。そのギャップがストップレベルを超えたときには小細工はしません。すぐに手仕舞います。毎日何もできずじりじりして過ごすのは良くないですからね。

でも、時にはすさまじいギャップに見舞われることもありますよね。あなたは、同時多発テロ（二〇〇一年九月一一日）のような衝撃的な事件のときに相場の不利な側に立っていたことがありますか。

大惨事が起きると、分散化したどんなポジションを取っていても必ず手ひどい目に遭います。香港の暴落（一九九八年における環太平洋諸国市場の暴落）のときには、想定外の急所を突かれて痛い目に遭いました。直接にはメキシコペソにやられたのです。ペソに六セント高の、つまり一枚三〇〇〇ドルのギャップダウンが起きたわけです。大惨事ではどうしてもその影響を免れるわけにはいきません。それは必ずやって来て、それを避けてトレードする方法というのはないのです。しかしその逆のことも起きます。私たちは九月一一日のときには相場の有利な側にいて、思わぬ利益を手にしました。

日常生活のなかでトレーディングがほかと変わらない点はどこですか、また違っている点はどこですか。

変わらない点は、良い成果を上げようと思ったら努力しなければいけないということです。私は膨大な時間をトレーディングに注いできました。他人の本を読んだだけでは有能なトレーダーにはなれません。

といっても、他人のシステムに従いながら稼ぐことができないというわけではありません。しかし、腕を上げ理解を深めるためには自分でやらなくてはダメです。

トレーディングが違っている点は四六時中ストレスにさらされているということです。普通の仕事ならば、全体の八〇％の日は何事もなく過ぎていき、二〇％が自分の失敗や何かの事件でストレスのかかる日となるでしょう。でも、トレーディングでは、ほとんどいつもといっていいくらい資産の増加と減少が起きるので、ほとんどいつも感情の両極端の状態に置かれるのです。

■参考文献

『究極のトレーディングガイド』（パンローリング）
『トレードシステムの法則』（パンローリング）
『DVDブック システムデイトレード』（パンローリング）

ウェイン・グリフィス
Wayne Griffith

「システム開発者ならだれでも、システムで対処しきれない状況のあることを認めるでしょう」

ウェイン・グリフィスは「アンティシペーション」システムの考案者である。そのシステムは、メカニカルアプローチとして先物取引業界ではよく知られた存在である。それは、南カリフォルニアのグリーンビルを本拠地とするＣＦＴＣ（米国商品先物取引委員会）登録のＣＴＡ（商品投資顧問業者）であるアドバーンスト・システム社の中心的製品となっている。

ほかのシステム考案者と違って、ウェインはファンドの運用を手掛けていないし（近々開始の予定）、従来型のアドバイスサービスも行っていない。手掛けているのは契約サービスの販売である。その契約によって、ブローカーなどの投資業界関係者がシグナルを受け取って利用できるようになるのである。しかし、契約者はシステムの機構の詳細について、完全に知らされることはない。ウェインは、概要については話してくれても、詳しい手法となると多くを語らないで途中でやめてしまうということが一度ならずあった。ウェインのアプローチの一部はもっぱらブラックボックスのなかにあって、本人以外には見えないのである。一九九三年の提供開始以来、アドバイザーも顧客もそうした取り決めに満足してきたようである。

「アンティシペーション」はいくつかの市場で理論上の利益を上げたが、ウェインはトレードに一番適した商品はコーヒーであると早くに決めていた。その理由は主として、一九九〇年代には、コーヒーがなぎ相場に長くとどまることのない数少ない市場だったという点にあった。ウェインは二〇カ月にわたってアノマリーを観察し続け、その間彼のシステムは実際に利益を生み出した。その後、ウェインはシステムをフューチャーズ・トゥルース誌に提出し、同誌は一九九五年三月からそのパフォーマンスの追跡を始めた。ウェインのシステムは、権威あるフューチャーズ・トゥルースの隔月パフォーマンス順位表で六年連続してトップの座を占め、八年前に独立の評価が始まってからも、トップから滑り落ちたことは五回しかなかった。

二〇〇〇年になってウェインはコーヒー市場が干上がりつつあると判断し、「アンティシペーション」の対象を活発に取引されている株価指数先物へと移した。今では、アドバーンスト・システム社は、もともとのシステムのほかに「アンティシペーション」の変種を三種類提供している。いずれもウェインが作り出したものである。「アンティシペーションⅡ」はトレンドを一層重視するよう修正された「アンティシペーション」であり、「アンティシペーション・ファーストボーン」は反トレンド（カウンタートレンド）に重点を置いた変種である。また「アンティシペーション・ミッドポイント」は両者の混合型である。こうした多様化によって、単一のシステムを使うときよりもきめ細かな仕掛けと手仕舞いが可能になっている。

ウェイン・グリフィスは、二つの点で本書におけるほかのインタビュー相手のほとんどと対比をなしている。ひとつは、この外向的な業界にあって、ウェインが、恥ずかしがり屋と言わないまでも寡黙だということである。短いぶっきら棒の答えがしばしば返ってくるので、それを補うために、私はいつも以上にたくさんの補助的質問を行うことになった。

第二は、ウェインは純粋なシステムトレーダーではないということである。自分の判断でシステムを補うことによってパフォーマンスが向上すると信じ、それを実行しようとしているのである。まだその開始には至ってないし、努力しても期待どおりにはいかない可能性も認めている。しかし、判断を混ぜ込むアプローチは破滅への道だと批判する者が多いなかで、ウェインは長年の経験によって、落とし穴の被害を緩和することができると確信している。加えて、六〇歳になるウェインは、人生では自分が楽しめることをやるのに限ると考えている。家族を除けば、ウェインが熱中するほぼ唯一の対象が相場である。彼は、システムトレードの味気ない数字のゲームとは一味違った方法で仕事がしたいと望んでいるのである。

あなたは、業界では「アンティシペーション」システムの考案者として名が知れわたっていますね。

そのとおり、大半の人にとって私の名前は「アンティシペーション」システムと結びついています。そうした評判を得たのも、フューチャーズ・トゥルースのジョン・ヒルのおかげと言えます。彼のセミナーに出席したとき、知る必要のあることは全部チャートから分かると教わりました。彼は、市場を先取り（アンティシペート）する必要があると力説するのですが、私が自分のシステムを「アンティシペーション」と名づけたのもそこから来ています。

このシステムでは、押しや戻りの動きの後の反発で仕掛けます。私は反トレンド的な動きのなかでレンジからのブレイクアウトをとらえようとします。私はトレンドに従うのですが、最初の押しや戻りの動きが起きるのを待ちます。買うときはいったん押したあとを狙いますし、売りは戻したあとにしたいですね。

ということは、指値で仕掛けるのですか。

それはないです。幅はどんなにわずかでも、とにかく仕掛けるには、寄り付き時点である種の動きが必要だということを見つけだしたのです。

トレードの長さはどのくらいですか。

その日のうちにポジションを変えることもあります。もっとも、そんな日はたいていあまり良くないですがね。つまり、スタートで間違えたということですから。でも、そんなことはまず起きません。一日中同じ方向でトレードしているわけです。一回のトレードの長さはいろいろです。平均すれば二日といったところでしょうか。

いつも寄り付きの時点で収益の可能性のあるのシグナルが出ているものですか。

いいえ。チャートは、その形を見てトレードを仕掛けるかどうか決めるために使います。形が良くて、しかも相場が押して、チャートを使ったプログラムが上昇の可能性を示しているときに、仕掛けるのです。

いったん手をつけたあとは、トレンドをうまく利用

するわけですよね。

そうです。それを狙っているのですから。

ストップについてはどうですか。

チャートパターンを見て決めます。毎日トレードしていれば、チャートパターンから「手仕舞い」や「反転」のポイントが必ず見えてくるものです。チャートは変化するものですから、今日の時点で明日の手仕舞いのポイントを知ることはできません。好んでやる人もいるようですが、チャートを見て増し玉をするようなことはしません。リスクの量がXだからといって多くの玉を建てるようなことはしないわけです。Xはトレードの進行次第で変わってきますしね。私たちは、チャートパターンによるストップが離れすぎてしまう場合に備えて、安全弁のためにマネーマネジメントに基づくストップも使います。それもメカニカルなもので、相場の流れに従って発動されます。

パートナーと私が気づいたことなのですが、反トレンドシステム――抵抗と支持とかレンジとかを使ったトレーディング――ではどうしても恣意的なストップを使いがちになります。相場が下げ続ける間、ずっと買いシグナルが出っぱなしになるわけです。つまり、ストップではじき出されたあとも買いの構えが続きます。モメンタムシステムでは、その性質上そういう問題が生じることがありません。相場が強くなったときにだけ買うわけですからね。しかし、まずいシステムを使って失敗が続けば、それだけ買いの指示がどんどん強くなっていくことになります。そのことも、あなたが対処する必要のある問題でしょうか。

多少そうした問題がある、という程度ですね。相場は行ったり来たりするものです。ある方向へ行きすぎたときは、たいていその分、逆向きに動く可能性が強くなります。でも、勢いが強すぎるときには、反対の動きをとりたいという気持ちを抑えるようにしています。普通、状況が好ましいときに反対の行動をとります。しかし、相場があまりに強いときには玉を処分します。

個人的な経歴について少し聞かせてもらえますか。

私はインフォメーショナルCTA（助言のみ）として登録しています。学校では数学と物理学と心理学を学びました。最初の仕事は、アラバマ州ハンツビル市で宇宙計画事業に従事することでした。すぐにモデル作成とシミュレーションにかかわることになりました。サターンV型月ロケットの第二段目の推進システムモデルをプログラムしたのです。サターンV型月ロケット本体の放射線被爆量を測定するモデルも扱いました。また、アポロ計画望遠鏡の軌道のシミュレーション、太陽電池が発する時間ごとの電力の算出、制御システムの設計と分析に用いる多名式の操作言語の設計も手掛けました。そのようなさまざまな科学的モデルを作成していたのです。

次に勤めたのはIBMで、他社のためのデータ処理を担当していました。ある電力持株会社のために、南部の三州の全個人と全企業について、事業用・居住者用の電力料金表を出力するシステムをプログラムしていたのです。会社は、利益引当金や料金請求の公平性の要件に関する政府規制に従う必要がありました。その会社のために、債券、優先株、普通株の発行時期、量、利回りなどを決定する経済モデルもプログラムしました。一九八七年にフルタイムのトレーディングを始めるまで、そんなことをいろいろとやっていたのです。

プロのメカニカルシステムトレーダーのなかで、経済界ではなく科学領域の出身者がそんなに多い理由は何なのでしょうか。

法則への志向が強いからではないでしょうか。

つまり、科学的方法を応用することができるということですね。

そうです。それがポイントだと思います。同じ行動が繰り返されるわけです。相場を見てこんなふうに考えるのです。「そこに働いている力はどんなものか。それをとらえるルールはどんなものだろう。そして、どんな結果が生じる可能性があるのか」とね。

そんなことをしていて、本当に自分が興味を引かれる対象に行き着けるのか、まったく確信がもてませんでした。今の時点で振り返ってみれば、信頼できるシステムを手にするための一番大事な基準は、バックテストをして有効なモデルとシミュレーションを構築することができるかどうかということでした。

私が初めて商品トレードをしたのは一九六九年のことでした。一九八七年には専業になり、OEX（S&P一〇〇）オプションやノーロード投資信託のトレードで生計を立てるようになりました。「ブラックマンデー」前の週末には、月曜に大暴落が起きると皆に触れ回りました。そんな経験は初めてだったせいで、私は、それが人生で一回限りのチャンスだということに気づきませんでした。確かに正しい対応をとりました。買い持ちのポジションを閉じ、プットを買ってコールを売ったのです。でも、実際よりもっとずっと大規模にやるべきだったのです。それなりの成果を手にしたのですが、またとない大チャンスを逃してしまいました。

どんなふうにして相場の暴落という結論を出したのですか。

首を賭けてもいい自信がありました。そんなバカなと思うかもしれませんが、本当です。その週末に私が断言していたことを証明してくれる人はたくさんいます。そんなことができたのは、トレードを趣味や暇つぶしと考えるのではなく、朝起きると真っ先にFNN――当時はまだCNBCだったのですが――のスイッチを入れるようなことをしていたからなのです。朝起きてから夜一〇時か一一時ごろ寝るまで、みんなの言うすべてのことに夢中になっていましたし、相場の動きやトレードに関係することなら何でも熱中していました。そんな毎日だったのです。

その当時、あなたの使っていた方法はどの程度メカニカルでしたか。また、どの程度テクニカルでしたか。

全然です。まったく直感的でした。

生き残りの手段としてメカニカルトレーディングに向かったほかの大勢の人と違って、あなたはそれでうまくいったようですね。

そうです。どんなことでも深く没頭すれば、なんでもはっきりと理解できるようになる、というのが私の考えです。もっとも、そういう経験はそれ以来していませんが。この話題が出たから言うわけではないですが、それは今私がしようとしていることなのです。それ（裁量トレード）がなつかしいのです。したくてたまらないと思っています。システム開発とシステムトレードのおかげで、私はなにか無感情のロボットになったような気持ちになっています。楽しみと喜び、追求と挑戦といったものはシステムトレードでは経験できません。システムトレードはただの数字のゲームにすぎません。

自分のモデルが長期的にどんな結果を出すかについて、確かに期待は持ちます。ある日、ある週、ある月のシステムの活動について失望したり、しょげたり、落ち込んだりすることもあります。でも、どこか覚めているのです。自分のツキが回ってくるのを待って、ただ数字のゲームをしているだけなのです。

その「数字のゲーム」に入り込んだ経緯はどんなものですか。「ブラックマンデー」で大金を稼いだことが、新しいアプローチへの宗旨変えのきっかけになったということはないですよね。

メカニカルトレードを始めたのは、大暴落の直後の成績がひどかったからです。とてもボラティリティが高く、動きの荒っぽい時期でした。そんな時期にトレードをしてはいけなかったのです。でも、毎日働くものだという「仕事」意識があって、毎日トレードしなければならないと思い込んでいました。当時、フルサイズの株価指数取引は一日で莫大な金額が動きました。だから、とてつもない額がかかったストップか、即座に引っかかってしまうような通常の額のストップ（時には売り気配値と買い気配値の間に入ってしまいそうになることもあった）のどちらかにせざるを得ませんでした。

ひどいストレスがかかったので、それをなんとか和らげたいと思いました。そして、三カ月間トレードを控えて、どんなふうにそれを続けたらいいのかを考えました。ファンダメンタルズによるアプローチをとるつもりはありませんでした。ほかの連中が自分の先を越している膨大な量の情報があって、それに追いつこうといつも必死にならざるを得ないというのは御免でした。いつも不利な立場に置かれるということが分かっていたのです。

だからテクニカルな方向に進むことにしました。一番簡単そうに見えたのは長期トレードでしたが、二つの理由で止めました。ひとつは、長期トレードに付きものの（幅の大きい）ストップが好みに合わなかったということです。高額の含み損を抱えざるを得なくなるのです。二つ目は、確信の持てるモデルを作りたかったということです。私には、トレードの回数が多いほど確信が強まるということが分かっていました。将来に対する確信を固めるためには、トレード回数を重ねる必要があったのです。

それから研究に手をつけました。「データデスク・プロフェッショナル」などの統計ソフトを使って予備的なデータ分析をしたのです。私は相場の振る舞いを理解しようと努めました。ストップ、値幅の変化、四本値、さまざまのチャートなどを調べました。いつも目的は相場の特徴を理解するためでした。七年にわたって研究を重ねたあと、観察結果をトレード原則にまとめ始めました。

お客との関係はどうなっていますか。お客が実際にファンドに加わるということではないですよね。

お客はトレードシグナルをもらうという契約をします。ただ、シグナルを出すブラックボックスのプログラムを、実際にひとりひとりに渡すということではありません。渡す相手はシステム補助のブローカーです。契約者は、システム補助のブローカーにそのシグナルに従ったトレードをしてもらうのです。

以前は、希望すれば、個人やブローカーのだれにでもシグナルを渡していました。でも、その後、トレードのしすぎとスリッページが生じました。私たちはだまされたのです。半分以上のシステム補助ブローカーが、対象外の客のためにトレードしていました。許可された以上の枚数をトレードしていたわけです。そのせいでスリッページが生じ、私はそれが嫌でした。だから全員を締め出しました。

現在では、システムを提供してはいますが、販売していません。信頼できる相手以外には、シグナルを発生させる能力を与えないようにしているのです。

使用許可を得た人たちはシステムの正確な仕組みを

知っているのですか。

だいたいは。完全にではないですが。

今現在、他人の資金運用をしていますか。

いいえ。しかし、計画は持っています。今年の夏に始めると周りに言っていたのですが、（忙しすぎて）まだ実現していません。いつごろになるかはっきりしません。

計画では、トレードプログラムの基本部分として、自分のシステムとシステム知識を使うつもりです。でも、それだけではなく、システムに反して私自身の知識を差し挟むこともしてみたいと考えています。そういうアプローチのほうが単純なシステムトレードよりもうまくいくと期待できますし、単純な直感トレードよりもチャンスが多くなると思います。

裁量トレードとメカニカルトレードを組み合わせると、往々にして両方の最悪部分だけが残ります。そういう落とし穴に落ちることがない、という確たる証拠を持っていますか。裁量的にやってみて結果がどうなるか、相場を追いかけてみたことがありますか。

まだやっていません。実際にやるとなると、それに専念しなくてはならないからです。気まぐれ的にたまに調べるだけでは何も分かりませんからね。

あなたはメカニカルアプローチで素晴らしい成績を上げています。それなのに、数量化がひどく難しいことにどうして挑戦しようとするのですか。

システム開発者ならだれでも、システムで対処しきれない状況のあることを認めるでしょう。私には、どんなときに自分のシステムが順調にいっているか、どんなときにそうでないかが分かります。だから、プログラムされていないことを補わずに、じっと手をこまねいているという法はないでしょう。

システムトレードでは、悪い結果が見え見えのトレードでも我慢していなければなりません。（両方のアプローチを使っていれば）それを避けることができます。もちろん、間違いだと考えて避けたものが本当は正しかった、ということも時にはあるでしょうが。

一番恐怖を感じたトレードが結局は一番儲けが大きかったという経験はないですか。あるいは、楽勝に見えたトレードがひどいトラブルの種になったりとか。

ありますが、私にはそれが分かるのです。だから、自分の不利になるのではなく、有利になると考えています。一番恐怖を感じるトレードを避けるつもりはありません。避けたいのはむしろ、沈滞してあくびの出るような動かない相場です。

私は判断を入れたいという気持ちを極端に強調するつもりはありません。主力はあくまでシステムです。ただ、プログラムの能力を自分の知識で補いたいだけなのです。

そのマーケティングはどうしますか。最近の投資家はメカニカルシステムの考え方を好む傾向が強くて、裁量によるファンドは敬遠されるのではないですか。

大変大事な指摘です。一部はメカニカル、一部は裁量でやると告げたときに、見込み客や既存の客がどんな反応をするか、ずっと考えています。それで売れ行きがどうなるか、私には分かりません。ただ、はっきりしているのは、自分のため、自分の資産――引退資金――のためには、それをしてみたいということです。見込み客や顧客が受け入れるかどうか、それは分かりません。

システムの使用を制限したことのほかに、「アンティシペーション」を使い始めてからのここ一〇年の間に何か変化がありましたか。

一九九三年に「アンティシペーション」を完成したとき、それは大半の市場でだいたい成果を上げました。しかし、市場によってはボラティリティが低い時期にあるものもありました。そうした市場は、（私が達成しようとしていた）フューチャーズ・トゥルースのトラックレコードに役立ちませんでした。一番有望だった市場はコーヒーで、一九九〇年代初めにはそれしかトレードしませんでした。申し分のない成績を上げていたので、ほかの市場には大して注意を向けませんでした。

ニューヨーク市場はスリッページや注文約定の点で

評判が良くありません。それで何か困ったことがありましたか。

昔は、市場も活況で、ブローカーの質も極めて良く、結果は満足のできるものでした。その後、ひどいスリッページの時期が来ました。やや予想外のことでした。私たちは、価格と毎日の平均の値幅が一定レベル以下のときにはシグナルが出ないようにプログラムを変更しました。理論的にはそのシグナルで利益が出るはずなのに、実際に実行すると思いどおりにはいかないということが分かったので、そんな場合にはシグナルが出ないようにしたのです。

いわば切り札を切るような感じで、コーヒーからトレードを始めたわけですね。言うまでもなく、九〇年代は最高の大相場の時代でした。株価指数を扱うことを考えましたか。

当時S&P先物は高額すぎてトレードできませんでした（ミニが始まったのは一九九七年のことです）。自分のトレード資金からいって、一回のトレードで生じ得る損失額が大きすぎて、手を出す気になれませんでした。そのあと、EミニS&P先物は流動性も高く、取引も活発になったのですが、私たちはそれに気づくのがひどく遅れてしまいました。コーヒー市場がダメになってからやっとトレードを始める有様でした。

S&Pミニとナスダックミニに切り替えたのは、二〇〇一年の初めのことです。ミッドキャップとラッセルのミニ版も流動性が高くなってきたので、今年トレードに加えることにしました。

どんな市場でも同じ方法でトレードするのですか。

基本プログラムは同じです。しかし、少し変化をつけるために、意識的にストップと利益目標をやや変えています。システムがトレードを開始する時間もです。寄り付きからトレードを開始するシステムもありますし、昼ごろか午後の半ばごろまで待つのもあるのです。結局、同じ基本システムから一二種類のトレード手法を作り出しています。四つの株価指数市場のそれぞれに三種類の手法があるわけですからね。

それは厳密に言って、変化をつけること自体が目的

だったのですか、それとも個々の市場に特有の特徴に対応するためということもあったのですか。

主に変化のためですね。今扱っている市場は株価指数先物だけなのですが、同時に買い持ちと売り持ちになっていることがあります。これは一部、変化をつけたことによるものです。買い持ちと売り持ちが等しくなることだってあります。目下のところ（二〇〇三年七月）、ラッセル指数の成績がほかを大幅に上回っています。ほかがまだ動きを示さないのに、ラッセルはボラティリティの幅が大きいからなんです。

増し玉をしたがる人がいますが、そういう人はまったく同じ商品の枚数を増やすことに気づきました。その場合、一度にすごく多くの枚数を持つことになります。そうなったときにスリッページが生じることを、私たちはコーヒーで経験しました。株価指数ではそんな目に遭いたくありませんでした。もっとも、前に言ったように、株価指数の流動性を過小評価していたという面はありますが。トレードの上限を何枚にするか、極端なほど慎重にしました。

哲学的な話になりますが、システムはなぜ機能するのですか。

心理的な理由とテクニカルな理由とがあります。心理的な面で言えば、システムを使うことで、恐怖と欲望をもとに決断することが避けられます。テクニカルな観点からすれば、たぶん、システムのおかげで有利な価格で仕掛けることが可能になるからです。

システムの性質上許されるパフォーマンスの悪化と、その度合いが大きくてシステムの有効性を疑うべきときとを、どんなふうに区別しますか。

その問題には二つの見方があります。ひとつは、現実にシステムが役立たずになった場合。もうひとつは、見る人の目にそう映っただけの場合です。私の考えでは、たいていは目にそう見えるだけのことなのです。それは時間枠とシステムへの信頼度とに関係があります。私はほぼ一〇年の間、実際に「アンティシペーション」が稼動するのを見てきました。がっかりするような時期を、たいていの人よりはたくさん経験しています。その一方で、それがどんなふうに回復するか、人よりもはっきりした見通しを持っています。だから、システムから受ける印象と、その本当の実体とをわきまえているわけです。経験の浅いうちは、少し非難されたりすると、「こんなことはもう御免だ」と考えがちになるものです。

私たちは、契約者からそうした非難を受けないように努力しています。そういう行動に出るかどうかは、市場にいる期間と分別の度合いによって決まってくるように思われます。

契約者があなたとの関係を継続するかどうかは、どうすれば分かるのですか。

再契約すれば、トレードを続けるだろうと受け取りますし、そうでなければ、続けないだろうと受け取ります。

研究をするとき、目を見張らせるような結果が出ればそれで十分ですか、それとも、その背後にあるものを理解しないと気がすまないですか。

私が先に見るのは良い数字ではありません。最悪のドローダウンと、大幅なドローダウンの回数を見るのです。もしもドローダウンが一〇年か一五年に一回しかなかったら、それは一五回あるのとは雲泥の差です。ドローダウンの回数が申し分ないことを確かめたあとでないと、純益には目が向きません。

私が人に言うのは、一日か、せいぜい一週間の猶予をもらえれば、「アンティシペーション」よりずっと見かけの良いシステムを作ってあげられるということです。ただ、そのシステムは将来のこととはまるで関係がありません。つまり、過去を最適化したものだからです。私は数字の背後に目をやります。移動平均線やオシレーターなどを使って、数字を過去に合わせるようなことはしません。

堅牢さということを非常に重視しているようですね。

そのとおりです。私は必ず市場の前提から出発します。データの見せかけを求めて、データに反することに手をつけたりはしません。自分が理解できることを根拠にする必要があるのです。例えば、拡大の後に収縮が続き、収縮の後に拡大が続くといったようなことです。将来も続くと自分で分かっている原則や行動をもとにしてプログラムを作るのでなければ、良い数字が出ても、それだけでは非常に怪しいというべきでしょう。

システムが堅牢だといえる根拠として、そのほかに何がありますか。

データをコンピューターにかけるとき、私は過去のパフォーマンスの安定性を確かめます。全利益が短期間のうちに生み出されたものだったとしたら、堅牢とはいえません。ほかに、いろいろな感応度分析もします。いつも検証のときにあちこち変数をいじってみるのです。そうした変化をいろいろ加えてみても、システムが安定していればいいわけです。

プロのトレーダーになりたいと思っている人がいるとします。その人は、方法としてはメカニカルアプローチしかないと信じています。そして、成功への道を探っています。その人が成功するためには、準備や哲学やテクニカルな能力などの点で何が必要でしょうか。

生計のために年間五万ドル稼がなくてはならないと考えてください。

それは唯一の収入ということですか。それともほかに別の収入があるわけですか。

唯一の収入だと仮定してください。

細かいことを聞いて申し訳ないのですが、毎年それだけの収入が必要なのですか。あるいは、今年はゼロで次の年に一〇万ドルということでもいいのですか。

えーと、そうですね、できればそれは置いといてもらって、一定の状況で何が必要なのかを答えていただきたいのですが。お聞きしたいのは、トレーダーが実際にプロへの道を歩もうとするときに必要な一般的な条件ということなのです。

確実な定期的収入が必要な場合には、あきらめたほうがいいですね。つまり、あるとき稼いで、損得なしの時期があって、少し損して、その後すこし稼ぐ――こんなことが許されないのなら、きっぱりやめるべきです。期待以上や期待以下の時期を覚悟する必要があるのです。何か給料の代わりになる物として考えることには無理があります。

ほかに、トレーダー希望者が気をつけなければならないワナがありますか。

一九八七年の大暴落直後に私が犯した過ちは、負けたあと、すぐにそれを取り戻さねばと思ってしまったことです。それは間違いなく破滅に通じる道です。今では、負けてカッときても、放っておいて別のことを考えます。元に戻そうとは思いません。結局はそうしたほうが自分のためになるのです。あせって損を取り返そうとすると、破滅する危険があります。負けたらトレードを減らすべきです。次は勝てそうだと思ってもやめるべきでしょう。間違っている可能性が高いからです。

一気に大金を稼ぐのも、同じくらい危険なことです。その場合、成功するのが当然だと思い込んでしまい、限度以上にトレードしたくなるからです。欲望に身を任せてしまうのでしょう。これは裁量トレードによく当てはまることですが、システムトレードでも生じるのを私は目にしてきました。「アンティシペーション」のトレードで一気に稼いだ人たちが、急激にポジションを増やして厄介な目に遭ったのです。

周りを見て分かることですが、システムトレーダーでも恐怖と欲望の犠牲者になることがよくあります。負けて手を引いたら、一切かかわりをもたないようにすべきです。それはもう敗者のゲームになっています。システムに従うことが難しくなっているのです。そうなると結局、システムを使ったトレード経験の長さと確信の強さがものを言うことになります。「アンティシペーション」は特にトレードが難しいと言えます。それは、売り時と見えるときに買ったり、買い時と見えるときに売ったりすることがよくあるからです。でも、そうすべきなのだということを自分で理解していれば、逆に簡単にできることです。

あなたの生活全体がトレードと一体化しているように見受けられます。何か別の興味をお持ちですか。私のこの前の本にあることですが、トレードの苦境をくぐり抜けてきた人たちは、生活のバランスが大事だと

力説しています。あなたの場合はどうですか。

私はバランスがとれていません。バランスをとりたいと思うのですが、時間が限られています。私の興味と時間の大半は、妻と家族とトレードで占められていると言っていいでしょう。私にはそれで十分です。ほとんどの人以上にトレードが好きなのだと思います。私は、引退する気になれません。マーケットと関係がなくなってしまうと考えただけでぞっとします。やめたくないのです。お金を得るのではなく、払ってでもしたいというくらいの気持ちです。

聞いたところによれば、あなたのトレード経験のなかで、信仰心も不可欠な役割を果たしてきたという話ですが。

そうです。一九八七年以後、メカニカルトレーダーになろうと努力しているとき、落ち込むたびにいつも贈り物をもらいました。贈り物は知識だったりお金だったりしたのですが、そのおかげで順調にやってこれたのです。

あなたの運命の力添えになってくれたのですね。

そうです。（間をおいて）確かにそう信じています。

■参考文献

『勝利の売買システム』（パンローリング）

トム・デマーク
Tom DeMark

「一七人のプログラマーを使って四～五年検証した結果、分かったことは、基本的な四～五種類のシステムの成績が一番だということでした」

トム・デマークの次の引用は、彼がサービスを提供している数多くのウエブサイトのどこかひとつには掲げられている。

「『トレンドはフレンド』という格言に私は警告を付け加えました。それは『トレンドが終わっていないかぎり』というものです」

もとの「トレンドはフレンド」という表現は、トレードのための究極の格言とでもいえるものである。そうした見方は、トレードのピットに入る者、投資入門書を読みふける者の頭に叩き込まれてきた。システムトレーダーはこの哲学の特別な信者である。なんといっても、ほぼすべてのメカニカルアプローチがなんらかの種類のモメンタムを利用しているのである。

それと対照的に、トム・デマークのテクニックは初期のころから先取り型のものだった。目の前のトレンドに飛び乗ろうとするよりは、それを予測しようというのだ。もっと言えば、相場の天井と底をとらえようとするのである。

「トレンドフォローシステムの問題は、遅すぎるし、相当量（の玉）を買い付けようとすると競争が激しくなりすぎるということです。価格のギャップやスリッページが生じるのです」とトムは言う。

トムは三〇年以上の間、金融業界でもトップクラスの相手先のためにアドバイザーとファンドマネジャーを務めてきた。トレードで関係を持った相手先としては、ジョージ・ソロス、マイケル・スタインハルト、ゴールドマン・サックス投資グループなどがある。彼は、チューダーやバン・ホシングトンなどの著名な会社で役員を務め、CBOT（シカゴ商品取引所）の最も高名な大口トレーダーのひとり、チャーリー・ディフランセスカのパートナーでもあった。現在彼は、四〇億ドルの運用資産を有する米国最大のヘッジファンド、ＳＡＣキャピタルのために働いている。

トムのテクニックは、「ＣＱＧ、ＩＬＸソンプソン・フィナンシャル、アスペン・グラフィクス、フューチャーソース、ブルームバーグ、インベストメント・ソフトウエア・システムズ（http://www.tomdemark.com/）」といった投資ソフトに取り込まれている。これらは、トムが編み出し商標登録した指標であるＴＤシーケンシャル（価格関係に基づいて方向性のある相場変化を予測する）やＴＤコンボ（シーケンシャル・シグナルの確認に有効）を柱にしている。この両指標は、「セットアップ」や「カウントダウン」といったシーケンスにおける隣り合うバーチャートの価格の組数を取り入れている。

以上に加えて、トムは著作家でもある。よく知られた本として『デマーク・オン・デイ・トレーディング・オプションズ（デマークによるオプションのデイトレード）』（息子のトム・ジュニアと共著）、『ニュー・サイエンス・オブ・テクニカル・アナリシス（テクニカル分析の新科学）』、『デマークのチャート分析テクニック』（パンローリング）などがある。

トムはトレード業界にほとんど即座に飛び込んだといってよい。経済・法学大学院を修了したあと、四億ドルを運用するミルウォーキー州ウィスコンシンの投資会社に就職した。そこでマーケットタイミングの開発を担当し、その仕事のおかげで広範囲にわたる研究アイデアと有力な人物と巡り合った。四年後、会社の運用資金は四〇億ドルに急増していた。

トムの判断では、当時人気のあったアドバイザーの大半が、センチメントに着目した売り中心のテクニックで、似たりよったりのものを提供していた。彼は自分自身の研究の道をたどり始め、それにつれ商品市場にかかわるようになった。「そこには、思考力に富み、創造的な人々が集中していた」と彼は述べる。トムはまた、商品市場が提供してくれるレバレッジを好んだ。商品取引のエキスパートであるラリー・ウィリアムズとも意気投合した。二人の友人関係は長く続き、トレードの着想を共鳴板のように交わし合った。

トムの関心は、ＣＭＥ（シカゴ・マーカンタイル取引所）の成長著しい国際通貨市場（ＩＭＭ）に向かったが、そこには通貨、金利、金融の各市場が含まれていた。そのときまでには、株式ファンドの運用経験を十分積んでいた。トムは株価先物を、仕事と衝突せずに自分独りでトレードを行う手段とみなしていた。しかし、自分の先物取引の方法がたやすく株式ポートフォリオに応用できることを見つけだすと、個人的な趣味はもはや気晴らし以上のものになっていた。

あなたがありふれたテクニカルアナリストでないことははっきりしています。普通のシステムプレーヤーと根本的に違うところはどこですか。

何よりも、私は自分をテクニカルアナリストとは考えていません。マーケットタイマーなのです。テクニカルアナリストは主観的です。チャーティストは「チャート・アーティスト」（チャート芸術家）なのです。私はチャート・サイエンティストです。

私は仕事のほとんどの場合で出尽くし論のアプローチをとっており、弱いところを買って、強いところを売ります。大量の統計的研究を重ねて、こんな結論に達したのです。つまり、相場が底を打つのは、賢い買い手のせいではなく、売りが出尽くすからなのです。逆に、天井を打つのは、買いが出尽くす、あるいはこう言ってよければ、買い手が消えうせてしまうからです。

相場が高くなるにつれて、高値で買う人が増え、売り物は減っていきます。ファンダメンタルズに何か変化が起きて、新たな買い手が大量に参入してこないかぎり、相場はただ自然に天井を付けます。買い手が消えたせいで、横ばいになるか下げに転じるのです。これは、大方の人が考えているのとはまったく逆のことです。

そういう現象が起きるとき、どんなふうにトレードするのか、例を挙げてもらえますか。

相場にはつながりというものがあります。最初はまず状況をとらえなければなりません。買いから入ろうとしているのか、それとも売りからか。チャートが分足だろうが月足だろうが、どちらにも存在するパターンがあります。

日足で見て、九日連続して終値が四日前の終値を下回っていたら、潜在的な買いの状況に出合っていることになります。逆に、終値が四日前の終値を上回っていたら、潜在的な売りの状況に出合っていることになります。これは、分足でも、日足でも、月足でも当てはまります。

セットアップの段階が完了したらカウントダウンが始まります。終値が二日前の安値以下の日が一三日続いたら、その時点で相場の下げが出尽くしたと言えます。普通、そこから相場は反転します。TDコンボにはそれ以外のルールがあります。シーケンシャルは、天井と底を正確に捕まえられないという点でやや不完全なところがあります。コンボならば、それができます。ただ、コンボはシーケンシャルほど頻繁に予測をしてくれません。

シーケンシャルにはもうひとつの要件があります。八番目か九番目かどちらかのバーチャートの安値が、六番目と七番目の両方のバーチャートの安値を下回っていなければならないのです。売りの場合はその逆になります。

これで状況が整います。時にはちょうどそこから相場が反転することもありますが、たいていはもっと複雑です。一三番目のカウントダウンで反転するかもしれないのです。ただ、シーケンシャルが完了すれば、少なくとも短期的な動きが相場に生じます。

それ以外に、価格関係の考え方をどんなふうに応用していますか。

私は始値をよく使います。ほかの人たちは前日の終値を基準として使っていますが、前日の終値と当日の始値の間には、さまざまな変化が起きています。

例えば米一〇年債の終値が一一三ドルだったとして、引け後に良いニュースが出て翌日一一三と三二分の一六(113 16/32)ドルで寄り付いたとします。そして、その日一一三と三二分の八(113 8/32)ドルで引けたとしましょう。マスコミの言い方では、その日は四分の一ポイント値上がりしたということになるのですが、実際には始値から終値まで八ポイント下落しているのです(終値対終値で見れば八ポイントの値上がりになるのですが）。

　私が使う指標のなかに、ＴＤカモフラージュというのがあります。当日の終値が前日よりも高いが、始値よりも安く、さらに当日の高値が二日前の真の高値を超えているときは、チャートを見ただけで、翌日は下げに向かいそうだと分かります。

　その逆の例で、二〇〇一年九月二一日の話ですが、この日Ｓ＆Ｐは下げて引けました。マスコミが下落したと書きたてるせいで、皆が弱気になりました。だが、実際には始値より高く引けているのです。そして、安値は二日前の真の安値を下回っていました。これもＴＤカモフラージュの一例です。そこから分かるのは、次の日は、そのカモフラージュされた下落日の安値を下回るよりは、高値を上回る可能性のほうが高いということです。本当の大事な値段は始値で、前日の終値ではないのです。

　チューダー・トレードではポール・ジョーンズと同僚だったのですが、そこを辞めたあと、ＣＢＯＴの最高のトレーダー、チャーリー・ディフランセスカといっしょに働くようになりました。彼は一日に四万枚の債券を売買していましたが、ポジションはけっして翌日に持ち越しませんでした。でも、カモフラージュとＴＤディフと呼んでいた現象について私の話を聞いたあとは、トレードをオーバーナイトすることができるようになりました。

　ほかにも、買いや売りのタイミングを測る方法で、皆が思いもつかないようなものがあります。前日の終値と比較する別のやり方があるのです。例えば、買いを狙うのであれば、前日の終値と当日の高値、あるいは当日の安値と当日の終値を比較します。売り狙いであれば、その逆で、前日終値と当日安値を比較することになりますし、当日高値と当日終値も比べます。こんなことを私はしてるのです。関係を探すというわけです。それを分析のなかに取り入れれば、役に立ってくれるのです。

　ＴＤディフの例を挙げましょう。二日連続して下げて引けた日があれば、私は買い圧力に注目します。それは安値と終値の関係に現れます。もし当日における終値と安値の差が、前日のその差よりも大きければ、買い余力のあることを示しています。その一方で、その両方の下落日における真の高値と終値を見て売り圧力を測ります。当日の真の高値と終値の差が前日よりも小さければ、それは売り圧力が弱まっていることを意味するのです。望ましいのは、売り圧力が弱くなっていると同時に、買い圧力が増しているときです。

念のため、「真の高値」が何だったか説明してくれませんか。

　価格のギャップを埋めるためのものです。ギャップは、今日の高値が昨日の安値よりも安い場合に生じます。今日の高値が昨日の終値よりも安く、昨日の安値よりも高い場合が「ラップ」（デマークの造語）です。

　今日の高値が昨日の終値よりも安い場合には、その間のすき間を埋める必要があります。今日の高値と昨日の終値のうち、どちらか高いほうを売り圧力の基準点とします。というのも、その高い価格から下落してきたからです。今日の高値と昨日の安値を比べて昨日の安値のほうが高い場合も同じです。高いほうの価格を取るようにして、価格のギャップを取り除くわけです。

　私は、二日連続の下落や上昇を、短期的な手段として使います。そのほかに私は、何百もの長期的な指標を作り出しました。

相場の転換を先取りする方法をそれほど重視しているとすれば、標準的な買われ過ぎ、売られ過ぎの指標など、どれも考慮しないのでしょうね。

　この点で皆、過ちを犯しています。ダイバージェンスの指標を正しく使っていないのです。ダイバージェンスは原因というより兆しというべきものです。

　例えばＲＳＩ（相対力指数）ですが、これは名前の付け方からして間違っています。ＲＳＩは終値同士が指数関数的な関係にあるので、有力な指標とはいえません。仮に何かの理由で――停電とか、大統領の暗殺とかで――取引が途中で終わったら、その中断の日の終値でデータが汚染されることになります。その日は異常日ですが、指数関数的な計算をする場合には、それがデータにずっと残るわけです。指数関数的ですから、その影響は時間とともに減少していきます。しかし、その先物や株をトレードしているかぎり、データに残って、そうした継続的な影響を与え続けます。算術的なオシレーターのほうがまだましです。

大勢の人が相場の現状と買われ過ぎ・売られ過ぎの基準を比べて、相場が買われ過ぎだとか売られ過ぎだとか考えます（二〇～二五％が標準的な売られ過ぎの、七五～八〇％が通常買われ過ぎの目安）。ところが実際には、買われ過ぎにも軽いものと極端なものという区別があるのです。

私たちはこの点の検証をしてみたのですが、もっと良い基準のあることが分かりました。またRSIの例を持ち出せば（私は実際にはRSIは使わないのですが）、九～一四日の期間、というか立会日でいえば六日以上七〇％を超えていれば、相場は極端な買われ過ぎです。立会日で六日以上三〇％を下回っていれば、極端な売られ過ぎです。買われ過ぎ・売られ過ぎのレベルを超える期間が五日以下なら、軽い買われ過ぎ・売られ過ぎといえます。

こんなふうな軽い買われ過ぎ・売られ過ぎの状態になったとき、六日たつ前に終値で見て価格がその極端な領域から戻ったとすれば、相場が反転します。いったん相場が極端な買われ過ぎ・売られ過ぎになった場合には、オシレーターが中立に戻って出直そうとしても、たいていはまた元の買われ過ぎ・売られ過ぎの状態に戻ります。ただ今度はその領域に五日以下しかとどまりません。

ダイバージェンスに対する普通の見方が問題なのは、五回連続してひどい買われ過ぎの指標が出ることを考えない点です。たった一回――五本以下のバーで一回――買われ過ぎになっただけで、売りのシグナルとなってしまうのです。

あるいは、一〇日ほど買われ過ぎの状態が続いたあと中立にもどって、そこからまた上げ始めたとしましょう。出来高は前ほどになりませんし、上昇もそんなに続きません。その結果、価格が上げる一方で、オシレーターは下向きになります。

意味のあるダイバージェンスが問題になるのはこういう時です。それは普通の使われ方とは何の関係もありません。それは指標が買われ過ぎ・売られ過ぎの状態にとどまる期間と関係しているのです。それはまったく別の考え方、別のアプローチなのです。

直感トレードの落とし穴について聞かせてください。

それは雰囲気に流されてしまうことです。というのも、感情は他人の行いに左右されるものだからです。また激しすぎる競争にさらされます。それに、その日のニュースに影響されがちです。そうしたトレードからは完全に遠ざかっていたいものです。

私は仕事のとき、チャートの見出しすら見ません。銅だろうが、債券だろうが、ＩＢＭだろうが、マイクロソフトだろうが関係ないのです。見出しは無視して、その内容を分析するわけです。

どうやらこの先の私の質問を先取りされてしまったようですね。広範囲のさまざまな市場環境を通して単一のシステムを維持すべきなのか、それとも、各市場の独自の特徴に合わせてひとつひとつ違うシステムを使うほうが良いのかという点について、皆さんにお聞きしているのです。

システムは普遍的であるべきだ、というのが私の考えです。システムは単純でなくてはなりません。もちろん最適化は許されません。

最適化を避ける方法は？

どんな期間をとっても、どんな市場をとってもシステムが機能することを確認します。私のものは全部そんなふうに機能します。一方、主観的なやり方をとる人たちはアプローチを変え、そして結果が変わります。私のシステムは安定しています。いつもそこにあり、ずっと同じままです。私は何年も仕事道具をいじっていません。

つまり、市場も実質的に変わらないというわけですね。

変わりません。市場は常に恐怖と欲望に動かされます。その結果が価格変動になるわけです。

ただ表面的な違いはいくつかありますね。少なくともS&Pの日々の変動幅は、一五年前よりも相当に大きくなっています。

今でも私はＳ＆Ｐに対して同じテクニックを使っています。ＴＤシークエンシャルは、Ｓ＆Ｐ先物が導入される前の七〇年代に作られました。それ以外にも、そのテクニックは一分足に使えます。まったく手直ししてないというのにです。

一つ二つ不完全な点を修正したところはあります。八日目か九日目が六日目と七日目の両方より安いということとか。それからもうひとつ、カウントダウンの仕方で、これまでに直した所があります。一三日目の安値が八日目の終値よりも安くなければならないという点です。それはここ二〇年で改良されたものです。ただアプリケーションはそのままです。

今、私が使っているような一分足チャートは、そもそも当時作れませんでした。コンピューターはまだ存在すらしていなかったわけで、一分足チャートを見ることは不可能でした。でも、テクニックは同じでした――データはその当時でも集められていたのです。

大半の人が生牛用のシステムとか金融システムとかを作ろうと夢中になっています。それらは全部最適化されています。手直しされています。

検証ではアイデアがうまくいっても、あとでリアルタイムで稼動させるとうまくいかない、といったようなことがありますか。

私はアイデアを思いつくと、三～四年さかのぼって、その間の過去のデータで検証します。そのあとでアイデアを現在の市場に応用するのです。

新しいデータを使うわけですね。でも、そこから先うまくいかなかったら、どうします？

捨てます。でも、手掛けた仕事の大半は、長期的にはだいたい好調といえます。なかにはおかしくなるのもありますが、それは捨ててしまいます。

私は全部の市場で通用するするかどうかを確かめます。生牛のチャートも、マイクロソフトのも、債券のも、S&Pのも全部まとめてひとつのポートフォリオを作り、三～四年過去に戻って検証を行います。今（二〇〇三年三月）からならたぶん一九九九年に戻るでしょうし、そこから時間をさかのぼって、たぶん七〇年代半ばまで行くでしょう。そこからシステムを「未来」に投射します。一九九九年から現時点までの成果を見るわけです。そのあと、リアルタイムのなかでさらに六カ月の検証を行います。もともとダメなものは、過去に戻ってもダメだし、現在もダメなのです。大部分の人が複雑に考えすぎていると思いますね。

単純なのが最高、というわけですか。

そのとおり。チューダーにいたころ、私はポール・ジョーンズのために四～五種類のシステムを作りました。そのあと、上層部は最適化モデルとか人工知能とか、高等数学を使って何でもやれる連中を雇いました。一七人のプログラマーを使って四～五年検証した結果、分かったことは、基本的な四～五種類のシステムの成績が一番だということでした。

移動平均線に夢中になる者も、トレンドフォローテクニックに夢中になる者もいます。連中はブレイクアウト率などに使う最適の数字を持ち出してきます。理想的な移動平均線といったものも頭のなかにもっています。しかし、分かっていないのは、トレンド相場ではどんな移動平均線だってうまくいくということです。レンジ相場では買われ過ぎ・売られ過ぎの指標が有効になります。肝心なのは、この二つをどう区別するかなのです。

私たちの検証によれば、全期間の七三%はレンジ相場で、二七%はトレンド相場です。全期間の一七%は上昇トレンドで、約一〇%は下降トレンドです。どうして下降トレンドが上昇トレンドより少ないかといえば、買う者はポジションを増やしたがり、それがトレンドを強化するからです。売りの場合には、決心するのは一回だけで、複数回にはなりません。嫌だと思ったら全部嫌になってしまうのです。だから下げは急速です。上昇のときは、「好きな」程度にいろいろあり、だから上昇相場はゆっくり進むことになります。

最終的な戦略分析をするとき、一番注目するのは何ですか。純利益？　口座残高利益率？　勝ちトレードと敗けトレードの比率？

そう、全部ですね。それにシャープレシオ。私たちはその全部に最低基準をもっています。私自身はさっと言えないのですが、わが社のプログラマーなら言えます。全部の基準で最低レベルに達していなければなりません。広範囲の検証で一定の要件を満たしている必要があります。

実際に良い結果がどんどん出てくるのに、どんな原理でそうなるのかよく理解できない、といった事例があるものですか。

私たちのシステムの大半にはその論理があります。一見して理論が見当たらないときは、その仕組みについて考えるのですが、たいていはなんらかの理由が見つかります。

注目するのは大部分、価格のパターンや相互関係ですね。三、四、五カ月ほどの単位で収益を考えることはありません。検証には一〇～一五年かけ、広範囲の市場を対象にします。

ストップはどうやって決めるのですか。

TDシーケンシャルやTDコンボで使っているやり方ですが、カウントダウンの極端な安値日か高値日の安値と当日の高値に基づくものがあります。価格が下げているときに、リスクの少ない買い物をしたとしましょう。このとき、最もひどい突っ込みを見せて最安値を付けた日を選び出します。次に、当日の真の高値をとって、その安値からそれを引きます。当然ながら、この安値は定義からして最安値ですから、真の安値を考える必要はありません。今度は、その極端な安値からその真の値幅を引きます。こうしてその変動における最大の突っ込み幅の鏡像の値が得られたことになります。私たちはその値を、ストップの潜在的な設定値と考えています。

ほかにも候補があります。よくあることですが、終値は、大引けで大量のポジションを売却しようとする大口の取引者やトレーダーグループの影響を受けます。私は翌日の寄り付きで確認作業をします。始値は終値よりも安くなければなりません。ブレイクアウトのときよく起きるのは、終値で均衡状態から抜け出しながら、翌日の始値でまた均衡状態を回復するということです。しかし、相場が安く始まって、その後――もうひとつの要件になりますが――その下で一～二ティック分の取引があった場合には、手仕舞ったほうがいいのです。こちらの候補は、価格が安く始まったときにも、相場にとどまらせてくれるでしょう。

あなたのストップはただの勝手な数字ではないので

すね。

そうです。相場がなすべきことを教えてくれるのです。このことは私のシステム全体に現れています。そのうえ、私は変化するものを信じません。私のシステムは非常に安定しています。相場が変わったと私に納得させるのには長い時間が必要です。本当は相場が変わることはないのです。

それはなぜですか。

人間の性質を反映しているからです。つまり恐怖と欲望です。それが変わるものとは思えません。

つもり売買は望ましいですか。

必要なものです。ほとんどの人はなまけものです。私に言わせれば、九九％の人が自分の意見というものを持ちません。意見を持つ一％の人にはそれを裏づける現実や論理がありません。支えとなる根拠がないのです。彼らは例外なく、必死に稼ぎ、税金を払った残りのお金を、だれか他人の忠告に従って投資に回します。大半の人があっという間に他人を信じ込んでしまうのです。

だから彼らが私のシステムを見ると、通常天井や底を指し示す一三という数字に夢中になります。それだけを根拠にいきなり買いのポジションをとります。例外なくそれが最初のトレードで、とてつもなく大きなポジションをとるのです。そして失敗します――何事にも完璧ということはありません。がっくりきて、もうそれきりでトレードをやめてしまいます。

そういう意味で、つもり売買は必要です。あるシステムに従おうと思ったら、なぜそれが有効なのか、その理由をすっかり理解する必要があります。一方、自分のシステムを開発して、それを完璧に理解できている場合にはつもり売買は不要です。要は、自分のすることを理解できているかどうかです。

最後になりますが、そうした理解に達するためにはどうしたらいいのか聞かせてください。

テクニカル分析ではうまくいきませんが、マーケットタイミングならうまくいきます。テクニカル分析がうまくいかないのは主観的だからです。

分析には三段階のレベルがあります。最初はチャートを見ることで、これはたいていのテクニカルアナリストがやっていることです。彼らはその時点での方向性に従って動き、解釈次第で大きく揺れます。

第二のレベルは指標です。指標では過去に戻って検証します。過去の転換点をうまく見分けられれば、現在に当てはめることができますし、将来も有効だということができます。

第三のレベルはシステムです。指標からほんの一歩進めばシステムになります。ただ私の個人的な事情からして、自分の本やほかの人との仕事のなかで、指標を超えてシステムにまで入り込みたくありません。というのも、私は彼らに代わってその仕事をしているのですから。そのわずかの一歩は独力で踏み出すことができます。それに、ＣＦＴＣ（商品先物取引委員会）や、ＮＦＡ（米国先物協会）や、ＳＥＣ（証券取引委員会）からのとがめも受けたくありませんし。

つまり自分の方法を保護したいという気持ちなのですね。

わたしは何でもかんでも「ＴＤなんとか」と呼ぶというので、批判を受けました。公表する前に全部にＴＤと付けて商標登録するように言ったのは、シカゴにある二つの大きな法律事務所でした。彼らは先をよく読んでいました。デマーク法やＴＤなんとかと銘打ってひと稼ぎしようという連中があちこちにいたのです。それはまったく悪質で、なんとか阻止する必要がありました。業界には他人の成果を盗む連中がわんさかいます。

著作権のことは別にして、あなたの方法が広く知られすぎると、その効果が弱まるのではないかと心配することはありませんか。

それはないです。ちょうど今、世界でも最大級のトレーダーたちがそれを使っています。ブルームバーグによれば今二万人の使用者がいます。しかし、強気を買って弱気を売るというのはしんどい方法です。私自身にとってもしんどい方法なのです。

それに、使える領域は膨大です。さまざまな市場があり、さまざまな時期があります。一分足を使う人もいれば、五分足、八分足、一三分足などを使う人もいます。日足、週足の使用者もいます。一三日目ではなく一二日目を基にして先読みしようとする人だっています。人それぞれの適用の仕方が山ほどあるのです。だから、そうしたリスクがあるとは思いません。市場はとてつもなく大きいのです。

■参考文献

『デマークのチャート分析テクニック』（パンローリング）
『魔術師たちのトレーディングモデル』（パンローリング）
本文中に出てくるポール・チューダー・ジョーンズのインタビューは『マーケットの魔術師』（パンローリング）に収録
『マーケットの魔術師　株式編』（パンローリング）

「このことはどんなに強調しても十分ということはありません。ずっと先まで生き延びようと思ったら、ひとつの戦略やひとつの市場だけでポートフォリオを組むものではないのです」

マイク・ディーバー
Mike Dever

マイク・ディーバーは、一九八二年に自らが設立したブランデーワイン・アセット・マネジメント社の会長兼研究担当取締役である。同社は現在、投資家から一億ドル強の資金を預かり、最近も、投資家のために年平均一五％の純益を上げ続けている。

同社は、完全にメカニカルな多彩な戦略を、世界の株式、金利、従来型の商品、通貨、そして投資信託さえ含めた数多くの市場で用いている。同社が販売しているのは多種多様な「オルターナティブ投資商品」である。これは、同社の扱う市場やアプローチが従来のものとは大きく異なっている点からして、うなずける表現だといえる。同社は、継続的な成果が見込めそうだと数量的に判断された手法について、自らのポートフォリオへの組み込みを図っている。

ほかのメカニカルシステム信奉者と違って、マイクは、過去のパフォーマンスが良好なだけでは、システムを新規コンポーネントとして取り入れたりしない。インタビューの随所で力説しているように、もとになる収益ドライバー――あらゆる戦略のパフォーマンスの背後にあるトレードコンセプト――が大切なのである。

ブランデーワイン社の投資アプローチを支える二本の柱は、戦略や市場の分散化と非相関性である。マイクは、「イベントリスク」――一市場のショックがポートフォリオの相当部分に対して一度にひどい悪影響を与える危険性――を最小限にとどめる必要性を十分に認識している。その結果として、同社はシステムを単なる組み立て部品とみなす。ブランデーワイン社にとって成功への真の鍵は、いかにしてシステム全体を単一のプログラムに統合するかにかかっているのである。

こうした方針の自然な発展として、同社では目下、一七七七キャピタルの営業を開始しようとしている。一七七七キャピタルというのは、ブランデーワイン社の商品・サービスの基本部分を一般大衆投資家にまで拡大しようとする投資顧問会社である。ブランデーワイン社の全体的な投資哲学に合わせて、一七七七キャピタルの商品は、絶対リターン戦略に従うよう特別に設計されている。つまり、マクロの強気・弱気の市場条件とは無関係に成果を上げることを狙っている。このコンセプトは私の目に特に魅力的に映った。というのも、私の経験では、システムが全体的な市場環境の影響を受けないようにすることは大変難しいからである。マイク・ディーバーとその会社がそうしたアプローチをものにすることができたということが、自然にインタビューの糸口となった。

「絶対リターン戦略」のコンセプトについて聞かせてください。

私たちは、個々の市場の動きとは独立したリターンというものを考えています。金価格が上がっても、私たちのリターンが減ることがあります。債券が下がってもリターンが増えることもあり得ます。株式相場が下がってもリターンが増えることだってあります。私たちが求めるのは、使っている個々の戦略の背後にある収益ドライバーだけから生み出されるリターンなのです。

私たちは分散化とシステム化による運用を行っています。システム化というのは、バックテストをしたあとで、将来に向かって安定的に適用できる継続的なアイデアを意味します。私たちとしては、日々変わるような判断を取引のなかに持ち込みたくないわけです。しかし、戦略の開発では、実際にその有効性を評価するために大いに判断力を用います。有効性の評価では、バックテストの結果を出すだけでは十分でないと感じています。収益ドライバー、つまり戦略の背後にあるコンセプトを理解する必要があると考えます。それが有効だと感じたときに初めて、一種の最終確認の形でバックテストを行うわけです。

例えば、人は、株式相場を見て、株を持てばそれだけでリターンが手に入ると、何も考えずに即座に決めつけてしまいます。私たちの基本方針は、それを当然のこととして受け入れたりはしないということです。ドライバーが何なのかを見つけだしたいのです。なぜ株からリターンが得られるのかを理解したいのです。だから、さまざまな要因を使ってバックテストを行い、株価を動かすドライバーを決定しようとするわけです。

株価を動かすドライバーは何ですか。

株価の動きは、時間と関連する二つの主要部分に分けることができます。例えば三〇年といった長期間で考えれば、会社の株価を動かすのは収益の伸びです。両者には大変高い相関があって、係数は九〇%以上になります。しかし、八年以下の期間になると、実際の収益の増減よりはPER（株価収益率）との関係がずっと強くなります。短期的なドライバーとしては、PERの影響がうんと大きいのです。要するに、個別銘柄の株価を動かすのは、その会社の収益というよりは大勢の投資家の気まぐれだということです。

このことから最小限分かることは、収益をもとに株を買うという戦略を取るのなら、少なくとも八年間は結果を待つ覚悟をしたほうがいいということです。下げに耐える覚悟ができないのなら、株価に影響するほかの要因に対してヘッジしなくてはなりません。短期の戦略なら、選んだ銘柄の実際の業績よりは、ほかの投資家の気まぐれによってリターンが決まってくるでしょう。

こうしたことをはっきり理解した段階で、私たちは、マーケットニュートラルによる株式戦略に従った行動をとることがあります。この場合、運用に使いたい要因を分離します。それが会社の成長という要因だったとすると、投資家の熱狂にかかわる部分はできるだけ方程式のなかから排除するわけです。マーケットニュートラル戦略では、長期的な収益ドライバーとみなせるものに基づいて株を買い、そのドライバーから見てボロ株とか買われ過ぎとかと判断される株を売ります。両方の株は同じ業種のものにして全体的に条件をそろえるので、自分たちが使いたい要因だけが取り出されるわけです。こうしたやり方によって、先ほど言った大衆の気まぐれなど、私たちがコントロールできない要因の影響を取り除いたり、少なくとも限定したりして、その戦略の利益を確保しようとするのです。

お話からすると、ファンダメンタルズもメカニカルアプローチのなかに入って来るのですね。

そのとおりです。私たちの基本方針は、ポートフォリオのなかにできるだけたくさんのドライバーを入れたいということです。ドライバーをできるだけ多様化して、それらが一斉に同じ外部の出来事から影響されることのないようにしたいのです。当社の商品のなかで最も多様化されているのはブランデーワイン・アライアンス・ファンドです。アライアンスは非常に多彩な戦略を用いています。先ほど述べたような株式のファンダメンタルズを重視した戦略もあります。また、需要・供給の方程式といった商品のファンダメンタルズを重視した戦略もあります。さらに、政府はインサイダーの株式売買報告書を求め、商品については先物取引保有残高報告書を要求していますが、そうした報告書を利用したセンチメント中心の戦略も含まれています。

この場合も、全部、メカニカルに測定するのですね。

そうです。そうしたいと思っています。これまで「それを使うには判断力が必要だ」と言われてきたような戦略も組み入れるのです。私たちは、そこに判断力はいらない考えます。私たちのアプローチでは、数量化して正確に検証できないのなら、継続的な戦略とはいえません。継続性のあるものを開発するというのが私たちの基本方針なんです。

あなたのアプローチは、どの程度各市場に特有のものですか。ある市場環境に合わせたアプローチがほかの市場にもかなり適用できるものですか。

戦略のタイプによりますね。移し変えられるタイプの戦略として一番分かりやすいのは、モメンタム、つまりトレンドフォロー型の戦略です。この戦略は投資家の感情的な気まぐれをとらえようとします。大勢の人がそれをこんなふうに言って説明します。「そうね、トレンドフォローが通貨でうまくいくのは、国際資本の流れが生じるには長い時間が必要で、そこから長期トレンドが形成されるからだろうね」。あるいは、穀物でトレンドが形成されるのは季節性があるからだ、などと言われたりもします。そうした見方はこじつけというもので、残念ながら、私たちのどんな経験に照らしても間違っています。トレンドというものは、現実には大衆の感情変化から生まれるのです。

トレンドフォロー戦略は、どんな市場に適用する場合でも、種類が変わるということはありません。私たちがトレンドフォローのモメンタム戦略を使うときは、トレンドが動き出す時点を見極めるためのさまざまな汎用パラメーターを見つけだし、トレード対象となる全市場にそれを適用します。これが私たちの哲学です。市場を区別して、砂糖では短期的なトレードをしようとか、債券では長期的にやろうとかというようなことはありません。どんな場合も同じ汎用パラメーターでトレードします。というのも、この種の戦略に関する研究と基本方針からして、収益ドライバーとなっているのは、個々の商品や市場に特有の要因ではないからです。大衆の気まぐれなんです。トレードする市場によって変わるということはありません。ほかの戦略でとらえようとする要因はまったく逆になります。その一例は、さっき話した株式のマーケットニュートラル戦略です。この戦略では、ある会社の事業活動に特有の情報を使うわけですから。

そうした戦略の検証は、適用範囲が狭い特殊なものになりますよね。そんなとき、どんなふうにして過度の最適化の問題が生じないようにするのですか。

やはり、基本コンセプトの理解ということに尽きますね。私たちは、システムの検証は科学的方法に従うべきだと感じています。まず仮説を立てて、次にそれを数量化するといったような。

ということは、ただ素晴らしい数字を見せられても、自分で理解できない場合には何の意味もないというわけですか。

そうです、無意味です。

有効だと考える基本コンセプトが定まった場合、科学的な調査やバックテストなどの標準的手順にかけることになります。主要な変数を定めて、その値を大きく変化させてみます。戦略が堅牢かどうか確かめたいわけです。パラメーターが少し変化しただけで結果が大きく変わるようではまずいのです。これが私たちの考え方ですが、かなり単純だとも言えます。

最も基本的なパラメーター集合を定めるという話をしましょう。どんな戦略でもそうですが、見かけがどんなに単純でも、実際には一〇個ほどの変数があるんです。長年私は、人の使う戦略について何回となく議論をしてきました。ほかの人たちはこんなふうに言います。「これはトレンドフォロー型の戦略です。最適化はしていません。パラメーターはひとつ。移動平均線の交差だけを使っています」

この発言を分析してみましょう。まず第一に、交差というからには、パラメーターが二個あることになります。移動平均線が二本あって、一方が他方を突き抜けるんですからね。それはそれとして、各移動平均線の遡及期間がどれだけかも問題になります。計算方法が、単純か、指数平滑か、それ以外なのかも問題です。また、交差が生じたとき、すぐにトレードを仕掛けるのでしょうか。もしそうなら、それもパラメーターになります。時間ゼロのパラメーターというわけです。でも、代わりに一日か二日遅らせたってよかったのです。交差後、差がどれだけ開いたときに仕掛けるかも問題です。この場合も、値がゼロのパラメーターを選ぶことが可能です。

そして、どんな商品をトレードするのでしょうか。当然これもパラメーターです。その商品はいつ乗り換えるのでしょうか。受渡通知開始日でしょうか。納会日でしょうか。市場によっては、それが大事なパラメーターになります。例えば、季節的な傾向があるような場合です。

ある戦略の実際の中身を定めようとすると、そこには数個あるいは、もしかすると一〇個ほどのかなり明確で重要なパラメーターがあることに気づきます。それを全部はっきり確定し理解するというのが私たちの基本方針です。また、それぞれのパラメーターの重要性を決定する必要もあります。それは、バックテストをしない場合でも、それが戦略の成果に影響してくるからです。

研究者のなかには、パラメーターの値を変えて検証しなかったのだから、カーブフィッティングや最適化をしていないなどと感じる人もいます。ところが実は、パラメーターを検証しなかったせいで、でたらめにパラメーターを固定してしまっているのです。断言しますが、それは、戦略の堅牢さを判断するために検証を行うことより、ずっとまずいことです。検証を始めるときは、何をおいても戦略の理解に努めたいものです。収益ドライバーのもとが何かとか、戦略に固有の全変数とかについてです。

興味深いですね。見かけほど単純ではないのですね。

そのとおりです。単純だと言う人がいますが、それは自分で単純化しているからそう見えるだけのことです。徹底的に考えてないのです。実際に言ってる意味は、「その戦略がどんなものだか、私には理解できない」ということなのです。

まったく無視していたパラメーターや、いい加減な値を決めていたパラメーターが、分析してみたら、例えば乗り換えの日付のように、戦略に組み込んで検証する必要のある重要なものだった、と気づくことだってあります。ちょっと矛盾しているように聞こえるかもしれませんが、私たちの全体的な哲学はあくまで単純なものです。いろいろな収益ドライバーを利用した多様な戦略を、バランスのとれたポートフォリオのなかに組み込む、というだけのことですから。ただ、個個の戦略に特有の細かい点を理解するのは、必ずしも単純にはいかないのです。

あなたは会社で高い地位にいるにもかかわらず、今でも研究に深くかかわっているようですね。

そうです。ほかの会社と比べて、それが当社独自の基本方針のひとつです。トレードを始めて何年もたってからのことですが、進行中の研究について議論したことがありました。そのとき、何人かの者がやって来てこんなことを言いいました。「何を研究しようというのですか。いまさら何か見つかりそうなことがあるんですか」とね。彼らは一定のスタイルでトレードしていて、それ以上に多様化する必要を感じていませんでした。問題は結局、何が会社の基本方針かということでした。私たちは本当にスタートを切っていなかったし、システムを見つけてそれでトレードもしてもいませんでした。その後、私たちはスタートを切り、常にポートフォリオの一層の多様化を求める組織と基本方針を確立しました。その達成のためには、ポートフォリオの価値を高める新規の戦略を見つけださなくてはならないのです。

私たちにとって、それは極めて基本的な要請です。いったんそうした組織が動き出せば、適切な多様化を図って、トレードのさまざまな戦略や市場のバランスが保てるようになります。

定期的な再最適化を行いますか。

します。ただ、「再バランス化」と呼びたいですね。私たちは、平均と分散の厳密なモデル化によって、リスク調整後のリターンを最適化したいとは思っていないのです。むしろ、できるだけ予測可能なリターンが得られるように、ポートフォリオのバランスをとりたいと考えています。

ポートフォリオをバランス化するとき、考慮すべき基準が四つあります。二つは完全に客観的なもので、ほかの二つはひどく主観的です。客観的なほうはどちらも、基本的な平均・分散型のモデル化で使われるもので、ひとつは各戦略のリターンプロファイル、もうひとつは戦略間の相関です。どちらの分析も完全にメカニカルにやれます。各戦略のリターンの平均と分散を問題にするのは、主にデータの分散に対して標準化を行って、戦略ごとのリターンをほとんど同じ基準で比べられるようにするためです。戦略のなかには非常にボラティリティの低いのもありますし、逆に極めてボラティリティの高いものもあります。例えば商品市場に使う高レバレッジのトレンドフォローシステムみたいなものですね。その二つを比べるには標準化が必要なんです。

ポートフォリオの配分調整に使う残り二つの基準は、性質からして主観的なんです。ひとつは、各戦略のリターンの重要性をとらえようとするものです。ほかの条件を同じにしたうえで、戦略の価値評価を行い、その結果から一定の重みを与えるのです。二つを比べて、一方がより堅牢で、リターンが大きく、将来も残っていく可能性が高いと判断すれば、もう一方の倍の重みを与えたりするわけです。

リターンの重要性をとらえるときには、戦略のパフォーマンスに影響する主な変数の数を考慮に入れます。さまざまな変数にとって、パラメーターの値の変動がどんな意味を持ち、どれほど安定的かということも考えます。また、扱っている遡及期間や、戦略の対象となる市場の数も問題になります。砂糖の需給データを使うファンダメンタルな戦略があって、素晴らしい結果を出している。でも、乗り換えを別にして一年半に一回しかトレードしていない。こんな場合、見かけの素晴らしさにだまされないようにしたいのです。

砂糖の戦略は、データポイントの数が少ないし、ひとつの市場しか対象にしていません。大変良さそうにみえても、結果の重要性は、五〇の商品市場でトレードしているセンチメント中心の戦略に比べてずっと劣っています。その戦略のリターンが素晴らしくても、ほかの条件が同じならば、平均と分散に基づいて重みづけをするとき、センチメント戦略と同じ水準の値を与えるわけにはいきません。

それでもその戦略を使うのですか。

有効な収益ドライバーがあり、価値を生み出すという意味で相当なリターンがある以上、もちろん使います。使うことは使うのですが、もっと重要性の高いほかの戦略ほどの重みは与えないのです。

話を配分調整の仕組みに戻せば……。

四番目はイベントリスクのコンセプトです。ここで問題になるのは、背後にあるドライバーの性質が原因で、同一のイベントによって一群の戦略がリスクにさらされることがないか、ということです。そのリスクがある場合、ポートフォリオの配分を一括して引き下げることがあります。ひとつのイベントのせいで、バックテストでは生じなかったような形で、戦略全部のパフォーマンスが悪化する可能性があるからです。

例えば、マーケットニュートラルの手法を使って株をトレードするように設計された四種類の戦略があるとします。過去のパフォーマンスが非相関のようにみえたとしても、四種類全部が金利低下や収益の伸びやGDPの伸びの影響を受けるということが分かったとすれば、イベントリスクがあるということになります。そのシステムに対して何か衝撃的な出来事が起きれば、収益ドライバーに影響が及ぶでしょうし、ひとつの収益ドライバーが四種類の戦略全部に同時に打撃を与える恐れがあります。

よくあることですが、戦略間の相関の過去の記録を見ても、その相互関係から生じるリスクは十分につかめません。平均値を見て、時間軸上の相関関係は平均値にすぎません。顧客投資家が五％までのダウンを想定していたときに、イベントの衝撃を受けていきなりポートフォリオが一〇％とか二〇％とかダウンしたら、平均値のことなど彼らの頭からすっ飛んでしまうでしょう。だからこそ、複数の戦略のイベントリスクを考慮に入れておかなくてはならないのです。

戦略への配分を決める段階で、以上のような四個の要素の働きを考えることになります。二個は非常にシステム的で、ほかの二個は戦略自体の主観的な評価を必要とするものです。しかし、いったん配分が完了した時点では、自分の気まぐれで一日ごとにそれを変更するようなことは許されません。

以上のようにして、ポートフォリオにおける戦略への配分が決まります。ポートフォリオをバランス化する次の段階は、市場への配分決定です。私たちにとって、戦略への配分はかなり固定的なものです。再調整は新規の戦略をポートフォリオに導入するときにだけ行います。定期的に変えるようなことはありません。一方、市場への配分――トレード対象となる種々の株式や商品にどれだけ割り当てるか――は毎月変えます。変更は、市場間の相関と各市場のボラティリティの変化に基づいて行います。買い持ちになっている穀物商品が、この先三〇日ほどの間に乾期に入るとすれば、ボラティリティの増加が予想されます。だから、そのリスク増加分に合わせて、たいていはそのポジションを減らすことになります。

一連の損失があった場合、システムのパラメーターの変動範囲内だとして許容できるものと、範囲外で戦略の再検討が必要になるものとをどうやって区別しますか。

以前、セミナーの講義で受講者にそれと同じ質問をしたことがあります。返ってきた答えの要点と私の受け止め方を紹介しましょう。

あるＣＴＡ（商品投資顧問業者）の答えは、自分の会社では、すべての市場におけるすべての戦略の過去三年の成績を調べていて、（ある戦略が）ある市場で利益を上げていなければ、その市場への適用をやめる、というものでした。

同じクラスで、ある戦略で三年間負け続けたあとなら、それをもっと使い続けてみたいと主張した者がいました。理由は、（すぐにでも）長期的な平均パフォーマンスの逆転が起きるような気がするからというものでした。つまり、これからは、その市場から平均以上のパフォーマンスが得られそうだと考えたのです。こんなふうに、同じ質問に対して、完全に対立する二つの意見が出てきました。

私の答えはこうです。どんな戦略でも、リターンがあったら背後の原因をつかむ必要があるのです。次のようなことを考えなくてはなりません。収益ドライバーはどんな種類のものか。その戦略に固有のリターンをもたらすと考えられるコンセプトはまだ有効か。もし有効なら持続すべきです。損が続くのはかなりの危険信号ですし、当然その時期には、収益ドライバーがまだ有効かどうか確認する必要があります。確認の結果、「そう、確かに有効だった」というのであれば、変更は一切不要です。こういう検討作業のゆとりがあるのも、複数の戦略を使ってトレードしているからです。

ところが、戦略がひとつだけの場合には、考え得る最悪の時期に、非常に難しい決断をせざるを得なくなります。「しこたま損してしまった。これ以上失うわけにはいかないぞ」という事態。戦略がまだ有効かどうか、使い続けるべきかどうか、理性的な判断などできないかもしれません。感情的に決めてしまう恐れだってあります。もういい、投げ出してしまおう、などと決めてしまうかもしれません。

八〇年代の初めころ、西海岸のＣＴＡからの相談に乗ったことがあります。その会社では、だれかに来てもらって調査してほしかったのです。私の若いころで、大変刺激的な仕事だと感じました。定評のある会社でした。ある戦略の成果を見せられましたが、その背後にある詳細は聞かされませんでした。そして、こう言われました。「こんなふうにシステムを開発したんですが、何も問題はありませんでした。いろんな市場でのトレード検証から、こんなリターンの予測が得られたのです。ところが、実際にトレードを始めたら、最初の六カ月で、検証した過去のどんな期間よりもひどいドローダウンを喫してしまいました。いったい何が悪かったのでしょう？」

私は三ページか四ページの手紙を書いて、こう答えました。見たところ、研究方法に問題があった可能性が非常に高い。その戦略のパラメーターは十中八九、過去のデータへのこじつけから得られたものである。実際のトレードに着手した最初の六カ月間の相場が、何十年かのバックテストのものと大幅にずれていたとは考えにくく、ひどい成績は、単に市場のアノマリーのせいにすることはできないだろう。

この話の教訓は、この種のパフォーマンス分析をするときには、次の点をはっきり確認する必要があるということです。トレードに使っているのが本当に有効な戦略であり、その点、何の勘違いもないこと。バックテストのときに、結果の見栄えを良くしようとして、カーブフィッティングやフィルターの追加を行っていないこと。最終的に戦略に資金投入するとき、肝心なのは、それで利益が上がるかということだけだと心に誓い、どんなときもそれを忘れないようにすること。この最後の点については、自分自身に対して心から正直にならなければなりません。自分の研究が有効なものだと確信していれば、そして同時に、複数の戦略アプローチをとっていれば、ドローダウンの時期を乗り越えることがうんと楽になるはずです。

突如として過去のパラメーター値を超えてしまうような市場の不意打ちに対してはどうしますか。例えばブラックマンデーのときには、S&P先物の一日のレンジと前日比がいきなり、それ以前の過去最大値の数倍になったんですよね。

まず言いたいのは、ポートフォリオを本当に分散化していれば、影響は最小限ですんだはずだということです。そうした出来事が異常な外れ値に相当するものだったとしてもです。このことはどんなに強調しても十分ということはありません。ずっと先まで生き延びようと思ったら、ひとつの戦略やひとつの市場だけでポートフォリオを組むものではないのです。

第二に、さっき、いろんな市場に資金配分するという話をしましたよね。なんらかの系統だった調整を頻繁にやれば、「おや、ボラティリティがじりじり上がってるじゃないか」と気がつきます。一九八七年一〇月の直前には小さな危険信号が見られました。大暴落の一週間前に、ボラティリティが少し上昇しつつあったのです。もちろん、暴落当日にそれが恐るべき大きさになったわけです。

その時期に株価指数先物市場で大損をしたトレーダーをたくさん知っています。システムを使っていても、間に合うようにポジション処理ができなかったのです。一日の終わりか、事によったら週末にしかシグナルが出ないような代物だったのでしょう。彼らは指数先物で膨大な損失を被りました。でも、短期金利先物では、相場が急騰して大儲けしました。

少しでけっこうですから、通常のポートフォリオの中身を教えてもらえませんか。

典型的な例をあとでお送りしますよ（それは、同社が以前実際に保有していたポートフォリオだった）。確か七〇ほどの銘柄を、うまく売りと買いのバランスをとって入れているはずです。商品市場ではたぶん二〇～三〇ほどのポジションをとっていたと思います。通貨ポジションもいくつか含まれています。小型株も入ってました。投資信託もです。これは空売りできませんから、全部ロングです。

あなたが作り上げているアプローチ全体の処理手順は巨大なものなんでしょうね。

でも、個々の手順は非常に単純なんです。

ということは、世間でいつも言われる「単純が一番」というのは正しいということですね。それに賛成されるのですね。

完全に賛成です。ひとつひとつの戦略は、できるかぎり単純に作ってあります。皮肉なことに、戦略を単純に保つのは、見かけ以上に複雑なんです。真の収益ドライバーを理解するために、重要な変数をすべて徹底的に調べ上げなければならないからです。しかし、最終的には、それを多要因、多変数モデルに仕上げるようなことはありません。ところが、例えばシステム的手法を多用する株式トレーダーのなかには、巨大な多要因モデルを作り上げて、さまざまの最適化を施す人がたくさんいます。「スタティスティカルアービトラージ」によるマーケットニュートラルのトレーダーのなかにもそんな人がいます。彼らは非常に複雑な処理手順を作り上げるのです。そんなことをしたら、背後にある基本的収益ドライバーが見えなくなってしまう、というのが私たちの哲学です。

いつも物事を単純にするという私たちの哲学は、ポートフォリオのほぼ全部の戦略に及びます。しかし、独立のシステムをポートフォリオに組み込むさまざまな手法については、話が全然変わります。その場合は、ひどく手の込んだ手法を使います。なぜなら、リターンの管理、つまり各戦略への配分や、各市場への配分を行うことになるからです。そのモデルの全体的狙いは、戦略と市場のどれかひとつの組み合わせに対して不釣合いなリターンが割り当てられることのないようにバランスを保つ、という点にあります。これが私たちのアプローチの核心です。長期的に見て、ポートフォリオに対して、砂糖の基本戦略が、通貨のトレンドフォローシステムや株式のマーケットニュートラル戦略と同じくらいの貢献をすることが望ましいのです。

ギャンブルなど、自分のプログラムに反するような冒険を試みたことがありますか。

以前はありましたが、ここ一〇年はやっていません。経験から言って、実行しているときには調子よく思えても、結局は散々な結果に終わるものなんです。

そうですか。それはなぜでしょう?　どうして人間の心はそんなヘマを犯すのでしょうか。

本当にあきれるほどです。確かに、投資家はニュースや経済や地政学的出来事に反応して、感情的な価格設定をするという誤りを犯します。でもご存知でしょうが、その誤りをとらえようとするのが私たちの基本方針です。ちょっとの間、周りの世界とは違った見方をしてみるわけです。それがトレーダーとして成功する秘訣なんです。ただ、結局どうしても世界に合わせたくなるのが人間です。その辺にいつもちょっとした迷いというか、葛藤があって、それと戦うのに永遠にしんどい思いをするわけです。

言ったとおり、昔は私も冒険をしていたものです。自分がいけると感じたトレードを仕掛けて、それがドンピシャリと当たる。終わったあとでは、システムを打ち負かせるような気持ちになります。ところが、長い目で見れば、最後には、そのちょっとした儲けを、ちゃんとシステムに取り上げられてしまうのです。ほかの連中が感情的に行動するおかげでチャンスが生まれ、それをシステムがいただくことになるわけです。私の知るかぎり、持続的なリターンや予測可能なリターンを手に入れる唯一の方法は、確実にシステムに従って、市場からそのちょっとした感情の贈り物をいただくことです。自分が贈る側になってしまっては元も子もないのです。

「どうして人間がそんなふうになってしまうか」という問題は、他人に任せておくのがいいでしょう。なぜ人間は感情の暗黒面に負けてしまうのか、私にはよく分かりません。はっきりしているのは、何度となくそういうことが他人に起きるのを見てきたし、以前には自分にも起きたということです。

メカニカルトレードで生計を立てようと決めた人に対して、どんなアドバイスをしますか。その人が例えば年に五万ドルの収入を得たいと思ったとします。初めの資金、パフォーマンス目標、モデルなどの点で、どんなことが必要ですか。

生活のために五万ドルね。そう、冷静になって、実際に必要なポートフォリオの規模をちゃんと理解することですね。知っておく必要があるのは、どんな時期でも、レバレッジを利かせれば、その分、目標リターンに到達する可能性が低くなるということです。どうしても損する年が出てくるはずです。それでもまだ五万ドル稼ごうとすれば、レバレッジ率はさらに高くなります。資金を投入してもリターンが伴わなければ、たいていは元手が消えることになります。

第一に、相当な期間にわたって希望どおりリターンを得たいと思ったら、どれだけの資金が必要か、現実的に考えてみなければなりません。そのためには、自分が使う戦略を完璧に理解する必要があります。これだけは言っておきたいのですが、最初から二種類のシステムを使うべきです。一種類だとまずいのは、どんな優秀なシステムでも、必ず成績の悪い時期があるからです。悪い時期には、当然それに従うのがひどく難しくなります。特に資金が十分でない場合はそうですね。そうなると、転換点でその戦略を放棄してしまう危険性が強くなります。ちょうどこれから調子が出て、役に立ってくれるというときにね。そんなわけで、システム的に二種類の戦略を使うことが必要になるのです。

二番目の点は、システム開発で勘違いしないようにすることです。システムを開発するのは将来好成績を上げるためなんですが、どういうわけかそのことを見失ってしまう人がいるのです。そんな人を何人も見てきました。過去のデータによる検証で好結果を出そうと血眼になってしまうのです。最適化とカーブフィッティングのテクニックを使って、特定の市場に合わせた特定のパラメーターを選んだり、その値を変えたりするわけです。実際には、戦略のコンセプトを、全部の市場に等しく適用する必要があるのです。ちゃんと動く基本システムを作ることがあっても、ボラティリティがちょっと高くなると、フィルターをかけてしまうのです。

先物市場でのトレンドフォローが良い例です。レバレッジも適度で、市場も分散化し、戦略も極めて単純だったとします。でも、トレンドフォロー型戦略を非常に少数、例えば五～一〇くらいの市場で使ってしまったとします。相当な規模の投資ポートフォリオでも、そのくらいまで市場を絞る例は山ほどあります。そんな場合には、平均的なレバレッジ率だったとしても、ごく簡単に二〇％以上のドローダウンを喫してしまうでしょう。

しつこいようですが、そうした仮定の条件で、初めの資金としてはどれほどの額が必要でしょうか。

ちゃんとした戦略を開発し、戦略の多様化も図ったとすれば、ネットで一五～二〇％の利益を上げることは可能でしょう。ドローダウンをうんと低く抑えるよう、特に気を配らなければなりませんがね。ボラティリティの高さに耐える気があって、仮にそれなりの戦略を使えたとしても、(年間五万ドル)稼げるという相当の見通しを立てるためには、やはり二〇〜三〇万ドルは必要なのではないでしょうか。

しかし、そうした慎重な見方に反すると思うのですが、商品トレードの伝説的人物がたくさんいますよね。はした金を元手にして、巨大な金融帝国を作り上げた魔術師たちの話を聞いたりするわけですが。

そう、そういう人たちもいます。でも、それはほんの一握りです。一〇〇万人が少額で始めたとして、伝説的人物として有名になるのは二人くらいのものです。最初に大きなリスクをとった投資家が生き延びて、巨大な複利リターンを生み出すことがあるかもしれませんが、たぶんそれはまったくの偶然です。といっても、市場の伝説的人物のなかに、なんの能力もない者がいた、と言っているわけではありません。もちろん能力はあったでしょうし、今だって有能な人はいるでしょう。しかし、やはりとてつもない幸運もあったのです。特に、数回連続して資金を全部賭けてトレードせざるを得なかった出だしのころはそうだったでしょう。確かに、うまくいくこともあります。でも、それは投資ではなく、ギャンブルだということを認めなくてはいけません。

三年前、ひとりの女性が訪ねてきたことがあります。相場が天井を打った直後のことでした。彼女は一万ドルの取引口座から出発して、株でそれを二〇〇万ドル以上にしたと言うのです。相場が逆転した一九九八年のことだったと思うのですが、やがて残高は数十万ドルにまで減少しました。それからまた盛り返して、一五〇万ドルほどまで回復したそうです。

座って私に話をしていた時点では、資金は最初の額に戻っていたそうです。ブローカーから追証の請求を受けて、彼女は撤退せざるを得ませんでした。撤退してなかったら、多分にっちもさっちも行かなくなっていたことでしょう。そこで彼女から受けた質問は、「どうすれば取り返せるでしょうか」でした。私はこう答えました。「それはあなたのお金ではなかったんです。

市場は返す義務などありません。取り返すことはできないんです」。彼女のお金が尽きたとき、たとえ偶然にしろ、だれかがそのポジションを閉じさせたわけです。人はそれを見て「自分が招いたことだ」と言うでしょう。

わずかのお金を元手に大金を稼いだり、毎年常に資金の一〇〇％のリターンを得たりする人は、非常にまれだと言わざるを得ません。大半の投資家は、その確率はごくごく低いという事実をしっかり見据える必要があります。

でも、投資家の心理を読む利点がここにあります。投資家に対して、自分でもそうしたことができそうかと聞いてみると、必ずひどく過大評価した答えが返ってきます。だれもが自分は平均以上にやれると考えているのです。本当に面白いことです。

トレードに手をつける投資家は皆、自分が勝てると考えているわけですね。

そうです。それが問題なのです。トレードに手をつけるとき、本当は、だれもが損する可能性があると考えて、どの時点で撤退するか、計画を立てておく必要があるのです。そうならずに、うまくいったら、予想外のことだと喜ぶべきです。どうすればシステムのパフォーマンスが良くなるだろうかと考えるような、もっと適切な態度でトレードに臨まなくてはいけません。

ボー・サンマン

Bo Thunman

「電話でいきなり、『もしもし、必ず儲かるシステムの名前を教えてほしいんだけど』と切り出されたことが数え切れないくらいありました」

にせ者であふれかえり、嫌になるほど頻繁に夢や希望が食い物にされる状況のなかで、ボー・サンマンはいわば「消費者のお目付け役」の役目を果たしてきた。長年の間、ボーの発行するクラブ三〇〇〇ニュース誌は、その会員にとって、システムとその推奨者に関する情報の中央情報交換所として機能してきた。特別な情報交換の場となったのは、ボーが編集する公開投書欄であった。

ボーは、ご都合主義者たちや彼らのいい加減なサービスについて、山ほどの例を見聞きしてきた。しかし、この業界で問題となるのはそれだけに限らない。トレードを行う一般大衆の間に、非現実的な過度の期待を抱く者がたくさんいるのである。

ボーは一九二五年にスウェーデンのストックホルムで生まれた。二八年後、ボーは米国のある有力船舶会社で貿易デベロッパーの仕事を担当していた。

ボーはこう語っている。「私は電子工学の教育を受けました。もともとその方面の仕事のために雇われたのですが、すぐに会社は、私が本当は営業に向いていることに気づきました。私は船舶のあっ旋を担当するようになり、その後、新規事業開発を中心とした管理業務に携わるようになりました」

起業にかかわるその仕事は、途中何回かの大きな回り道を挟んで数年続いた。一九六七年にはＩＢＭでコンピュータープログラミングの訓練を受け始めた。そこで、当時の主力言語で今も広く使われているＢＡＳＩＣに習熟した。

それがやがてオンラインのテクニカル分析につながることになる。当時、そんなことができる者はほとんどいなかった。一九七七年には株式オプションのトレードを開始したが、二～三年後には、あるブローカーの要請で商品トレードの世界に移った。ボーは、自ら開発した分析手法により、ほぼ即座に成功を勝ち取った。一九八〇年代初めに爆発的に拡大したコンピューター世界が、自然の呼び水として作用したのである。

すぐに気づいたのは、ほかの投資家はそんなに素早く適応できていないということだった。波に乗れないというだけならまだしも、新しい環境の犠牲になることさえあった。クラブ三〇〇〇ニュースの発刊は、それがきっかけだった。その後一七年の間に、そのテクニカル能力とニュースレターの成功のおかげで、ボーは、大衆投資家を守る代表的な代弁者となった。訴訟が横行するこの社会にあって、自分が信用できると判断したクラブ会員の不平を発表することで、ボーは何度も危機に直面した。当然のことながら、批判された相手からの怒りに耐えることも時にはあった。しかし、仕事に携わっていた間、一度も提訴されたことがないというのが彼の自慢である。

業界の規制強化がひとつの原因となって、一九九七年にボーはニュースレターから手を引いた。現在は、ミシガン州オーガスタにある自分の農場で、奥さんとともに平穏な生活を楽しんでいる。また、一周して原点に戻り、自分のために株式オプションのトレードを再開している。

クラブ三〇〇〇を始めようと決めた理由は何ですか。

私は八〇年代初めにコンピューターの仕事を始めました。当時、皆コンピューターのことなど大して知りませんでした。人間と違って、コンピューターなら市場に勝てると広く信じられてました。そのせいで、トレーディングシステムやその機材のために三〇〇〇ドルも払ったりしたのです。大部分はクズ同然でした。それでクラブ三〇〇〇を始めたのです。主として商品トレーダーのためのユーザークラブでした。だいたい一七年間その仕事を続けました。引退したのは一九九七年です。

その必要性があったのは明々白々でした。ちょうどそのときに私が居合わせたわけです。とても成功しました。でも、終わりごろになって、ＣＦＴＣ（商品先物取引委員会）がトレードの議論をするのなら、登録ブローカー、つまり公認の取引顧問業者にならなくてはいけない、と言い張り始めました。

そのことはあなたのオンラインサイトで詳しく読ませてもらいました。少しおかしな感じがしましたね。私がＣＴＡ（商品投資顧問業者）ではないからといって、本で商品の議論をしたら厄介なことになるなんて、考えられないことです。

彼らの論理ではそうなるのです。ＣＦＴＣの弁護士に言われたのですが、それが商品取引法に対するＣＦＴＣの解釈なんだそうです。言論の自由ということを聞いたことがないみたいですね。

やめなければ、五年の監獄暮らしと一〇〇万ドルの罰金だぞ、と脅されました。そのせいで、クラブ三〇〇〇の情報交換がやりにくくなり、結局二～三年後にはいわば自然消滅しました。

彼らに協力するような選択肢が示されなかったのですか。ＣＴＡとして登録するとかいったような。

試験を受けて登録ＣＴＡになる必要があると言われました。そうすれば、商品トレードについて議論してもいいと言うのです。でも、私たちは特別の推奨をしていたわけではありません。価格に言及したり、特定の商品について「あれを買え」「これを売れ」などと言ったことはありませんでした。私たちが商品投資顧問業をしていないのは明らかでした。でも、連中はそうだと言うのです。

司法協会（インスティチュート・フォー・ジャスティス）が私たちのケースを取り上げてくれて、勝訴しました。裁判所が、これは言論の自由の問題で、投資顧問業には当たらないという判決を下したのです。ＣＦＴＣは上訴しましたが、また敗訴しました。ひょっとすると、やっと言論の自由のことに気づいたかもしれません。

クラブ三〇〇〇にかかわる一方で、あなたは自己勘定でトレードをしていました。大ざっぱに見て、収入の何パーセントがトレードによるものでしたか。

そうですね、一〇％から一〇〇％の間を動いていましたね。クラブのほうは、とてもしっかりしていました。会員もたくさんいて、クラブからの収入が十分ありましたから、必死にトレードするということはありませんでした。クラブの運営のほうに関心がありましたね。

市場や投資家心理などについて、クラブからどんなことを学びましたか。

トレードについて人がどんなにバカげた考えをしているか、ということです。損もリスクもまったくなしに、利益だけ得られると考えているのです。電話でいきなり、「もしもし、必ず儲かるシステムの名前を教えてほしいんだけど」と切り出されたことが数え切れないくらいありました。最後には、妻が部屋に入ってきて、「ボー、どうしてそんな人たちと話をしてるの」と言ったものでした。

私たちが説いていたのは、そういうのをなんとかするためでした。「いいかい、相場はどちらの方向にも動くものなんだよ」と言ってね。

そう言うと、やたらわめきちらす相手もいました。特にひどい奴がいて、こんなことを言うのです。「もしもし。ニュースレターなんかどうでもいいんだ。いつも成功できるシステムのことだけ聞きたいんだ。秘書にそれを使わせて、週に五〇〇〇ドルほど稼がせたいと思ってるんだよ」

「ちょっと待って。君は分かってないんだ」と私。すると、いきなり罵り、言葉をわめき始めるのです。私はガチャンと電話を切りました。救いようがありません。

私は、以前銀が二三日間連続してストップ安をつけたことを、よく聞かせてやったものです。もしそのときに買い持ちの状態だったとしたら、今どうなっているのか、とね。「それ、冗談でしょう」という答えが返ってきたものです。どこまでも非現実的なのです。

本当に腹が立ったのは、知識不足につけ込んで、おとぎ話を売り込もうとする販売業者がいることでした。世の中には、ものを知っている人と、ものを知らない人と、自分が知らないということを知らない人がいる、という格言があります。そうした販売業者はだいたいこの三番目の種類の人間でした。

彼らはリスクについて一切触れません。ひょっとすると、実際に、X日後に一万ドルを一五〇万ドルに変えた人物がいるのかもしれません。でも、だいたい話から省かれているのは、その人物が二五〇万ドルまで増やしたあとで、一〇〇万ドル損をしたということです。皆がわきまえていないのは、家を失う危険があるということです。すべてを失う危険があるのです。もしかすると、一万回に一回くらいはだれかが大儲けすることがあるかもしれません。でも、平均的な投資家にとって、そんなことは逆立ちしたって不可能なんです。

私たちには、そうした情報交換の場を提供する力がありました。電話の個人的会話のなかでやれば、だれかに訴えられる危険はまずありません。時には、相手からの手紙を公開することがありました。それがクラブのニュースレターの出所でした。会員から寄せられたものだったのです。まともな話だと感じたときに、その手紙を発表したのです。場合によっては、それで殴り合いに近いことが起きることもありました。ちょっと自慢させてもらうなら、浄化には相当役に立ったと思いますね。

もしも夢物語の段階を超えて本気でやろうとしたら、現実的な道筋としてどんなことを考えたらいいですか。

これも皆気づいてないことなんですが、成功するには二つのものが必要です。システムそれ自体と、自分自身です。完全なシステムが与えられたとして、果してその人に、シグナルに従う勇気があるかどうかが問題なのです。

私は今はもうシステムを推奨することはできません。名前は挙げられないのですが、私には、S&P先物取引でとても素晴らしい成功を収めている知人がいます。とても心の広い人で、口座報告書でもなんでも見せてくれました。今も間違いなく大きな利益を上げ続けています。

この友人がかなりの授業料を取って、生徒に自分の好成績のシステムを教えたことがありました。ところが、家に帰って二〜三日たつと、生徒たちは、「シグナルが出たんですが、それに従うべきでしょうか」と電話をかけてきたのです。結局、友人は生徒をとるのをまったくやめてしまいました。

その話が示しているのは、指示された方法に一〇〇％従ってシステムトレードをしないのなら、事実上システムをまったく使っていないのと変わらない、という考え方ですね。

そのとおりです。システムの教えるとおりに動かないのなら、システムでトレードしていることにはならないのです。実際、システム設計者に対しても公平とは言えません。なんらかのランダムな判断に基づいて、時によってあれこれ違ったことをするのなら、そのシステムでトレードしているとは言えません。

情報不足の現状では、システムトレードが最高のチャンスを与えてくれます。ウォール・ストリート・ウィーク誌にはＰＥＲだのトレンドだのといった記事が載っています。でも、そんなものは、すごいスピードで動く市場では存在しないも同然です。

だからこそ、テクニカル分析に踏み込むことになります。そこでは、値段が分かれば、背後のニュースが分かるといった原則があります。もし灯油が値上がりしていれば、たぶん窓の外に雪の降っているのが見えるはずです。一方、三月がとても暖かくなれば、灯油は値下がりに向かう。その時点で灯油が値上がりすれば、株式市場は下落する。灯油が下がれば、株式市場は上昇する、と言われます。これはファンダメンタル分析です。私に言わせれば、それをもとに商品トレードをすることは不可能です。

あなたのトレード法の全体的な概要を話してください。

私は自分で設計したテクニカル分析を使います。最初は移動平均線を用いていました。知っていたのはそれだけだったのです。それから少しずつ、ボラティリティとか、出来高とか、その他のことを学んでいきました。驚くべきことに、ほとんど何も知らなくても、指数平滑移動平均線を使ってかなり良いパフォーマンスを上げていました。

継続的に他人のシステムを使ったことはありません。二回セミナーに出て、別の二種類のシステムを扱ったことはありますが、二～三カ月以上使うことはありませんでした。

他人のプログラムは使用しないのです。試したことは何度もありますが、これというのはありませんでした。もらったり、評価してほしいと頼まれたシステムをいくつか検証でトレードしたことはあります。でも、使いたい言葉をプリントすることすらできませんでした。

ここしばらく、先物はトレードしていません。五年前にはS&Pのデイトレードをしていましたが、一日八時間ディスプレーを見続けることに目が耐えられなくなってしまいました。今では引退して、プットとコールのトレードをしています。

魔法のようなテクニックは使いません。私はバックギャモンのプレーヤーでもないし、優秀な数学者でもありません。単純にやろうとしているのです。KISS（キープ・イット・シンプル・スチューピド、単純にやりな、お馬鹿さん）をモットーにしているわけです。

システムを見直す頻度はどのくらいですか。

微調整は基本的に毎日します。でも、大幅な修正は二年に一回といったところでしょうか。使っているうちに気がつくことがあるものです。「そうか、それを予測しておくべきだったのか。じゃあ、プログラムに組み込もう」というわけです。最初から経験を積んだプログラマーだったことが役に立ちました。自分のすることは、全部システム化することができたのです。直感でトレードすることは一切ありません。

オプション取引でメカニカルアプローチをとる人は非常にまれです。プットやコールを扱うには特殊な方法が必要ですか。それとも、四本値による普通の市場の動きでとらえられるものですか。

普通と大体同じようなものです。私は同じ方式を使います。商品よりもやや変動が大きいですがね。

初めのころ、（オプションの引けの）値段はウォール・ストリート・ジャーナル紙から拾っていました。当時、データサービスはまだなかったのです。商品先物取引を始めたときは、ブローカーからもらったデータを使いました。電話がかかってきて、四〇から五〇ほどのいろいろな商品の高値・安値・終値を教えてくれるのです。ずっとあとになって、いくつかのデータサービスを利用し始めました。今は株式市場のデータサービスを利用しています。

私は買われ過ぎ・売られ過ぎを待ちます。ＩＢＭが一二五ドルまでいけば、利益を確定する者が出てきます。八〇ドルまで下がれば、「一〇〇株なら買えるぞ」と決める者がいるでしょう。買ったあと、私はそれがまた値上がりし始めるまで待ちます。たいていの相場が、買われ過ぎと売られ過ぎの間を変動します。この方法は二つの利点があります。両極端まで行けば、まず間違いなくボラティリティが高くなりますし、有効性の高い「安値を買って高値を売る」という行動パターンがとれるのです。

あなたが使っているシステムにとって、完璧な市場環境とはどんなものですか。

どんな形でもいいから、一定方向に動く市場です。S&P先物で、ほかの人たちがある方向での投機を考えていると分かれば、その逆をいきます。彼らが買いなら、持ち株を売るか、空売りします。彼らが空売りなら、その逆です。株式オプションなら、プットでもコールでも期限があります。その期限内に価格が一定レベルに達する、ということに賭けます。

バーチャートとしてはどの時間枠が好きですか。

日足を使ってトレードします。リアルタイムデータを使うという人もいますが、二分前に起きたことはリアルタイムとは言えません。値動きの荒い状況では、立会場にいて進行を見ている必要があるのです。サダム・フセインが死んだりとか、戦争に勝利したりした場合、先物市場は一〇分以内に反応します。立会場にいなければ、その動きについていけません。

その瞬間、一気に目いっぱいレバレッジを利かすのですね。

そうです。そして、もちろんストップも置きます。ただ、相場が速すぎて、ストップを通り過ぎてしまうこともありますが。アマチュアがアマチュアでしかないのは、主にこの辺に問題があるからです。そういう状況のなかに飛び込む勇気がないのです。

考え得る最悪の時期にその種の出来事が起きて、そ

の後、破綻してしまう人もよく見かけますよね。

確かに。そんな場合、彼らは他人を責めるのです。ブローカーとか、場立ちとか、だれかの責任にするのです。

危機のさなかにあるときは、苦しいけれども、自分の方法の修正を考えるべき時期ではない、と思いますか。

そう、そういう時期ではないですね。それに、数学的に言っても、ルールの数が多すぎるのはよくありません。予想外のことに出合うのはしょちゅうですから、毎日ルールを付け加えていくことだって可能です。でも、そんなことをしたら、まったく意味のないシステムになってしまいます。現実には不可能ですが、ひとつのルールで一〇〇回トレードできるというのが最高のシステムですね。駄目なシステムは、一回のトレードに一〇〇ものルール使います。

ある程度のボラティリティが望ましいのは当然ですが、それが高すぎる、つまりリスクが大きすぎてトレードできない、ということはありますか。あるいは、逆に低すぎてトレードできないということは？

ラジオ技術で「スケルチ回路」と呼ばれるものがあります。信号がまったく入らず、雑音だけしか出なくなると、スピーカーの電源が切れます。そのあとで信号が入ってくると、また電源が入るのです。この仕組みと同じで、相場の雑音もフィルターにかけて取り除きます。雑音というのは、相場に方向感のないことです。そんなときにトレードしても無意味です。

システムを使ってトレードするためには何が必要ですか。

知性、勇気、そして数学的才能が少し、といったところですね。さっきの話に出てきた友人は、（何か見えないもの）が理解できるようなんです。今あなたとしているように、座って話をしているとしますね。するといきなり「そうだ！」と叫ぶのです。そして、電話をとって注文を出します。そういう才能は、長い年月の間に磨き上げられたものなんでしょうね。彼は元来、鋭いし、賢明だし、正直な男なんです。自分に正直だということも、おそらくトレードで成功する大きな原因なんでしょう。

「確かに、このトレードはうまくいかなった。でも、それはどうしてなんだろう？」ということを突き止めなくてはなりませんからね、そうして悪いところを直し、だんだん腕を上げていくわけです。

でもその一方で、あなたは厳格なメカニカルアプローチの信奉者です。そのアプローチでは、生まれつきトレードの才能があるかどうかは問題になりませんよね。トレードの才能は生まれつきですか、それとも経験によるものですか。

生まれつき賢ければ、さらに良いパフォーマンスが上げられます。厳しい努力をろくにしなくても、能力を発揮できる人もいます。でも、海軍士官学校とか陸軍士官学校とかに入ったときのように、学ぶ能力さえあれば、「経験による」トレーダーになることができます。途中で死ぬ――トレードでは金銭的に、軍人では肉体的にですが――可能性があることを理解しながら、一定のルールに従うことを教わるわけです。もちろん、生まれながらの軍人もいます。アイゼンハワー元帥やホールジー元帥のような人たちは、教わってそうなったのではありません。生まれつきです。兵役について聞いたことは何でも覚え込んでいて、ほかに応用できたのです。

天才的なトレーダーを何人も見てきました。特にある人物は、まさにひらめきのトレーダーでした。頭のなかのチャートに基づいて反応するのです。一瞬もためらわずに物事を実行する勇気がありました。

彼は、実戦に参加した海軍シール部隊の一員でした。自分がすぐさま次の行動を決めなければならない、ということを承知していました。自分が相手を殺さなければ、相手に殺されてしまうのです。これは訓練による行動で、生まれつきのものではありません。

最適化と過剰最適化がどんなものか聞かせてください。

ある程度の最適化を行って、それを徹底的に検証したとしても、ある時期うまくいってたことが、別の時期に駄目になる、ということがあります。一定の回数とか一定の手順までで最適化をやめ、そのあとは、ずっと変えないようにすべきです。それでも、状況によっては、市場がどう動くかを判断しなければならない事態も出てくるでしょう。戦争が始まれば、市場がどう反応しそうか、だいたい見当がつきます。明日フセインが死んだらどうなるのかも予測できます。私たちは、ファンダメンタルズを付け加えることで、システムによってそうしたことを評価できるようにしました。

ということは、何らかの形でファンダメンタルズを組み込んでいるわけですか。

数学的に組み込んでいるわけではありません。ただ、移動平均線が上向きになれば、少なくともしばらくの間は、上昇相場が期待できます。抜け目なくやれば、利益を稼げるでしょう。ひょっとすれば、相場はもっと高くなるかもしれません。でも、よく言われるように「利食い千人力」です。

一流トレーダーのなかには、その格言は、「利益は伸ばせ、損切りは素早く」という格言に反すると主張する人もいるようですが。

「全部つかもうとすると全部失う」という諺もあります。

つまり、価格目標を立てるということですか。

そうです。私は当日限り注文を使います。注文が出来れば結構、出来なくても結構なんです。値が飛んだときに出来るような注文ですから。つまり、買われ過ぎとか、私の場合こちらのほうですが、売られ過ぎを狙っているのです。

調査するとき、時には数字だけからは分からないことは何ですか。

感情ですね。それから、今日だれが殺されることになるのか。市場や金（きん）がどんなことになるのか。ジョージ・ブッシュが心臓麻痺を起こすかどうか。つまり、無関係の出来事については予測できません。

おっしゃりたいのは、システムと人間心理の間には、ずれがあるということですね。

そうです。大半の人は夢ばかり見ていると思いますね。昔、投資信託の販売をしていたことがありましてね。訪問販売するのですが、六四歳の人で、こんなふうに考える人に出会いました。もし月一〇〇ドルかき集めて投資に回すことができれば、それだけで六五歳以降、一生安楽に暮らせる、とね。夢のような大金が稼げると考えて、商品取引に手を出す人も大勢います。でも、同じくらい短期間でそれだけの金額を失うこともあるわけです。「そうは考えないのですか」と聞くと、「そんなことはあり得ない」と返ってきます。

トレード中のどんなことが誤った行動に結びつきやすいですか。

前の年に損していることと、不安ですね。よく言われることですが、事故を起こした飛行機の操縦士は何をおいても、すぐまた別の飛行機で飛ぶんだそうです。たぶんそれで自信が取り戻せるのでしょう。私だったら、やっとのことで飛行機の難を逃れたんだから、そもそも操縦法を知っていたのかどうか危ぶみますがね(笑)。でも、それがトレードの成功者と失敗者を分ける点なのです。過去の恐怖を乗り越えられるかどうかなんです。

マネーマネジメントはどのようにしてますか。

トレードの結果次第ですね。うまくいかないときは、たいていしばらく休んでから出直します。数学的なマネーマネジメントシステムを使っているわけではありません。常識を使います。自分の農場を賭けるようなまねはしません。前の週、少し余分に稼げたら、次の週はちょっと大胆にやります。損していたら、あまり度胸よくやれませんね。

マネーマネジメントの本は何冊もあります。マネーマネジメントのおかげで、特別な大金が稼げると断言するバックギャモンプレーヤーもいます。私もシステムのプログラムに組み込んだことがありますが、それで良くなったということはないですね。

つもり売買についての論争をどう考えますか。つもり売買は、何かが学べて有益ですか。それとも感情的なプレッシャーがないので役に立ちませんか。

つもり売買では感情的なプレッシャーがかかりません。私の経験では、仮想的な経験と恐怖感をうまくつなげられる人はめったにいません。世の中のトレードコンテストが間違っているのもその点です。絵空事でしかないのです。例えば一〇〇万ドルを元手に、六日間で五〇〇〇万ドル稼いだとします。皆が忘れているのは、そうした離れ業を成し遂げるときのリスクです。ほとんどだれも受け入れることのできないようなリスクなんです。

オプショントレードについてもう少し詳しく聞かせてください。いつも買いなんですか。それとも売り？両方？

買いです。オプションに一番向いていると考えています。先物取引では、本当のリスクがどんなものだか見当がつきません。無制限だからです。オプションでは、七五〇ドル払ったら、それ以上のリスクはありません。それだけの資金があってそのリスクをとるか、あるいはやめるか、二つにひとつです。

トレードとほかの仕事との類似点は何ですか。あるいは相違点は？

神経が疲れてきついことです。リスクを全部引き受けてくれる人に雇われて働くのは、状況としては、比較的気が楽です。それでも、株式トレードをやめてしまった人を何人も知っています。こんなふうに言うお医者さんが大勢いました。「医者稼業から手を引いてトレードをしたいんだよ。やり方を教えてくれないか」

頭はとても良いし、医学大学院を出て成功も収めたのだから、優秀なトレーダーになれる可能性も高いはずです。でも、駄目な人もいます。世の中のほうからお金を差し出してくれるものと考えているのです。「私は医者だ。医者になる訓練を受けてきたんだから、うんと高給でなくっちゃ」といった具合なのです。

自分の方法をどの程度秘密にしていますか。それとも公開するとテクニックを隠さず人に明かしますか、何らかの点でパフォーマンスが落ちると感じていますか。

もちろん方法を本に書いたっていいんです。そんな苦労を背負い込む気になれるかどうか分かりませんが。丁寧にトレード法を教えても、最初に返ってくる反応は、「それ本当ですか。うまくいかないでしょう」、なんです。今こうして快適に暮らしているし、いい車も運転しているよ、と言うと、「嘘でしょう」とくるんです。からかってるんじゃないかってね。私は小切手帳を見せて回ったりはしませんが、そういう人たちに対してはどうしても口元に笑いが浮かんでしまいますね。

システムを買った客は、初めて損が出ると、とてつもなく腹を立てるんです。「このシステムはちゃんと動かないぞ」と言ってね。結局、そうした連中にどんなアイデアを教えてやっても、バカにされるのが落ちなんです。

そんなわけだから、自分のしていることをそのまま明かす気にはなれません。

ビル・ダン
Bill Dunn

「私は手の込んだことをしなくても、チャートを見ただけで分かったのです。『ランダムなんかじゃない』ってね」

手順を踏んだ方法に従うという点で、トレードはゲームと定義されるが、ビル・ダンはそのゲームにおける究極の相場科学者と言っていいだろう。経歴としては、カンザス大学工学部を卒業したあと、ノースウェスタン大学で高エネルギー粒子理論物理学の博士号を修得した。研究助成金を得たことがきっかけで、そこからカリフォルニア大学に移り、その物理学者チームに加わった。残念なことに、助成金が途中で尽きてしまったが、このときビルは、その仕事の将来性に疑問を感じ始めた。

ビルはこう語る。「食べていくにはあまり良い仕事ではない、と決めたのです。たとえノーベル賞をもらえるほど優秀だったとしても、ものすごく時間がかかるわけだから、待つことなんてできない、と思ったわけです」

カリフォルニア州クレアモントにあるポモナ大学でしばらく教えたあと、ビルは、ビジネスモデルを構築する自分の才能を生かせるような仕事を探し始めた。そこで分かったのは、有望な会社が必ず国防省とつながっているということだった。「結局、バージニア州アーリントンにある海軍分析研究所に職を見つけました」と彼は言う。

その研究所は、もっと有名な空軍のランド研究所の海軍版といったものだった。ビルは七年の間、謎に包まれたプロジェクトに携わった。秘密保持のために、各参加者はジグソーパズルの一部しか与えられなかった。結果は、目隠しされて象の一部に触った人が、それがどんな動物か言わされるという、例の古いことわざ同然の状態だった。

ビルはこう言う。「仕事の結果は一切分かりませんでした。自分の考えたり、書いたりしたことが、実際に使われたのかどうかとか、その理由とか、まったく闇の中でした。達成感がありませんでした。はっきり言って、とても不満でした」

一九七一年には、ビルはもっと全体が分かり、やりがいのある仕方で、自分の才能を活用する道を見つけだしていた。「私は、株式市場のテクニカル分析に興味を引かれました。本や雑誌を見ると、基本的に、ランダムウォークとか効率的市場仮説とかは必ずしも信用できないと書いてありました。株や債券の長期的な動きを研究すれば、過去のパターンが見え、そこから学びとれることがあるのです。コンピューターを使ってそれを客観的に決めることができるのです」

やがてビルは、同じアプローチが先物にも使えることに気がついた。先物市場には、流動性が高く、手数料が安く、売りに不利なアップティックルールがないという特別なメリットがあった。また、数種類の選び抜かれた銘柄を扱うことで、広範囲のトレード領域を全体的に手掛けることが容易にできた。

ビルは一五種の商品を対象にしたポートフォリオを開発した。ところが、彼自身のリスクマネジメント基準を満たすためには、二〇万ドルほどの口座を開くことが絶対条件だった。残念なことに、それは手の届く金額ではなかった。思いつくことのできる唯一の案は、他人の資金を募って、それを運用することだった。

こうしてダン・キャピタル・マネジメントが誕生した。一九七四年の誕生以来二九年がたつが、同社は、コンピューターを使った厳格にメカニカルな方法によって、先物ポートフォリオで一〇億ドルを運用し続けている。ビルの推定では、二五〇〇人の個人投資家が、さまざまなパートナーシップ口座をダン・マネジメントに開いている。それに加え、機関投資家を中心とする約一五の大口クライアントが、数億ドルに昇る資金を預けている。

ビルが誇らしげに語るように、同社はクライアントから高い信頼を勝ち得ている。「大半の競争相手と比べて、クライアントの数自体は多くありませんが、優良クライアントがそろっています。ずっと長い付き合いなんです」と彼は言う。

それは、堅実性ということと深いつながりがあるだろう。一九七四年のスタート以来、ダン・キャピタル・マネジメントは、パートナーとクライアントのために、複利で年二三％以上の純利益を達成している。そんなにも長期間にわたって、そんなにも高い複利利益率を叩き出す先物マネジメントは他にない、という評判である。

同社のトレードアプローチもまた変化していない。ファンドの設立時に構築された基幹システムと、数年後に組み込まれた主要追加システムは、重要部分をいじりまわされるようなことはなかった。二八年間あらゆるタイプの市場環境をくぐり抜けて来るなかで、同じ方法が使われてきたのである。

商品市場を投資の舞台としているのはなぜですか。

先物市場のレバレッジが簡単に調節できて、タダだからです。資金を借りる必要がないのです。保証金というか、最低証拠金を差し入れるだけいいわけです。それに、証拠金だって、現金でなくても構いません。TビルかTビル相当物でいいんです。現金を差し入れると、ブローカーは翌日物Tビル利率分を口座に振り込んでくれます。だから、どこを取ってみても、資金コストがかからない。それどころか、経費があまりに安いので、素人はついレバレッジを効かせすぎてしまい、あとで後悔するはめになったりします。

一九七四年には、CBOT（シカゴ商品取引所）で売買される先物取引の金額は、ニューヨーク証券取引所の売買金額のだいたい一〇倍ほどでした。これは、基本的に、ポジションの変更にコストがかからないせいでした。自分のポジションが気に入らなければ、手仕舞うか、ポジションをスワップすればいいのです。その手数料はとても安く、好きなだけレバレッジを使うことができました。

一般的に言って、あなたのアプローチはどんなものですか。

一九七四年の最初のプログラムは、長期トレンドフォローのドテンプログラムと言っていいものでした。「ドテン」というのは、必ずマーケットにとどまって、トレードしているという意味です。私たちは買いか売りのどちらかで、けっして様子見をすることはありません。私たちは長期トレンドから利益を上げようとします。それはあまり起きることではありませんが、もし起これば、それに付いていくことほど楽しいことはありません。

最初にひとつ問題にぶつかりました。長期トレンドに乗る方法は簡単に見つかったんですが、トレンドがはっきりしない時期が八〇%あって、それをどうするかということでした。どうやってそれを無事に生き延びるか、ということでした。それができれば、好機がやってきたときに、資金をそのまま全部注ぎ込むことができるんです。

私たちのコンセプト――アプローチ――は一九七四年の一〇月からずっと変わっていません。ただ、ポートフォリオは変わりました。今では、九〇%を金融先物で運用しています。金融先物は一九七四年には、まだ存在していませんでしたからね。一〇%だけは別扱いで、農産物の先物取引のために使っています。

その後、一九八〇年代の終わりには、二番目のプログラムを開発しました。それは、「目標とチャンス」という意味でTOPSと名付けました。それも長期トレンドから利益を上げようとするものでした。でも、トレンドがあるかどうかはっきり予測できない過去のパターンも活用します。それらしいシグナルがあれば、仕掛けていくのですが、すぐに成果が出ないようなら手を引きます。そして様子を見ることになります。もしうまくいくようなら、利益目標を使います。その中間の場合、例えば、方向は正しいけれど、目標にたどり着けそうもないときは、トレンドフォローでやるようなトレイリングストップを使います。目標に届かなければはじき出されることになって、その時点でポジションを変えます。

TOPSプログラムは、平均して四〇%の時間は静観しています。長期的トレンドフォローシステムよりはずっとたくさんの機会をとらえます。それを開発したのは、最初のプログラムとはタイプが違っていて、ある意味でその埋め合わせをしてくれるからです。利益を上げる時期は、最初のものと変わりません。やはり、長期トレンドに乗っているときなんです。でも、それは休んでいる時間がずっと長くて、その分打撃を和らげてくれるのです。

使っているのは、この二つのプログラムだけです。両方とも同じ方法で分散化しています。一〇%を実際の商品、九〇%を金融商品に振り向けています。

昔、モデルを開発した時期のことを聞かせてください。

私はその二つのモデルを作り、一体化してポートフォリオの運用に使いました。当時は、毎日の調整をするのに大型コンピューターを動かしていました。それに乗せて動かしていましたが、結果には満足できました。しかし、ギャンブラーの破滅パターンを考えると、十分な資金を用意しておく必要がありました。資産の急減は予想できるし不可避のことなので、そのときにゲームからはじき飛ばされないようにしておく必要があったのです。はじき飛ばされなければ、プレーが続けられて、勝つチャンスは大きくなります。だから、手元資金をぶ厚くし、賭け金を少なめにして、毎日のプレーができなくなってしまうような事態を防ぎました。

そうした判断のために、何かこれだという方式を使っていますか。

標準偏差を組み込んだ統計尺度です。考えなくてはいけないのは、五標準偏差を超えるような事態が起きても、ゲームから放り出されないためには、どれだけの資金でスタートする必要があるかということです。そんなときにも踏みとどまって、また復帰したいのです。それがゲームのやり方というものです。どんなに気の遠くなるほどかすかな事態でも、市場の外に飛ばされてしまうようなことは避けたいのです。

つまり、全体的な見通しは良いけど、短期的には危険な要素がある。そのバランスをどうとるかということですね。

そのとおりです。一切を考えて私が出した結論は、ひとつのことを除いて完璧でした。構想どおりにトレードを始めるためには、二〇万ドルの資金が必要だったのです。でも、逆立ちしても、二〇万ドルの投資資金を用意することは不可能でした。それは目標とすべきことでした。貯金をかき集めて、それを運用し増やす——いや、そんなわけにはいきませんでした。スタートの時点で二〇万ドルが必要だったのです。二～三〇〇〇ドル集めるのも無理な状況でした。

だから、また製図版の前に戻るか、それとも……そこで、かなりうまくいきそうな案を思いつきました。投機資金が二〇万ドルあって、私の性格や研究のことも知っている知人が五人ほどいるではないか、というわけです。自分の考え出した計画を聞いてもらえるのは確かでした。皆のみ込みの良い人たちでした。五人のうち何人かは、イエスと言ってくれるはずでした。

聞いて驚かれるかもしれませんが、全員がノーと言ったのです（笑）。

自分の方法を全部明かしたのですか。

肝心な部分は話しませんでしたが、結果については説明しました。それでも、全員がノーです。たぶん、それまで私にそうした経験がまったくなかったからなのでしょう。しかし、私はそのときまでに、経験のないことを山ほどしてきていたのです。

そのとき、面白い話がありました。五人のうちのひとりは、テクニカル分析にもコンピューターにも詳しい男でした。彼は投資信託の調査の仕事をしていて、私の手伝いをするかたわら、自分の個人的な客のためにトレードもしていました。彼にいろいろ言われたなかに、こんなことがありました。「いいかい、そんなふうに（高）リターンが約束できるなんて、人に言える根拠がないんだよ」。私は、「ただ研究の結果を話していただけなんだよ」と答えました。「そりゃ分かるが、何か実際の成果がなくてはね」。「嘘は言わないさ。事実なんだから、将来の結果とは違う数字なんです、などとは言えないんだよ」。「分かった分かった。でも、どうしたって苦労するね」と彼。

結局、彼はこう言いました。「六カ月分のシグナルをくれないか。その結果を見させてもらおう。私たちには資金がたっぷりある。もし良い結果が出れば、それでよし。一枚乗せてもらおう」

そのころ、私の上司がパートナーシップを設立したらどうかと助言してくれました。「思いつくかぎりの同僚とか、家族とか、友だちとかの所へ行くんだ。そしたら、二〇万ドルくらいかき集められるんじゃないか」

そこで、小さなパートナーシップの（設立趣意書）をこしらえて、二週間のうちに一〇万ドル集めました。その後、最初の五人のひとりから電話をもらいました。「ビル、例の話をもうちょっと聞きたいんだが、資料を全部そろえて、飛行機に飛び乗って話しに来てくれないか」、と言うのです。私はそのとおりにしました。

社長室に案内されました。紹介のあと、二時間話をしました。社長は、「今日のこの市場で、君のシステムだったらどうするかね」と聞いてきました。私は資料のページをめくって、説明をしました。それから、「じゃあ、この日ならどうだ。これとこれはどれくらいの期間保有していた？」という質問。私はもちろん、システムがとる行動について説明することができました。

言うまでもなく、社長は、自分にとって重要な時間枠と出来事について尋ねていたのです。でも、わたしには、その意味が分かりませんでした。最後に社長はこう言いました。「当社としては興味が持てそうだ。どうやって先に進めるつもりだ？」。「最初にこの計画を実現しようとしたとき、話を持ちかけた相手のひとりがあなたでした。そのときノーと言われたので、今は パートナーシップを設立しようとしています。資金はまだ半分しか集まっていません。だから、もし一〇万ドルをパートナーシップに投資してくださるつもりがおありなら、私たちは、週末までには運用を始めることができます」と私は言った。「だが、当社単独の口座でやることもできるのではないだろうか」。「もちろんです。……（笑）……できますとも。何も問題ありません」。彼は、「考えさせてくれ。君が戻ったあとで連絡を入れよう」と言いました。

数日後、電話があって、「この前の話のとおり、当社単独の口座でトレードしてほしい」と言われました。もちろん、とやかく言う筋合いはありませんでした。なんといっても、それは当時世界で二番目に大きいブローカーでした。ハインホールド・コモディティ社だったのです。

私が知らなくて彼らが知っていたことがありました。それは、私がしようとしていたことをすでに数人の連中がやっていて、大きな成果を上げていたということでした。なかには、自分の取引をハインホールドの帳簿上で処理している者もいました。そして、それは初めて、だれもが儲かる取引になりました。客も、ブローカーも、顧問業者も皆儲けました。以前にはなかったことでした。ブローカーは、例外なく客から搾り取って破滅させていたのです。

ハインホールド社は、ほかのトレーダーとS1登録をした最初の会社になりました。その四～五年後、同社は革新的といってもいいことを始めました。三〇〇〇万ドルの先物ファンドです。その時点では空前の規模でした。

その間、私の私的パートナーシップには、ハインホールド社が顧客になったという評判が立ちました。おかげで、資金が一三万七〇〇〇ドルまで増えました。「だいたい十分じゃないか。さあ始めよう」と私は言いました。突如として私の肩には二つの口座があって、その運用を始めることになったわけです。一九七四年一〇月のことでした。それ以後、私たちは後戻りしたことはありません。

苦しんだ揚げ句とまでは言わないにしても、回り道してやっとメカニカルトレードにたどり着く人が大勢います。どうしてなのか、あるいはどんなときにそうなるのか、説明してもらえますか。あなたはずいぶん早く、それが成功への最高の近道だと気づいたのですよね。自然科学の教育を受けたことが関係ありますか。

そのとおりです。当時も今も、まず例外なく、私のような研究をする人は科学と工学の教育を受けています。自分のアイデアを検証してみることができると知っているのです。

私の市場分析アプローチを使う人で、経営や経済の教育を受けた人はほとんどいません。ランダムウォークとか効率的市場仮説とかを教え込まれているせいです。経済学者たちは、過去の研究から価値のあることは何も学べないのだ、ということを証明しようとしました。私は手の込んだことをしなくても、チャートを見ただけで分かったのです。「ランダムなんかじゃない。閉鎖容器の中の理想気体とは様子が違う。ランダム運動は実験室で見たことがあるが、こいつはそれと違う！」ってね。ランダムじゃないとすれば、何か学べることがあるわけです。

システムについての着想は、頭と体を使うくらいで、ほかにコストなしに確かめることができます。市場に行って、お金を危険にさらす必要はありません。古い数字をインプットに使うのでなければ、その数字でゲームをすることができるのです。

損が出たとき、通常起こる範囲内のものなのか、それをはるかに通り越して、システムの再検討を迫るものなのか、どうやって決めるのですか。

そうですね。そのドローダウンが過去の最悪の例ほどでなかったら、過去の経験から言って、そんなときに退くのは、特にしてはいけないことだと分かっています。それほどひどくなかったら、それがどんなに素晴らしい投資機会に変わるかということ以外、考えてはいけないのです。

もちろん、今では私たちも、二八年半の経験を重ねてきています。始めたころのたった一年半の経験とは違います。その経験を超えそうか、超えてしまった場合ですよね？　それがどれだけなら、何か決定的にまずい、と考えることになるのか。もしも、何かまずいという結論を出すとしたら、たぶん損失だけの問題ではないですね。原因をひとつひとつ調べて、その特性を超えたことが起きてるのかどうか突き止めることになるでしょう。市場がまったく変わってしまったのか、それともさまざまの市場を扱う私たちのモデルが変わってしまったのか、ということです。でも、実際にはそんなことは起きませんでした。

始める前から、いつ退くのかを決めるのは、とても難しいことです。お客のなかには、口座の損失が二五％を超えると、相談もなしに、「もうやめる」と決めてしまう人たちがいます。決める前に私たちに言わないのは、私が別のことを彼らに言ってるからなんです。私は最初の時点で、「損失が一時的に五〇％になる時期もあることを覚悟しておいてください」と言うのです。私としては、もし二五％の損失リスクが嫌なのなら、そう言ってほしいのです。そうすれば、「分かりました。あなたのリスクを半分に減らしましょう。ただ、リターンも半分になります。そうすれば、二五％損することはまずないでしょう」ということになります。でも、彼らは考えが足りないのか、欲張りなのか、どちらかなんでしょう。自分で物事を決めたかったんですね。私たちを雇っているのに。どうして手助けを求めようとしないのでしょうね。

それが望みだと分かっていれば、そういう損失が起きないようにすることができます。でも、要求が矛盾してるんです。目いっぱい儲けたいと思う一方で、私たちが過去数回経験したような損失に耐えるのが嫌なんです。ということは、結局、私たちの方法でプレーすべきではないということなんですね。

それはしょっちゅう起きることですか。それとも、そういう客はめったにいないのか。どちらですか。

お客が損するのはごくごくまれなことです。私たちのは長期的な取引だと説明するのですが、だいたい全員が理解して、受け入れてくれています。「投資するのは余裕資金にしてください。五年以上動かす必要のないお金とか」と、お願いするのです。苦しい時期もありますが、いずれは良くなります、と説明します。そして、「それでいいでしょうか。もしお嫌なら、やめたほうがいいでしょう」と言います。

期待収益率を客に説明しますか。

過去のパフォーマンスについて全部の情報を教えます。五年以上の期間で見た長期的成果は二〇％を超えています。複利で年利二〇％の純益だったら、申し分なく標準に達しているはずです。それが私たちの実績です。もっと言えば、税金以外を全部除いた純益で二三％以上の複利を達成しているのです。

私たちは、方針に合わない人は最初から入れないように、非常に気を使っています。ですから、そういう人は入っていません。私たちに黙ってこっそり損失レベルを決めたりするような例は、ほとんどありません。事情が分かっていれば、私たちも、将来三年間の損の可能性を一〇％とか二〇％とか、あるいは八〇％にだってできますよ、と助言します。「相場の底で抜け出すことになるのですが、本当にそうしたいんですか」とかもね。

自信がぐらつくようなひどい損を経験したことがありますか。

変更が必要になるようなことは何もなかったですね。

まったく経験もなしに始めた最初のころは、我慢できるリスクレベルとして二五％の損失を想定していました。それをあとで五〇％にしました。その一年ちょっとあと、一九七六年前半のことですが、本当にひどい相場にぶつかりました。二五％も損する月が続いたのです。ピーク時と比べて、資産が五二％ほどダウンしたと思います。現在までの経歴のなかでも最悪の崖っぷちに立っていたわけです。そのときは動揺しましたね。ひどい状態がずっと続いたので、びっくりしたのです。それでも変更は、一切しませんでした。その後は結局一年くらい、一本調子でパフォーマンスが上昇することになりました。

システムポートフォリオを組むことによって、単独では大した成果が上がらないシステムを大幅に改善することができますか。個々の部分を合わせたよりも、全体のほうが価値が高くなる、というようなことがありますか。

確かに！　それこそ現代のポートフォリオ理論です。二種類の商品があって、両方がだいたい同程度の収益率だったとしましょう。その一方で、収益の時期が違っていて、両方の相関が〇・五とか〇・四とか〇・三といった中位のものだったとします。その二つを半々ずつ持っていたとすると、収益率が平均程度なら、リスクを相当低くすることができます。あるいは、リスクが単独の場合と同じくらい高くてよいのなら、収益率を一〇～二〇％アップすることができます。

一方、完全に相関していたとすれば、二つをプレーする意味はありません。平均の良いほうだけにすればいいわけです。でも、完全な相関ということはまずありません。高いか低いかの中間ぐらいなのです。

私たちのポートフォリオは、S&P、債券指数、ラッセル五〇〇〇指数、不動産、そのほかトレードに向いたどんな商品をとってみても、相関がゼロになります。個々の商品とは別種のポートフォリオなんです。買いも売りも手掛けます。まったく特別なトレードをするのです。どんな相関も持たないように作ってあって、実際もそうなっています。

だれかのポートフォリオとの相関がゼロというのは、非常に大きな強みです。通常は、ほかの人のポートフォリオ運用との間に、もっと高い収益率の相関がありますｏそうじゃないからこそ、私たちは、リスクを大幅に低くできて、リターンを増やせるのです。私たちの大口クライアントは機関投資家です。間違いなく、私たち以外のトレードプログラムも使っているはずです。そんな大勢のなかで、私たちは高い価値のあるものを提供しています。それは、私たちのプログラムがほかのとは相関がないからです。

あなたのシステムは、すべての市場を通して同じように動くのですか。

ある意味で私たちの戦略はいつも変わりません。でも、各市場の特殊性は考慮します。基本戦略は同じでも、場合によって違ったパラメーターを使うのです。その結果、トレードの回数が変わってきたりします。

私たちは、少なくとも年に一回、一二カ月分のデータを追加して、研究結果の更新をしてきました。データが増えるたびに微調整を図ります。でも、ほんのちょっとした変更なので、私たち以外にはその違いが分かりません。変更を加えるのは、ポートフォリオを組み立てて、そのなかのさまざまな先物市場にリスクを配分する規則やモデルです。ポートフォリオはたえず発展してきているのですが、変えるのは、もっと良いアイデアを思いついたときだけです。

モデルの見直しをすると、ときどき気がつくことがあります。ある問題について、以前に二つ三つ有力な解決法があったとします。今でもやはり、解決法が二つ三つあるんですが――たいてい以前と同じものです――、ただ、そのうちのひとつがはっきりとほかよりも優れていると分かるのです。そのひとつを、次の年に使うことにしています。

つまり、一年に一回再最適化をしているわけですね。

そうです。最小限ですが。そのときに得られる情報が多いのは、良い相場ではなく悪い相場です。うまくいかない時期を調べれば、問題の解決策を選ぶのに一番役に立ってくれます。

どれくらいの量のデータを調べますか。

満足できるような量のデータがありません。

どんなモデルを使う場合でも、個々のアイデアにとって都合の良い時期というのがあって、その時期は市場によって違っています。同じ時期に、ある市場グループは、あるコンセプトと相性が良く、利益も上がる。でも、ほかのコンセプトとは相性が悪い、ということがあるのです。安全にやるとしたら、たくさんの多種多様な動きが含まれている市場を長期的に調べる必要があります。そうすれば、素晴らしい見かけに惑わされて、一部の市場だけにこだわってしまうこともなくなるはずです。そんなことをすると、ほかの機会にはいつもやられることになりますからね。

なるべく錯覚に陥らないように、私たちは十分な期間の十分な量のトレードを調べます。以前は最も少ない場合、五年のデータを使っていたこともありました。今ではデータも増えたので、一二～一五年くらいです。

私たちが求めるのは十分な堅牢性です。ある市場について見たとき、期間全体でも、過去のどんな期間でもパフォーマンスが良いということなんです。そんなふうにして、錯覚に陥らないようにしているわけです。

最終的にポートフォリオを組んで、そのあと長い期間にわたって運用すると、いろいろなことがたくさん起きます。株式市場の暴落、戦争、内戦や紛争、激しい選挙戦――そうした出来事をくぐり抜けながら運用して、そして成果がどうなっているかを見るわけです。パフォーマンスが上がった、あるいは下がったというときに、その原因となった世界的事件を挙げることができるでしょうか。私たちの考えでは、できません。だからこそ堅牢さを求めるのです。

市場の日常的な動きのなかで、特別な注意が必要なこととしては、ほかに何かありますか。

市場によっては、だんだんと商いが細ってきて、出来高の条件を満たせなくて、トレードができなくなることがあります。逆に、新規市場がいきなりひどく活発になることもあります。そんなときは、その市場を加えるかどうかが問題になります。

一九七四年の運用開始から一九八〇年代の初めまでは、圧倒的に農産物の先物をトレードしていました。八〇年代半ばか終わりくらいから、トレード資金全体の九〇％以上を金融先物に充てています。これはずっと新しい市場です。今では参加者も多く、流動性もずっと高くなっています。市場に影響を与えないで、資金の投入や引き上げができます。実際の商品市場ではそうはいきません。なぜかというと、ひとつには、建玉制限があるからです。もうひとつは、私たちのような額の資金の出し入れがあると、相場が影響を受けてしまうということです。

人生のなかに何かトレードと似ているものがありますか。あるいは、何か違っているものは？

モデルや、プログラムや、それにクライアントの点からいって、私たちのトレードはストレスがほとんどかかりません。それは、私たちが、外で起きている出来事に責任がないからです。責任があるのは、自分たちの研究とプログラム開発ですが、これは長い目で見れば、まず確実に成果を上げてくれます。債券を買ったり金を売ったりするとき、私たちは勇気をふり絞るような必要がありません。物事が失敗に終わっても、責任は市場にあって、モデルにはないからです。お天道様の下で新しいことはほとんど何もないのです。

現実の人生では、物事がうまくいったり失敗したりすると、たいてい「台無しにしちゃった」とか、「運が良かった」とか、「譲歩しないでまずかった？」などと言ったりします。大半の人は日常生活のなかで、しょっちゅう得意になったり打ちのめされたりしていますが、私たちは市場であまりそういうことを味わいません。私は良心のとがめを感じることなく帰宅しますし、毎月、クライアントに対してすべてを告白しています。

具体的には、資産配分はどうやって決定するのですか。

そうですね、非常に単純な考え方としては、「トレードする各商品の数量を同じにしてしまう」というやり方があります。でも、先物一枚の価格は、例えばユーロドルと大豆ではずいぶん違っていますから、そのやり方はあまり賢くないということになります。ひどくねじれた、当てずっぽうのシステムになってしまうのです。同じように単純でも、もっとましなのは、「トレードする個々の市場に、同じ分量のNAV（純資産価値）を割り当てる」という考え方です。これはやや気のきいたやり方です。でも、穀物が三枚、食肉が四枚、コーヒーが一枚ということになったとして、穀物がコーヒーの三倍、食肉がその四倍になる根拠は何なんでしょう？　それも大して賢い方法とは言えません。

私たちはもっと気のきいたやり方を使います。リスクを分散するもっと良い方法があると考えるわけです。この方法では、各種の先物同士のさまざまな相関を考慮に入れます。それを基にすれば、最大の分散化を図ることができるのです。それは全部検証することができますし、過去に十分満足できる結果が出ていれば、将来もたいていうまくいく、ということが分かっています。

もう少し言えば、いつもリスクプロファイルの目標を念頭に置いています。一カ月間で二〇％以上の損失を受ける確率が一％になるように、リスク調整したいと考えているのです。私たちには、これまでにおよそ三五〇カ月の歴史があります。そのなかで、実際に二〇％以上の損が出た月は五回でした。一％よりはやや多い数字ですが、十分、統計誤差の範囲内でしょう。

プログラムに反した行動をとったことがありますか。

七五～七六年、確かコーヒーの期近を売り建てていたときのことです。システムは、来週かその次の週に（逆転の）シグナルが出たら期近を決済して、別のシグナルで期先を手掛けるように、と指示していました。もしシグナルが出なければ、受渡し通知のまえに、期近から期先に乗り換えることになっていました。

中央アメリカが寒波に見舞われて、コーヒー価格の急騰が始まりました。買いのシグナルが出る一方で、まだ玉を売り建てたままの状態でした。期近には値幅制限がありませんでした。それは、現物市場と対応させて契約の決済ができるようにする必要があったからです。それに対して、期先には値幅制限があって、上も下もたぶん一日に七セントか八セントまででした。

期近は、そうした期先の値幅制限の二～三倍の価格まで値上がりしていましたが、私たちはすでに手仕舞っていました。だから、期先のシグナルをじっと待つという状態になっていました。でも、期先は制限いっぱいの七セント高か八セント高に張りついたままでした。期先に買いストップのシグナルが出たあと、六日か七日か八日間、ストップ高に張り付いたままでした。その間、商いは成立せず、実際のシグナルとはほど遠いところにありました。

私は、それは研究の想定をはるかに超えるリスクをとることになる、と判断しました。仕掛けるのはまずいと考え、静観したのです。やがて、それは値下がりに転じ、新たな売りシグナルが出ました。システムには従うべきだったかもしれません。飛び込むべきだったんでしょう。でも、私はすぐ先のリスクを再評価して、(リスクマネジメントモデルが)指示する取引を実行しませんでした。実行のためには、シグナルで取引できるというのが前提でしたが、それは不可能だと私には分かっていたのです(ストップ高に張りついた相場では、売り手が出てこないのです)。

そのとき以後、シグナルのあとでめったにない大幅な値動きがあったときでも、必ず新しい計算が即座にできるような方法を開発しました。その種のシグナルが出たら、その時点で、想定された以上のリスクがあると判断するわけです(そして、ポジションの量を減らす必要があると考えることになります)。

二番目の事例は、一九七九年末から一九八〇年初めにかけて起きました。私たちは、ハント社の連中に銀と金のトレードを任せていました。覚えておられるでしょうが、銀は結局一オンス当たり五〇ドル以上まで値上がりし、金も九〇〇ドルを超えました。一九八〇年の一月のことでした。

私たちには、期近を手仕舞って期先に乗り換えるときは、新規ポジションのリスクを計算し直す、という規則がありました。それが以前からの資産と大きく違っていたら、新たに計算したリスクに従ってポジションをとるのです。

私たちは高値圏のなかでその検討を行いました。結果は、一週間以内に手仕舞う必要が出てきそうだということになりました。私は「少し早めに動いたほうがよさそうだ」と言いました。そうすることになって、私たちはポジションを約八〇%減らしました。そのポジションをとってから三~四カ月がたっていました。それは天井知らずの状態で、リスクは大きく膨れ上がっていました。

そんなふうにして期近から期先に切り替え、同時にポジションを減らしたわけです。今や利益の大半はポケットに収まっていました。もはやテーブルの上の賭け金ではありませんでした。その後、売りのシグナルが出て、一オンス当たり八ドルか九ドルに下がるまで、銀を売り建てました。

これは正確にはシステム違反と言えません。現実に何日に乗り換えを実行するかについては、裁量の領域でした。でも、私はかなり意地悪く「これは危険すぎる。上がりすぎている。すぐに実行しよう」と言ったわけです。

これを別にすれば、この二八年半の間に勝手に動いた記憶はありませんね。

その点、間違いなくあなたは例外的ですね。最も忠実なメカニカルシステムの信奉者でも、経歴のどこかで重大な違反をした経験を持っています。

そしてよくあることですが、そうやって皆、仕事をたたむはめに追い込まれるのです。二～三回そんなことをやってみて、結果がそう悪くなければ、いい気分になります。だから、それを繰り返す。そして少したつと、完全に道に迷って、うまくいかなくなるのです。

普通の人にとって、システムに従うのがそんなに難しいのはどうしてでしょうか。

何よりも、学校とか普段の生活のなかでいろいろと教えられることと影響があるでしょう。将来の計画を立てなさいとか、原因と結果を見つけなさいとか、といったことですね。安いときに買って、値段が上がりすぎたときに売りなさい、とも教えられます。すると、そういうことはなんでも、やればできるんだと思い込むようになってしまうんです。自分は賢いんだ、と考えたがる癖がつくわけです。そんなことが皆関係してるんでしょうね。

二つ目としては、トレード担当者が自分で研究したことがないと、心のなかで十分な確信が持てないということがあります。モデルが今日これをしなさいと告げたことが、一〇年とか一五年間、全力で過去の研究を続けてきた結果だと理解できないのですね。「これが自分にできる最高のことなんだ。過去を見れば、現実的にも理論的にも損をした例は山ほどある。だから損は避けられない。でも、リスクマネジメントをすれば、けっしてそれで破滅することはない」――こんなふうに考えることが必要なんです。いつも正しいわけにはいかないという確信が大事です。自分の研究結果によれば、いつも正しいことはあり得ないと知るべきなんです。直接そうしたことを経験していないと、どうしても弱い立場に置かれることになります。

システムに従って流れに乗りなさい。そうすれば、道に迷わないですみます。

当社では、システムに従わないのなら辞めてもらうと社員に言っています。トレードをしているとき、どんな感じ方をしてもらっても、それは構わない。それは問題になりません。「その命令を実行するんだ。君の意見を聞いてるわけじゃない」ということなんです。

私がよく言うことですが、そうしたシグナルをウォール・ストリート・ジャーナルに載せたとしても、だれも従いません。その人が非常に賢くて、ずっとうまくやれるのか、研究をしたことがなくて単にその気になれないのか、そのどちらかです。当社と当社のポートフォリオにとって、それは正しいシグナルだし、ちょうどその時点で従う必要があるのですが、それが理解されないのです。

つまり、ブラックボックスのアイデアはどうしても受け入れられないということですね。

そうです。ブラックボックスを自分で作った人でないとね。

まだ研究に携わっていますか。

はい。新しいアイデアの評価を手伝っています。

それは微調整ということですか。二八年間、大きな変更はしていないというお話でしたよね。

そうです。でも、面倒を見る必要はあるんです。調べていることのひとつは、ブラックマンデーのような極端な状況の問題です。いったん起きると、市場の動きやその様子が、あっという間に――わずかな日にちや、時には何時間かで――一変するような出来事があります。私たちは激しいボラティリティや変化をたくさん経験してきて、それに対処するリスクマネジメントを組み込んでいますが、それでも、もっとうまくやりたいと考えています。ちょうどこれで一年間、集中的に検討して、プログラムに取り組んでいます。将来のリスクマネジメントがもっとうまくできるかどうか、実験的に確かめるツールも持っています。まだ研究段階なんですが。これは認めなければならないことですが、だいたいの研究中のものは具体的な改善にまでつながりません。研究に時間がかかるせいです。それに、今のパフォーマンスがそんなに悪くないということもあります。

検討中のコンセプトはとても難しいものです。そのコンセプトを実現できた例を私はまだ知りません。でも、完成したら、間違いなく素晴らしいものになるはずです。リスクを抑え、収益率を上げるというのは、とても素敵なことです。それができるかどうか分かりませんし、実を言えば、かなり悲観的になっています。でも、やってみなければ何とも言えないし、数カ月たてば、正しい方向に進んでいるかどうかはっきりします。

私は、研究内容や研究の進め方を決めるのに深くかかわっています。また、結果の評価や、既存クライアントのためにその結果をどの程度取り入れるかという判断にもかかわっています。プログラミングや研究そのものは、もうやっていません。そのためのスタッフがいますからね。息子（ダニエル、ダン社の執行副社長）が私の仕事を引き継ぐことになっています。たぶん、二～四年後にはそうなって、私は引退しているでしょう。

そのとき、どんな感じがするでしょうね？

ほっとすると思いますね。

アイデアを検討してみたいという気になるでしょうか。それが習慣になってしまっているのではありませんか。

どうでしょうか。たぶん、もう一度トライすることはないでしょう。

■参考文献

『規律とトレンドフォロー売買』（パンローリング）
『トレンドフォロー白書』（パンローリング）
『システムトレード 検証と実践』（パンローリング）
『トレンドフォロー大全』（パンローリング）

トム・ウィリス

Tom Willis

「システムにかかわったときに、一番大きな課題となるのは、それを信頼することです」

トム・ウィリスは鋭い相場勘に恵まれている。これは、通常のメカニカルシステム投機家には欠けている特徴である。師匠でもあり友人でもあるリチャード・デニスとともに、小規模で流動性の乏しいミッドアメリカ商品取引所の市場においても、並はずれたトレーダーならば、少額の元手から大金を稼げることを、トムは示した。

トムの生まれつきの才能はシステムとは相反するものだが、それでも本書に登場するのは、トムの見解が常にトレーダー志望者に歓迎されているからである。

さらに、そのほかに理由が二つある。一つは、トムは両方の方法でトレードしてきたが、それでも確かにメカニカルトレードアプローチの信奉者だということである。二番目は、裁量トレードを続けてきたとしても、トムは全体を統合する仕方を含めて、トレードのさまざまな面でいつもメカニカルな方法をとってきたということである。

「私は、自分のアプローチをほとんど野球の打率のようなものにしてしまいました」とトムは以前のインタビューで述べている。メカニカルシステムの専門家と同様、彼は、自分の優位性がどこにあるか突き止めるために、過去のデータを使った厳密な検証を行った。これは、例えば純粋なスキャルピング能力のように、正体不明の優位性とは対極をなすものである。その検証は総合的なもので、一種のビジネスプランと言ってもいいようなものであった。

トムはこう語る。「私はよく、自分が一日に行う予定のトレード回数に、ピットでの優位性――買い気配値と売り気配値との差――をかけたものです。そして、出た数字を二で割ります。二で割るのは、相場の参加者たちは、正しいときと間違っているときが半々だったからです。その翌朝、私の書く報告書には、こうして得た数字のプラスマイナス一〇％内に入る成績が載ったものです」

トムはきっちりと計画を立てて個々のトレードを行う。一定の状況のなかで、明確な根拠に基づいて利益や損失を確定するのである。二％の利益が出るトレードを年平均一〇回行う、という計画を立てたとしても、棚ボタで転がり込んできた四％の利益をさっさと確定してしまうことだってある。インタビューのなかでも説明しているが、これはトム自身にとって理にかなったことなのである。たとえ、それが場合によっては信頼に足る方法に反し、結果的に確定が早すぎることになることがあるとしても、である。

トムのテクニックは必要によって磨き上げられたものだった。ミッドアメリカ商品取引所の副次的なミニ商品は出来高が大きくなかった。そこでトムは、手に入らない「深さ」の代わりに、市場の「広さ」（つまり分散）を活用する方法を身につけた。時にはスキャルピングも行った。だが、その厚みのない環境のなかで生き延びるためには、先を読む才能に頼ることが必要だと悟っていた。だからトムはポジショントレードを行った。やはりそれは、自分の研究によって決められた方法に従うものだった。

要するに、トムはシステムを重視し、厳密なメカニカルアプローチに深く通じている。だからこそ、「直感トレード」よりもメカニカルアプローチのほうが好ましいという発言が出てくる。この点で、トムはかなり珍しいタイプに属する。個人として、あるいはファンドマネジャーとして成功できたのも裁量トレードのおかげなのに、自分個人の見方を排除できたら、もっとうまくやれたのにと主張しているからである。

このことは、メカニカル擁護派にとって強力で有効な証明になっている。メカニカル派の通説では、苦労しないと、あるいは破産まで経験しないと、人は感情抜きのトレードの光明を見いだせないという。だが、トムは成功しながら、そうした境地に到達できた人物ということになる。トムの例は必ずしも望ましい証明とは言えないかもしれない。ただ、広い範囲から賛同の声を集めようというのであれば、メカニカル派にとって頼もしい味方だと言える。

トムのトレードスタイルの中心は、市場の相対的な強さをどう判断するかである。ある商品グループ、例えば穀物類を買いたいと考えたとき、トムはほかをアウトパフォームしている商品を選ぶ。時にはその結果として、ほかの同類商品ほど極端に、あるいは急激に下落していない商品を買うことになる場合もある。例えば、大豆がストップ安になっているのに、一・五セント安のトウモロコシを買い付けたりするのである。こうした手法を使う場合、主要な高値や主要な安値から少し戻したところで仕掛けることも出てくる。これはたいてい非常にきついトレードとなる。ほとんどのメカニカルアプローチは、ほぼそれとは逆の手法、つまりモメンタム手法（トレンドフォロー手法）を使っている。「天井や底で仕掛けるときは、完全に裁量でやります」とトムは語っている。

トムはミッドアメリカ商品取引所の会員権を一九七一年に買った。その四年後、スキャルピングとポジショントレードとレラティブストレングスを組み合わせて資産を増やしたトムは、CBOT（シカゴ商品取引所）の完全会員権を取得することができた。一九八〇年代初めには、富と名声を手に入れ、資金の運用を頼まれるようになった。トムは幼なじみのボブ・ジェンキンズに声をかけ、パートナーとして迎え入れた。二人は黎明期の商品取引ファンドのひとつを開始した。

そのウィリス＝ジェンキンズ・フロアトレーダーズ先物ファンドは五年間続いたが、その間、成績順位でほぼトップの座を守り続けた。皮肉なことに、おそらくその高リターンのせいで、結局ファンドは解散することになった。四半期に一度も損失を出さず、五年以下で純資産価値を一〇〇〇ドルから四〇〇〇ドルに増やした結果、ファンドへの投資家は、二ケタのリターンが当たり前と見るようになった。一九八六年の終わりごろ、同ファンドの資産はとうとう八％のドローダウンを喫してしまった。そして、資金を減らす会員や、全額を引き上げる会員も出てきた。トムによれば、その年ファンドは二三％の増益で終わった。しかし、ピーク時の三〇％という数字から見れば、それも色あせた結果でしかなかった。

二回目のウィリス＝ジェンキンズ・ファンドも、九〇年代後半の株式市場バブルの時期にも、似たような状況に直面した。一九九六年に運用を開始した一〇〇万ドルのファンドは、四年後には一五〇万ドルになった。だが、それでも、「あんたら、いったいどうしたんだ。オレならそのくらい一日で稼げるぞ」というような電話が続いた。ドットコム・フィーバーが吹き荒れていたのだ。

二回の経験でつらい目に遭ったにもかかわらず、トムは新しいファンドの立ち上げを計画している。今回の仲間は二五歳になる息子のトムである。息子のトム（ミドルネームが違うのでジュニアとは呼べない）はレークフォレスト大学の経済学部を卒業している。現在全力で取り組んでいるのはシステム開発である。正確には、たぶん多面的トレーディングモデルの構築ということになるのだろう。父親のトムはその秘密を漏らさないようにと慎重である。ただ、そのルールが、総じて彼自身の市場経験の諸側面を反映したものになるということは認めている。

ウィリス親子は自己宣伝する必要などないだろう。何といっても、ベテランのトムはしかるべきプレーヤーと十分なコネがあるのだ。前二回の試みと違って、今回のセールスポイントは、プログラムがメカニカルだというところにある。

これまでの研究とシステム開発の経緯について聞かせてください。

ウィリス＝ジェンキンズの時代に徹底的な研究をしました。コンピューターを使いまくりました。やっていたのはほとんど、私たちなりに相場をとらえて、「もしこうなら」という仮定をいろいろ立てることでした。その結果として、買いや売りのシグナルを出すトレーディングモデルを作り上げました。

私たちは裁量型のトレーダーとみなされていました。頭にピストルを突きつけられているようには、シグナルを受け取らなかったのです。ジェンキンズは、「頭を使うのを最初からやめてしまう手はない」とよく言っていました。私たちのアプローチは、方向を示すモデルを使うものでした。相場が強かったり弱かったりするときに、それに対応した買いや売りのシグナルに従いました。そして、副次的だと考えた強気や弱気のシグナルは無視しました。私たちはもともとフロアトレーダー出身で、スタイルもアプローチもそれに見合ったものでした。それで良かったと思います。たぶん、ほかのやり方はできなかったでしょうから。フロアトレーダーのときの評判で客が集まったのです。運用実績が負けることはないと思われていました。私たちそのとおりの結果でした。

つまり、サヤ取りはしないで、商品指数の強気や弱気に合わせるようにして、必ずアウトライトのポジションをとろうとしていたということですね。条件に合わないシグナルは無視したのですね。

そのとおりです。それは結局悪い考えではありませんでした。なんといっても、仕事を始めてからずっと、四半期で損をしたことはなかったのですから。でも、裁量でやるためには、毎日相場に参加して決定を下さなければなりません。間違えれば、感情的なダメージを食らいます。

メカニカルアプローチの強みはそこにあると思います。アプローチがうまくいかないときは、いわばアプローチを責めればいいのです。「これはまさに予測どおりのことなんだ。トレードの何パーセントかはうまくいかないに決まっている。ちょうどこれがそれなんだ」と言ってね。そして、次のトレードに大いに期待すればいいわけです。

人間の心とメカニカルシステムアプローチはどの程度両立するものでしょうか。

私が目撃した一番すごい例は、リチャード・デニスがやってのけたことでした。それは、ここ六～七年の間のことで、円が確か一〇円ほど値上がりしたときのことでした。リッチは買いに入っていました。たぶんこのことを明かしても彼は気にしないでしょう。ともかく彼のことを褒めているわけで、どれだけ人間の心を抑えられるかを示している例なんですから。

あなたにも聞きたいのですが、円を買い持ちしていて、一日で二円七五銭値上がりしたとします。このとき、四円値上がりする見込みがあると思いますか。私は、あまりないと思いますね。次の日に二円七五銭上がるずっと前に、手仕舞ってしまうでしょうね。自分のことはよく分かっているんです。私は二％のトレードを年に一〇回したいと考えています。場合によっては、二％の利益のつもりが、五％のマイナスで終わることだってあるでしょう。でも、一五回のトレードのうち、平均して勝ちが一〇回で負けが二回といった具合になればいいわけです。一％ほどのドローダウンを喫しても、立会日が二〇日もあれば取り戻せるはずです。一億ドルをそんなふうにトレードしたいと考えているのです。

だから、私なら二円七五銭にまで届かないうちに円を売ります。なんといっても、それが私のやり方なんです。二％が目標なのに、四％まで行ったんです。それで十分じゃないですか。二回分完了、残りは八回、というわけです。ところが、リッチは二円七五銭をパスしただけではなかったんです。いいですか、円が四円も値上がりするのなんて、私は見たこともなかったんです。それなのに、リッチは二円七五銭だけでなく、五円七五銭だってパスしたんです。八円七五銭になってもパスなんです！　私の知るかぎり、一部を売るようなこともしませんでした。円は九円高か、一〇円高で引けたと記憶しています。次の日は確か一円五〇銭高で寄り付いたはずです。それから二日の間に、彼は買い増しをしてるんです。すごいことです。本当にすごい。到底まねできません。

三円値上がりしたら、私なら、その夜帰宅しながら、次の日どれくらい取り返されることになるか、なんて考えてしまうでしょうね。二時の引けのあとからずっと、おそらく相場からして何の根拠もない恐れを抱き続けることになるでしょう。だとしても、トレードでどう振る舞うかをコントロールすることなんてできないんです。九九％の人は、三円までだってついて行けないでしょう。三円なら、私もできます。でも七円なんてとてもとても。そこまで持ちこたえるなんて、人間ワザではありません。人間の限界を超えています。

だれもが自分は素晴らしいトレードをしたと語ります。一円かそこら稼いだと言うのです。私が感じるのは、リッチのしたことが、見たこともないほどすごいワザだったということです。どうやれば、最後の七円を絞り取れるというのでしょうか。どれだけ強い心が必要なのでしょうか。自分のメカニカルアプローチにどれほどの確信が必要なのでしょうか。

ところで、私自身はどれほど人間としての心を抑えられるでしょうか。自分のトレード手法の範囲内で、できるかぎり人間的要素を取り除くことはできると思っています。私は型に合わせたシステムを作り上げました。結果を最適化するという普通の意味で言っているのではありません。自分の心理、自分の現状に合わせるという意味です。ポジションの半分を利益確定してしまうという点では、私も人間的要素に捕われています。でも、さずかり物と考えて半分は手をつけません。その程度には、システムに従えると思います。もちろん、リッチなら、そうしたさずかり物のためにこそプレーしてるんだ、というでしょうが。確かにそれが正しいんでしょう。

メカニカルアプローチに全面的に従うのが難しかった例がほかにありますか。

マクロトレンドに乗っているときには、ときどき問題が起こります。何もかもが同じ方向に動いているからです。一番最近の例としては、（間近にイラクとの）戦争を控えたときのことがあります。債券が上がり、株が下がり、ドルが下がり、ユーロが上がり、銅が下がりました。「何で銅が？」と思うでしょうが、全部相関しているのです。で、人間的要素の話に戻れば、そういう事態に我慢できるか、ということなんです。結局のところ、五つの違った方法があっても、やってるのは同じ一つのトレードなんです。

メカニカルな方法から出てくる冷たい数字に従ってはいけない例として、ほかに何かありますか。

昔はコンピューターにたくさん質問を与えて、どんどん答えを出させる傾向がありました。一〇万ドルを元手に二〇回トレードして二万ドルの利益を上げたとします。「すごい」と感じます。でも、よく調べてみると、円を八六円で買って、次の日に八三円五〇銭で売って、また八六円で買い直していたことを発見します。そのあとで、九六円まで値上がりしているんです。

もう一回その二日間のことを言えば、円を八六円で買い、二円五〇銭下げたところで手仕舞っているわけです。完全な間違いでした。そして、二日後に同じ値段で買い直すはめになったんです。私は「仕方ないさ」と考えて、また仕掛け直したわけです。なぜでしょうか。頭が空っぽだったのでしょうか。血が流れていなかったからでしょうか（笑）。

どうやってそういうことを避けたらいいのでしょうか。

ひとつの方法としては、人を四万ドルで雇ってこう言うのです。「コンピューターの言うとおりにやるんだ。さもなきゃクビだ」とね。それがイライラしないですむひとつのやり方ですね。

ボブ（・ジェンキンズ）と私がよく冗談で言ったことですが、価格情報が一〇分遅れだったら、もっとうまくやれるかもしれません。なにより、リアルタイムの情報料として大きな費用をかけなくてすむのですから。そんな情報がどれほど役に立つのか、分かりませんからね。一〇分遅れなら、そんなデータが基になっていると感じることで、衝動的なトレードは最小限に抑えられるでしょう。「ちょっと待てよ、この情報は一〇分遅れてるんだ」と考えてね。

次のように考えたら、皆もっとうまくやれると思いますね。「私のアプローチでは、緑か赤か（つまり買いか売りか）どちらかだ。そして、リトレースメント（押しや戻り）の範囲内にあるときに限る。値段がこの決まった領域に入らなければならない。以上の条件がそろったら、パターン認識上の安値を買うリスクをとってもよい。高値なら、売りのリスクをとってもよい」

そう決めたあとで、何があってもコンピューターの電源を切るのです。でなければ、「コンピューターを動かすのは一時間に一回だけ」という規則を立てます。そうすれば、かなりの問題が解決できるでしょう。

もし私があなたのように、システムの要求が度を超えた時点を見分けることができるとしたら、初めからシステムなど使わないで、直接自分の力で相場判断を行おうとするでしょう。システムというものは完全ではありません。システムのせいで、有能な直感トレーダーなら避けられるはずの苦境に追い込まれることだってあります。なのに、どうしてあなたは、システム

トレードにさらに深入りしようとしているのですか。

ファンドマネジャーとしての観点から言えば、投資家はシステム的なアプローチを望んでいるんです。裁量で行うトレーダーを大して信用していないのが現状です。もともとトレンドフォローのシステムに欠陥があって損が出たとしても、投資家のところへ行って、こんなふうに言えばすむんです。「適切な注意を払いました。最善を尽くしました。過去のパフォーマンスについても説明しました（と言い訳たらたら）。結果的にうまくいかなかったのです」

今、ファンドのアロケーターは、裁量の口座に資金投下して、それが破綻する事態を恐れているのだと思います。配分先が一〇％の損失を出すことは受け入れられるでしょう。でも九〇％の損を出して事実上破綻することには耐えられません。顧客が押しかけて来て、「システムさえ持っていないような相手にどうして資金を与えたのか」と言われますからね。

個人的に言えば、私はトレード回数や、トレードの決断回数を増やしたいとは思いません。以前、裁量を看板にした会社をやっていて、山ほど決断を下したので、うんざりしたんですね。たぶんその反動なんでしょう。裁量のアプローチしか知らなかったわけですから、そのときは役に立ってくれたと思います。でも、それは正解ではありませんでした。正解に従わないのに、大金を稼ぐことなんてできるでしょうか。当然無理です。でも、私たちは何かをつかんだと思い、その結果、資金を賭けて相場で戦うことになりました。私たちは結局利益を手にしましたが、確定の時期が早すぎました。実際よりもっと稼げたはずでした。

それはともかく、へとへとに疲れるような決断が毎日続きました。振り返ってみれば、一九八二年六月から一九八七年九月――もしかしたら一九八八年九月だったかも――までのウィリス＝ジェンキンズのパフォーマンスは、本当に魅力的なものでした。はっきり言わせてもらえば、そのころ、私たち以上のパフォーマンスを上げたところはなかったんじゃないかと思います。「どうして五億ドルほど運用しないのですか」と聞かれたこともありました。でも、リスクの大きさと比較して、利益が十分だったかどうか問題にする方法もあります。その点では、一番だったとは言えないと思います。

何が問題だったのでしょうか。普通のトレード会社に比べて、私たちは一〇倍ほど決断の回数が多かったと思います。それで疲れ切ってしまいました。たいていは間違えたからです。決断は普通感情任せで、ときには怒り任せだったこともあります。私たちが望んだのは、ある意味で、自分が正しくてほかの皆が間違っていてほしいということでした。天井と大底を取ったこともあります。そんなときは、世界を出し抜いたような気分になります。うまくいかないこともありました。いったんは出し抜いたようにみえても、実はそうでなかったということもあったのです。天井で売って、一日半の間はそれが正解でも、三日目以降は間違いだったということもあったわけです。

普通のファンドが（投資資金）一〇〇万ドル当たりにして、年に一〇〇〇回か二〇〇〇回のトレードをこなしたら、通常のトレンドフォロー型としては平均といったところでしょう。最初の二年間、私たちは年に一万六〇〇〇回から一万七〇〇〇回のトレードをしました。あとになって減らしましたが。

理由は、レバレッジが高かったということではありません。確かに、レバレッジは利かしていましたが。私たちは一〇万ドル当たり三枚か四枚の債券トレードをしていました。普通のグループは二枚でしたし、なかには一枚というところもありました。でも、量が多かった本当の理由は決断の回数でした。おそらくこの世界には、決断できる回数に定めがあるのでしょう。私たちは二〇年分を六年でやってしまったんです。

ファンドの最後あたりの状況について聞かせてください。

市場が変わったとき、私たちはいわばその最先端にいました。市場が大きくなったのです。「大きく」というのは、正しい表現ではないかもしれません。「高度化した」というべきでしょう。本格的な資金を持った人たちが参入してきたんです。調査力もあって、たぶんどの点でも優秀でした。

私たちは八〇年代末になっても、八〇年代の初めから半ばにかけてと同じようにトレードしていました。以前はとてもうまく――**目を見張るほど**うまくやれていました。大豆が三〇セント高、大豆ミールが二ドル高で寄り付いたことがありました。私たちが大豆ミールを売ると、一〇分後にストップ安になって、ずっとそこに張りついたままでした。次の日になるとまたストップ安になって、そこで私たちは買い戻しました。興奮することもありませんでした。

今やすっかり様変わりしました。原油は変わりませんが、灯油が五〇〇ポイント高くなり、天然ガスは五〇％ほど安くなっています。私たちのトレード法は、例えば原油が五ドル以上高く寄り付いたら売って、五〇セント下げたら幾分売り増しする、といったものでした。ところが、今では五〇セント安から変わらずになると、それから五ドル値上がりするのです。

ファンドの最後の時期には、打ち負かされるというのではないですが、あきれて顔を見合わすことも起きるようになりました。「彼らはどうしてそんなことができたんだ？　どうすれば五〇セント安で原油が買えるんだ？　強気を買うような――もっと高い値段でしか買えそうもない――状況で、五〇セント安で買おうとするなんて。そんな決断をするのはどんな奴だ？　私はそんな買い方はしない」といった具合なんです。その種のことを、さらにたくさん目にするようになりました。それは、資金の流れがずっと大きくなっているからなのです。

今では、相場の動きが以前より激しく、ずっと力任せになっているような感じです。トレンドはこれまで以上に長くなっていますが、一方では、その反動もずっと危険になっています。最大限のプレッシャーがかかるようになっています。以前なら玉を三枚建てていたところが、今では二枚といったところでしょうか。八〇年代半ばのウィリス＝ジェンキンズのようなポジションを持っていたら、冷静でいられるかどうか、私には自信がありません。

昔に比べて今の相場では、訳の分からない動きに左右される度合いや頻度が増えています。皆が勘に頼るからです。陰謀家のような口調になるのは嫌ですが、今では、買い手が現れる時期を心得ているような勢力がずっと大きくなっている感じです。彼らはそれをうまく利用して、市場に攻撃を仕掛けてきます。それが連中のアプローチですし、私の知るかぎり、システム的にさえやっています。市場には、大きな取組高を利用している勢力が確かにいるんです。

トレード能力は生まれつきのものですか、それとも経験によるものですか。

それこそ、タートルズの取り組み全体の中核をなすものです。タートルズは自然に生まれたのでしょうか、それとも育てられたのでしょうか。神秘的な第六感とか、そんなものを備えてるのでしょうか。もう結論は出てますよね。彼らは第六感に頼るよりも、知識を教え込まれたほうがうまくやれるのです。

「トレード能力は経験による」という立場だということですね。

そう、それが私の答えです。バカげたアプローチを教え込まれないかぎり、ということですが。（息子のトムと私の最近の仕事ぶりからすれば――それは、どの程度人間の本能を抑えられるかという点からして、私とジェンキンズの成果とディック・ニルソンという男の成果を掛け合わせたようなものですが――、儲けることのできる金額に上限はありません。

しかし、また蒸し返しになりますが、あなたには、ほとんどの人にはないようなトレード能力があります。そのあなたが、理論的にやれば皆ができるようなことに深入りする、というのはどういうことでしょうかね。

それは、自分の知っていると思うことや経験したこと――たぶん隣の男よりもほんの少し先に嗅ぎ取れると思うこと――を全部まとめ上げるための方法なんです。それこそ、私がマネーマネジメントとして価値があると思うことのすべてなのです。（ドラマチックに一息を置いて）それ以外のものではありません。

自分の息子以外の子供を任せられたとしましょう。そして、「言うとおりにしなさい。そうすれば年に五万ドルあげる。ただし、完全に言いつけを守らないなら、この話はなしにする」と言って育てたとします。その子は、どの日、どの週、どの月、どの年をとっても、私を上回るパフォーマンスを上げるようになるはずです。

ということは、完全にメカニカルにやらなかったことを後悔しているということですね。

確かにそうかもしれません。完全にシステム的にやっていたら、私たちの資金運用口座の額もずっと増えていたでしょう。でも、それは、私の背が二メートル以上あったら、もっとうまくやれていた、と言うのとどこか似ています。一九七一年に私がこの商売を始めたころ、トレンドフォローという言葉を耳にしたことのあるトレーダーは、おそらく数えるほどしかいなかったはずです。チャートを持っていたら、進んでいるほうだったのです。全ページをチャートで埋めつくしたコモディティ・パースペクティブ誌が発刊されたのは画期的なことでした。グラフ用紙を買いに行く必要がなくなったんですからね。

最初に商品トレードに手を染めたとき、わたしは、ゲームからはじき出されないように、一定の相場アプローチを使っていました。でも、反面それは、満塁ホームランは打てそうもないアプローチでした。わたしは破綻の経験は一度もありません。始めたばかりのころ、一〇〇〇ドル稼げたはずが、パーになった経験はあります。ある意味で、破綻かもしれません。しかし、だいたいのところは順調にやってきました。

先週末のことですが、ジェンキンズは、たいていの資金運用者なら知っている相場の仕組みの複雑性を、うっかり無視してしまいました。確かに彼らは一〇億ドルの資金の運用者で、私たちはそうではないんですが。それはともかく、相場について私の知っているすべてのこと、私の助けになってくれたすべてのこと……そう、借金を抱え込むことがなかったのも、商売をやってこれたのも、うまくやれたと感じられるのも、すべてそうしたおかげなんです。ただ、これからも支障なく進み続けられるかどうかについては、何とも言えません。身体に染みついてしまった悪い癖というのもありますしね。

現在のトレーディングモデルについて、およそのところを聞かせてください。

かなり大ざっぱな指標を三つ四つ使っています。その指標で、トレンドが上向きか下向きか、だいたいの感じがつかめるんです。その四つは連動するようになっています。それは非常に基本的なものです。二つは短期と長期の移動平均線で、あと二つは先行きを「のぞき見」させてくれるものです。相場が上がるか下がるか、はっきりした見込みが分かります。緑（買い）か、赤（売り）に光るのです。全体の八〇％は、そのどっちでもない状態なんですが。

そんな感じで、方向が決まります。できるはずのトレードの半分は捨てます。緑なら絶対に売りはしません。そういう条件で、シグナルがマクロトレンドの方向を示すようになっているんです。買いのシグナルは、緑の時間枠のときにしか出ないわけですから、買いや売りのシグナルは全体の二〇％しかないことになります。くどいようですが、仕組み上、だいたいはグレー（中立）の状態で時間が過ぎていきます。

シグナルがいったん緑か赤に変わって、四～五日そういう状態が続くと、その後相当に長期間、緑か赤のままになる強い傾向があります。だから、大いにそれを利用することができるわけです。いったん動き出したら、「クイーンメリー」号の向きを変えるのは難しいのです。

仕掛け方としては、強気相場の押し目で買って、弱気相場の戻りで売ります。三〇分のマーケットプロファイルを使って、タイミングを細かく決めます。普通とはちょっと違ったやり方をします。本当に細かくやるんです。例えば、一枚につき一〇〇ドル以下のところも問題にします。債券なら二ティック、大豆は二セント、食肉は五〇セントといった具合です。

たぶん、私たちの作ったトレーディングモデルが、自ら失敗するようなことはないと思います。そのモデルでは、買うべき時期に売ることはあり得ません。天井と底では仕掛けないようになっています。マクロトレンドの途中をつかむことで満足するのです。マクロトレンドをとらえるとき、偽物に引っかかったりしないようにできるでしょうか。できると思いますね。完璧というわけにはいきませんが。世の中、そんなふうにはできていません。でも、相当の確率――非常に高い的中率――で可能です。勝ちトレードが六五～七〇％といったところでしょうか。それに、負けトレードもほとんど問題にならない額です。ほんのわずかなんです。

負けが続いたとき、予想されるドローダウンの値と比べて、限度を超えたと判断するのはどんな時点ですか。つまり、自分のシステムへの信頼がぐらつくのはどんなときですか。

そうですね、私なら、いわばゲームのプレーの仕方が変わった時点で、アプローチが有効でなくなったと考えますね。確かに、そういう可能性がないとは言い切れません。でも、その点に関して、私のアプローチはとても厳しいと同時に柔軟なんです。チャートが緑になって買いゾーンに入っているときなら、何日も何カ月もずっとひどい状態が続くことは考えられません。そうなることが仮にあるとすれば、それはゲームの性質が変わってしまったときです。相場というものは、どうしたって八〇％の期間は方向が定まりません。だから、仕掛けるとすれば、相場がはっきりして、方向が定まっていなくてはならないし、タイミングもしっかり見極めることが必要です。それに、一定のリトレースメント（押しや戻り）の領域にあることも、きちんと確かめなければなりません。そういう条件が満たされることが必要だとすれば、買いの場合ならば、かなり値段が下がっているはずです。売りの場合ならば、ある程度値が上がっているはずです。だから、このアプローチでは、最初からあまりひどい衝撃を受けないようになっているわけです。

システム全体について、何かほかに意見をお持ちですか。

システムは単純なほど優れていると思います。システムを動かすのに「量子力学」はいりません。その意味で、突き止めるべき「正解」があるわけではありません。

もともと、買いや売りや手仕舞いのシグナルを使うということは、規律に従うことが前提になっています。ゲームの計画には、有効な戦略が組み込まれていて、戦略には規律が伴っています。たぶん一番大事な規律は心理的なものでしょう。暴落とまでいかないまでも、相場が低調な時期は必ずあるものです。そのとき、自分をそこから切り離せなくてはなりません。問題は、自分ではなく、自分の外にあると考えることができなくてはなりません。

そういうやり方なら、毎日一からやり直したり、毎日その場しのぎの解決策を見つけたりする必要もなくなります。ストレスにさらされながら、毎回毎回正しい判断をしなければならない、ということもなくなります。言ってみれば、トレードに取りかかる前に、もう対応策が出来上がっているわけですから。準備ができているのだから、最後には神経をすり潰されてしまうような感情的な圧迫を感じなくてすみます。はっきり言って、自分の判断が必要になる状況では、十中八九ひどいストレスにさらされます。巨額の利益がかかっていたり、恐ろしい損失を目の前にしていたりするのですからね。

でも、システムを使っていたって、時には、神経がひどくイライラするような目に遭わされるのではないでしょうか。しっかりした金稼ぎマシンを発明することと、それに従うこととは別物ですよね。この業界には、マシンに従えなくて、アプローチを完全にそっちのけにしたり、歪めたりするシステム運用者の話が、掃いて捨てるほどあります。

システムに従うのも、神経をすり潰すもとになる。確かにそのとおりです。システムにかかわったときに、一番大きな課題となるのは、それを信頼することです。それについては、さっき言ったことを繰り返すしかないですね。三万ドルか四万ドル――今ならいくらになるのか分かりませんが――でだれかを雇って、自分の代わりにトレードをさせることを考えるべきなんでしょう。

人間のどんな性質がトレードとしっくりこないのでしょうね。

問題はもっと広げられると思います。人間の性質には、幸福や喜びと相容れないところがあります。キリスト教徒としての立場で言うのですが、人間的性質があるから幸福になれるのではありません。人間的性質があっても、ダメなんです。幸福を手に入れるためには、より高次の天命、より高次の秩序を見つけなければなりません。キリスト教は、混沌とした世界に秩序をもたらしてくれます。ほかの宗教も同じことを目指しているのだと思います。

人間的性質の欠点に立ち向かう一番良い方法は、聖書の「ローマ人の手紙」に出てくる聖パウロの言葉だと思います。「私は自分の欲することは行わず、かえって自分の憎むことをしている」と書いてあるのです。「十戒」や「山上の説教」を読むのもいいでしょう。楽しみを制限することなく、行きすぎを抑えることや、危険に近寄らないようにすることを教えてくれるはずです。不倫や盗みや殺人の道を歩み続けたならば、結局、人生はめちゃくちゃになってしまうんですよ。

二〇〇〇年前に予告されたことは、現代のこの問題についても当てはまります。トレーディングモデルで大事なことは、人間的性質を抑えることです。それが一番有望な道なのです。

■参考文献
『マーケットの魔術師』（パンローリング）
『マーケットの魔術師　大損失編』（パンローリング）

ジョン・ヒル
John Hill

「私が学んだのは、仕掛けは非常に難しくして、手仕舞いは簡単にできるようにするのが良いということです」

ジョン・ヒルは、トレードのためのテクニカル分析の領域では、非常に名の通った人物である。私が初めて先物についての教育を受けた三〇年ほど前、ジョンの『ストック・アンド・コモディティ・マーケット・トレンド・トレーディング（株式・商品市場におけるトレンドトレーディング）』は基本書の一冊で、教師たちがよく名前を挙げたものだった。同書は現在までずっとテクニカルトレードのための必読書となっている。

最近になって、ジョンは、同僚のテクニカル分析専門家であるランディ・ヒル（息子）、ジョージ・プルートとともに『究極のトレーディングガイド』（パンローリング）を著した。この本は、広く認められたトレード原則のほか、あまりなじみのない原理も取り上げながら、独自の実用的な適用法について徹底的に追究したものである。また、二〇〇二年には、プルートとの共著で『勝利の売買システム――トレードステーションから学ぶ実践的売買プログラミング』（パンローリング）を出版した。

しかし、ジョンの名が一番知れわたったのは、隔月のフューチャーズ・トゥルース誌の発刊によるものだった。同誌は、業界のトレーダーたちにとって、いわば消費者保護のためのバイブルとなっている。また、システムベンダーにとっては、お墨付きをもらって売り込みを狙うための競争の場でもある。同誌の目玉はトップテン順位表で、一般から募集したトレーディングシステムの順位が二カ月ごとに発表される。同誌には、システムの評価を求める応募が山のように殺到する。応募に対して、ジョンたちは、厳格に定めた方法を使って、リアルタイムのパフォーマンスを追跡調査する。当然想像できるように、金的を射止めようとするシステムのほとんどは、たちまち使い物にならないと分かってしまう。一方、競争に勝ち抜いてトップテンに入れば、言うまでもなく、ハクが付いて売り込みの道が開けることになる。

ジョンのインタビューは、「シカゴ・オンライントレード・エクスポ」の会場であるシェラトンホテルで行われた。ジョンはメインの講演者のひとりだった。ジョンはマーク・トウェイン流のさりげない素朴なユーモアの持ち主で、映画「暴力脱獄」のストローザー・マーティンを思い出させる南部なまりがあった（「ここでは心など通じ合わないんだ！」）。インタビューは長時間に及び、真剣なテクニカル分析派にとって励みになるような話が続いた。最後に私は、何か付け加えることはないかと尋ねた。すると、ジョンはまじめくさった顔でこう言った。「投機家が金持ちのまま死んだら、道半ばで倒れたことになるってことかな」。私が少したじろぐと、ジョンは心得たような笑顔を見せた。その午後、何回目かの「してやったり」の瞬間だったに違いない。七七歳にして、一向に衰える気配がないのだ。

「ジョン・ヒルは……」のあとに言葉を補ってください。

「何よりもトレーダー」ですね。私は自分のためにトレードしています。大昔の話をすれば、私は工学で二つの学士号をとりました。そして、長いこと化学関係の会社に勤めました。その間、空いた時間を使って相場に手を出すようになりました。最後には、化学の仕事よりも、相場で稼ぐお金のほうが多くなりました。副業が本業になったわけです。四五歳になったときに、化学会社を辞めました。

興味深いのは、このインタビューシリーズで話した相手は、ビジネスではなく、科学や工学の経歴を持つ人たちが大変多いということです。

私も気づいていることです。金融の仕事に就いている工学出身者は確かに多いですね。大学で一番厳しい教育を受けたのだから、基本的にほかの人間よりも賢いと思っているんです。もともと分析的ですし。相場に勝てると感じているんです。

たいていの人と同じように、相場を手掛けた最初のころは、主に直感トレードだったのでしょうか。

トレードを始めたとき、妻と三人の子供がいて、資金は一〇〇〇ドルでした。最初は砂糖でした。二カ月たったら、口座は一万八〇〇〇ドルになっていました。「さあ、次はどれだけ稼ごうか」と思ったものです。

中西部で大干ばつが起きました。世界に例のないほどの規模でした。私は大豆を買い始めました。そして、逆ピラミッディングにしました。つまり相場が上がるにつれて、買い玉をどんどん増やしていったわけです。前線が発達すると、一時間おきに気象台に電話をかけたものです。でも、干ばつは続きました。

ある土曜の夜のこと、一〇〇年間なかったような気象状況になりました。前線が中西部を通過して、月曜の朝になってみると、これまでの大干ばつが嘘のように、生育に打ってつけの条件になっていました。大豆は大豊作と予想されました。金曜の時点で、二〇〇枚の玉で八万ドルの利益が乗っていた状態でした。月曜には、プロクター・アンド・ギャンブル社のトップ役員との大事な会議がありました。だから、ブローカーに「任せるよ。会議で一日中忙しいんだ」と言うしかありませんでした。

結局五〇〇〇ドル残りました。一〇〇〇ドルを五〇〇〇ドルにしたわけですから、まあ悪くないと言うこともできました。でも、私は大事なことが二つあると考えたんです。ひとつは、ひどいへまをしたわけで、これからはもう少し賢くなる必要があるということでした。もうひとつは、一度は口座が目を見張るぐらい増えたんだから、同じことはまたできるということでした。

次の六年間、私は化学会社のためにあちこち飛び回りながら、金曜の夜には必ずワシントンDCに戻ってきました。週末には議会図書館で、テクニカルトレードについてがむしゃらに勉強したのです。

いつごろのことですか。その時期には、テクニカル分析の本は大してなかったと思うのですが。

一九五六年から五八年ころです。数冊の本しかなかったですね。そのうちの一冊がリチャード・D・ワイコフでした。ワイコフは、テクニカルトレーダーの間ではとてもよく知られていました。私は五〇〇ドル払って彼のセミナーを受講しました。それほど役に立った五〇〇ドルはほかにないですね。相場を動かす力について教わりました。長期的には、ファンダメンタルズが相場を動かすんです。短期的な価格の動きは、人間心理と結びついています。

相場について知る必要のあることは全部バーに現れている、というあなたの言葉がよく引用されるようですが。

すべてのニュースは現在値のなかに織り込まれています。また、ランダムウォーク理論は市場の実態に合いません。もしそれが正しかったら、ウォーレン・バフェットはこれほどの金持ちになれなかったでしょう。テクニカルトレードで大金を稼いだほかの大勢の人についても、同じことが言えます。もちろん、ファンダメンタルズを使う人たちだって、市場で利益を上げています。ただ、ファンダメンタルズのアプローチの問題点は、九五％の人にとって情報を知ったときには遅すぎるということです。

バーから、需要と供給、恐怖と欲望が読み取れます。目指すところは、相場を動かすもの、つまり強気と弱気を簡単にできるということではありません。でも、見極める力をつけることにあります。そうした能力を身につけようと努力するわけです。

これまでどのような本を出していますか。

最初の本（ストック・アンド・コモディティ・マーケット・トレンド・トレーディング）を出すきっかけになったのは、エンジニアには膨大なメモをとる癖があるということでした。「バーチャートからいったい何が分かるか」ということを書き留めたりするわけです。あるいは、トレードの「どこが良かったのか、どこが悪かったのか」とか、「相場の何を見落としたか」とかですね。ほかの人にも、そういうやり方を勧めています。

私は人と交わるのが好きです。エフロン社に勤めていたときも、人とかかわることには何でも首を突っ込んでいました。だから、会社を辞めたときも、マーケットレターを書いてほしいというペイン・ウェバー社の依頼を引き受けました。それから数年、先物市場のレターを書き続けました。そのときの着想をもとにして最初の本を書いたのです。

二冊目の本は『サイエンティフィック・インタープリテーション・オブ・バーチャート（バーチャートの科学的解釈）』です。最初の本を出版したあと、いろんな人がやって来て「ジョン、続きが読みたいんだけど」と言うのです。そこで「そうだな、まだ手元にいっぱいメモがある。五〇ドル払うなら、それを送るよ。読んで気に入ればそれでいいし、気に入らなければ送り返してくれ。そしたら、お金を返すから」と言いました。そのときの内容にタイトルを付けて本にしたというわけです。

両方の本を出したのは、一九七五～七七年のことでした。化学会社は一九七三年に辞めていました。

注目され始めたのはそのころからですか。

業界で評判になったと言っていいのかどうか、私には分かりません。ともかく、よくフューチャーズ誌のセミナーに呼ばれて話をするようになりました。ウォール・ストリート・ジャーナル紙やバロンズ誌に取り上げられたこともあります。ＣＮＢＣで毎週解説をしました。

主な収入源は個人的なトレードですか。それとも、著述家やアドバイザーとしての仕事ですか。

全部トレードです。本を売ってもお金にはなりません（笑）。それからもうひとつ。ＣＴＡ（商品投資顧問業者）も設立したのですが、これは一九九二年に子供たちに譲りました。

最初のころ、ずいぶん稼ぎました。化学会社を辞められたのも、主に七〇年代初めの銀と金の相場のおかげです。トレードで毎回利益を得たというつもりはありません。損もしました。この仕事を続けてこれたのは、マーケットレターと本のおかげです。何か話を聞かせたからといってお金になるわけではありませんが、お客を引きつけることができたのです。

このごろは、外で話すことはめったにありませんし、本を売ってもお金になりません。私はハウツーもののビデオの販売はしません。トレードで稼いでいるのです。

私が初めてジョン・ヒルの世界に接したのは、テクニカルシグナルに関する本を通してでした。現在、あなたは、自分のフューチャーズ・トゥルースのなかで、メカニカルシステムを比較して順位づけをやっています。昔から今までの間、自分のためにトレードするときに、完全にメカニカルなアプローチを使ってきたのですか。

いいえ。

しつこくなりますが、普段自分の雑誌で検証しているアプローチを良いと思わないのですか。

八〇～九〇％の人はメカニカルシステムを使うべきです。ただ、私は裁量トレーダーなんです。人間の心は最高のコンピューターです。そして、コンピューターには見えないものが見えます。もっとも、現実にはシステムを使うトレードもしています。

完全にメカニカルに？

そうです。私は裁量トレード用の口座とシステム用の口座を分けています。それに、十分なアイデアを使ってトレードしたとすれば、裁量アプローチはほとんどメカニカルになります。相場で生き延びられるのは、ビジネスとしてトレードする人たちです。しっかり研究して原理を理解したうえで、一定のトレード法を使う人たちです。一例を挙げれば、私は、(立ち合いの)最初の時間は素人向きの時間だと書いたことがあります。私の研究によれば、よく言われるように、寄り付きのあと一時間のオープニングレンジブレイクアウトを使ってかなり良いパフォーマンスを上げることができます。でも、寄り付きのあとの時間というのは、一番予測が難しい時期なんです。

最初の時間が過ぎてからトレードするようにすれば、ドローダウンを最小限に抑えながら、非常に大きな利益を上げることができます。ただ、だれにでもできると決めつけないでください。本物のトレーダーなら、そういうことは自分で証明しようと思わなければいけないのですから。

最初の一時間のオープニングブレイクアウト・トレードと、その後の時間帯のトレードを比べてみてください。トレードは、午後の遅い時間、例えば一時以降だけに限っても構わないのです。仕掛けるのは一時以降だけ、というルールでやってもいいし、最初の一時間と午後一時の間に仕掛けるというルールだっていいんです。でも、やってみれば、この三つの時間帯のなかで、一番遅い時間が一番利益が大きいと分かるはずです。

私は、終値がブレイクアウトポイントより高いときと安いときの比率を出したこともあります。この種の研究結果を組み合わせてフィルターとして使うと、裁量トレードの助けになります。ほとんどメカニカルといっていいくらいのトレードができるようになるのです。オープニングレンジブレイクアウトもそうしたフィルターにできます。別のフィルターとしては、価格と四〇日移動平均線との位置関係があります。また、前日の終値が一〇日間の平均の値幅における中間点を超えているかどうか、ということもフィルターになります。中間点を超えていれば、買いが有利だという数字が出ているのです。

こんなふうにフィルターを重ねて使えば、裁量トレーダーでも、ほとんどメカニカルと言えるぐらいにまでなります。四つのフィルターが好機だと示している以上、仕掛けなくてはならない、と判断するようになるのです。

たいていの人も同じだと思うのですが、私の場合、裁量とシステムを組み合わせようとしても、必ず両方にとって最悪の結果に終わってしまうのですが。

それは、市場には勝てないようにできているからでしょう。相場は、上げると思えば下げるし、下げると思えば上げます。群衆の本能のせいなんです。トレードが失敗に終わったとすれば、何よりも、群衆といっしょに動いたせいでしょう。本当に儲けられる人は、群衆が不安を感じるようなときに行動を起こします。

ということは、あなたがトレードで成功した原因は

逆張りにあるということですか。もしそうなら、必要な情報にどうやってアクセスしたのですか。

いいや、逆に私は何も読まないようにしています。ニュースを読んでも混乱するだけです。知る必要のあることは全部チャートに含まれています。

チャートを見て、すぐにとるべき行動が分かった主な例を挙げてくれませんか。

二つ挙げましょう。今日が何日か見てください（二〇〇三年七月二五日）。今から三週間前のユーロはどうだったでしょうか。ニュースだけ見ていたら、そのときの相場で、売りを仕掛けることはできなかったでしょう。対ドルで一・四〇ドルから一・五〇ドルくらいまでいくと予測されていましたからね。ドルの大幅な下落です。財政赤字は巨額でしたし、イラク情勢などもありましたから。

相場つきからして、売りは非常に難しかったと思います。でも、この三週間に起きたことを見てください。ユーロは激しく下落しました。テクニカルアナリストなら、チャートのなかに警告の印を見つけることができたはずです。ローソク足の信奉者が「包み足」と呼ぶパターンが現れていたんです。上昇トレンド相場のなかで激しい下落が二日続いたという形でね。それは必ずしもすぐに下げに転じることを意味するわけではありません。でも、とりあえず上昇過程が終わったことを示しています。市場のなかに供給を見つけだしたのです。その供給が消化されるまでは、値上がりすることはありません。人から聞かれたとすれば、少なくとも一〇日間は（上昇し）ないと教えるでしょう。

長期システムはどれも似たりよったりです。それに従って踏んばり続ければ、もしかすると、最終的にユーロが一・五〇ドルを付けることがあるかもしれません。それに、二日前には買い直しのシグナルが現れました。でも、こうした動き全体のなかで、普通の個人投資家が買いを持続する苦しさに耐え切れるかといったら、私は怪ぶみますね。

そういう状況のなかで、あなただったら、どんなふうにストップを使いますか。厳密なものですか。それとも緩やかですか？

私が学んだのは、仕掛けは非常に難しくして、手仕舞いは簡単にするのが良いということです。システム設計では、三つのことが連動していなければなりません。仕掛けと、利益確定と、損失確定です。その三つがうまくかみ合っている必要があるんです。

例えば、八〇日のブレイクアウトシステムを使ってトレードするとします。この種のシステムでは、二日間逆の動きが続いたからといって手仕舞うことはありません。それではバランスがとれないからです。一方、一〇日間か一五日間のデータをもとにした短期システムを使うとすれば、仕掛けは難しくしながら、あとの手仕舞いのシグナルのほうは早めに出るようにしなくてはなりません。例えばモメンタムのフィルターを使うとしましょう。当日の終値が四〇日か五〇日前の終値よりも高ければ、モメンタムは上向きです。この場合には、買いだけを考えて構いません。このフィルターは、オープニングレンジブレイクアウトなどほかのフィルターと組み合わせて使えます。直近の三～四日の動きを見て仕掛け時を決めるわけです。手仕舞うときには、モメンタムフィルターは無視して、仕掛けるときよりはうんと早く抜け出せるようにしなければなりません。

私たちがしょっちゅう経験しているのは、利益目標を立てて手仕舞うよりも、なんらかの転換点をとらえて手仕舞ったほうがパフォーマンスがいいということです。金額によるストップ（固定したマネーマネジメント）も好みません。システムには絶対にストップが必要だと思いますが、使うときは市場の機能をもとにすべきです。市場の動きと連動したストップですね。金額のストップは市場の条件とは何の関係もありません。何の根拠もなく一〇〇〇ドルのストップを置いたりするような例があるんです。

それでも、まったくストップを使わないよりはましですよね。

それは、そのとおりです。ストップを使わなければ、遅かれ早かれ破滅です。

チャートシグナルの最近の例として挙げようとしていた二つ目のものは何ですか。

債券市場です。債券は一二三・〇〇ドルを超えて新高値を付けていました。金利がゼロになるとか、アラン・グリーンスパンがまた利下げをするという話が広まっていました。そんなニュースを聞いて、いったいだれが売る気になるでしょうか。でも、ニュースなど読まないで、ただバーチャートだけ見ていたとすれば、まさにその天井でキーリバーサルデイが現れたことに気づいたはずです。現在の債券相場はご存じでしょう（一〇九・一二ドル）。今や状況は変わりつつあります。あるいはテクニカルな反発を狙って買ってもいい局面かもしれません。でも、この大幅な下落は、少なくともこれから三～四カ月については、強気相場が終わったことを意味すると考えます。

フューチャーズ・トゥルースについて聞かせてください。言うまでもなく、たいていのシステム開発者にとって興味津々の話題でしょう。

フューチャーズ・トゥルースを創刊したきっかけをお話ししましょう。ある時期、私は、相場には「正解」があると考えていました。いろんなトレードシステムが販売されていて、それをいっぱい買い込んだものです。一五〇〇ドルとか三〇〇〇ドルとか払ってね。でも、大半が箸にも棒にもかからない代物でした。最後には私も頭にきて、「もうこりごりだ。奴らの正体を暴いてやるぞ」と考えました。ですから、要するにフューチャーズ・トゥルースはいわば否定的な意図で創刊されたわけです。

訴えてやる、と脅されたことは数え切れないくらいでした。一回は訴訟ざたになりましたが、裁判所が却下しました。私はしがないノースカロライナ州の住人にすぎませんが、巨大な事業に関係していたと言ってもいいでしょう。悪い奴らを監獄送りにするのに力を貸していたわけですから。

代表的な詐欺の手口の例を話してもらえますか。

五〇ドルした私の本から二ページ分コピーした男がいました。そして、自分が開発した最高のシステムだと偽って、それを一〇〇ドルで売り始めました。私には、そのシステムが単独では機能しないことが分かっていました。ほかのものと組み合わせて使う必要があったのです。私はそいつに電話して「著作権を侵害しているんだが」と言ってやりました。へこたれない奴でした。「そう言うあんたは何者だ?」と答えたのです。

バルジの戦いというのを聞いたことがありますか。マコーロック将軍については? ドイツ軍が降参するように言ったとき、マコーロック将軍は「ナッツ(まぬけ)」と紙に書いて、それをドイツ軍に送ったそうです。指揮官たちはその意味が分からなくて、通訳を呼び寄せたという話です。奴に対して私も同じことをしてやりました。紙に「ナッツ」と書いて送ったんです。

私の心のなかにも、人よりも強い盗みの気持ちがあるかもしれません。でも、繰り返しますが、本当に頭にきたんです。私はフューチャーズ・トゥルースで儲けたことはありません。それにかかわったのは、その種の行為にひどく腹を立てたからなんです。ある晩、グラスにウィスキーをなみなみと注いで、じっくりと考えてみました。そして、どんなことが起ころうとも徹底的にやり抜いてやる、と決心しました。お金をいくらか用意して、こう考えたものです。「お前ら、訴えられるものなら訴えてみろ」とね。

でも蓋を開けてみると、良いシステムが寄せられてきました。わが社にはメリルリンチ証券よりも優れた調査部門がある、と人によく言うんです。最高のアイデアを出してくるのは個人です。大会社の企画部ではありません。私たちが世に送り出した人のなかには、何百万ドルも稼いだり、巨額資金の運用を任されたりして、大成功を収めた人たちもいます。

しかし、持ち込まれるシステムのなかで、ものになるケースはかなり少ないのではないでしょうか。だいたいの場合、あなたは相手を幻滅させる役目を果たさざるを得ないのでしょう?

会社にやって来る人たちは、自分がすごい「秘密」を持っていると感じています。彼らは、検証を受けるためにその秘密を明かさなければならないのか、とすごく悩んでいます。でも、今では、まったくそういうことはありません。ブラックボックスを提出するだけでいいんです。

彼らに対して私は二つのことを言います。ひとつは、もしそのシステムが世界最高だったら、当然、私は自分の資金のためにそれを使うだろう、ということです。委託された資金のためには使いません。二つ目は、持ち込んだシステムに私がわずかでも興味を感じるチャンスはこれくらいしかない（指先でちょっぴりを示すジェスチャー）ということ。三つ目は、相手の使ったデータは一八カ月くらいのもので、六〇～七〇回ほどしかトレードしていないということ。私たちがそれをプログラムして、二〇年ぐらいのデータでバックテストしたら、まずうまくいかないだろう、と警告します。

私たちはポートフォリオ分析をすることがあります。二つのシステムのエクイティカーブを融合して相関関係を見るのです。ジョージは会社でただ一人の常勤プログラマーですが、会社では「バブル潰し」と呼ばれています。私自身もちょっとしたプログラマーですが、ただコンピューターそのものの知識を持っているわけではありません。はっきり言って、私のバブルも何度となくジョージに潰されたものです。

あなたが会う有望な若者には、個人的にトレードしたいというタイプと、プロ指向で事業化を目指すタイプとがあると思うのですが、両者にはっきりした違いがあるものですか。

大口トレーダーは資金面で有利な立場にいます。多様なシステムを使って分散化を図れますし、より効率的なマネーマネジメントができます。それに、資金を年五〇％とか一〇〇％とかで運用できる、などという甘い考えは持っていません。

いつも受けているシステムの売り込みや、あるいはご自分の経験からして、システム開発についてそのほかにどんなことが一般的に言えるでしょうか。

スリッページと手数料の要素を頭に入れておく必要があるということです。短期システムの場合、大豆で稼げても、トウモロコシでは駄目だということがあります。手数料とスリッページをまかなえるだけのボラティリティが、トウモロコシには全然ないんですね。長期システムになると、また話は別ですが。

システムトレーダーになりたかったら、お金をドブに捨てるように思えても、（シグナルに基づいて）チャンスに賭けなければなりません。リスクにひるむようでは、見込みがないですね。私はリスクを気にかけません。これまでずっとリスクをとり続けてきたんです。

システムで五〇～一〇〇％のリターンを上げるんだ、という強気姿勢は捨てる必要があります。もっとも、運が良ければ可能性がないわけではありません。たまには大相場に乗れることだってあるかもしれませんからね。たいていの場合、動いている相場の後追いはやめたほうがいいですが、持続的な勢いのある相場に乗る手法を開発することは可能です。

ただ、信頼できるシステムを開発できた場合でも、時には、それに背きたいという誘惑に駆られることはありませんか。

それはシステムの指示どおりに動かないという意味ですか。だとすれば、システムでトレードをしていることになりませんよね。別の仕方でトレードしてるんです。

そうしたくなる人間の気持ちというのは何なのでしょうね。システムよりも賢いところを見せたい、ということでしょうか。

うぬぼれですね（笑）。それと、恐怖と苦痛。それと、欲望。自分というものを知る必要があります。

例えば、人によく言うことなんですが、私はほどほどの利益しか自分に許さないんです。

あなたにとって、利益を絞り取ることのほうが、損をぎりぎりに抑えることよりも難しいのでしょうか。

そうです。私は損をくぐり抜けて来たんです。損に神経を使うのは、大恐慌のさなかに育ったことからくる精神構造のせいでしょうね。飢えがどんなものか知っているんです。それに、これまでのトレード体験ですね。何度も何度も、頂上に上り詰めたり、谷底に突き落とされたりしてきました。それで、落ちたあと、半分までまた山に登ることができたら、もう絶対落ちたりはしないぞ、と心に決めたんです。

私は四六時中、人と話をしているのですが、よく言うのは、四〇歳以下だったら、大きなリスクがとれるし、とるべきだということです。私は一度に二〇〇枚の銀のポジションをとって、大きな変動をくぐり抜けたことがあります。一方、私ぐらいの年配者が破産するのを見たこともありますが、気の毒なものです。

お金の見方によるのですね。お金は自由のためなんです。お金があれば、三度三度家族に食べさせ、家賃をきちんと支払い、子供に教育を受けさせたうえで、何回も高級リゾート地に出かけることができます。

金儲けが主目的になってしまうと、問題が生じます。優先順位がメチャクチャになってしまい、その目的の達成自体が怪しくなります。それに、自分自身に満足できなくなってしまいます。結局、大したお金も稼げないんじゃないでしょうか。

自分で見て、年を追うごとにトレードの腕が上がってきたと思いますか。

だいたいそう言えますね。私はこのゲームが好きです。トレード依存症なんです。毎日新しいことを学んでいます。何が相場を動かしているのかについて、ものすごく興味があります。そのことが成功につながったんでしょう。

何百万ドルもの利益を上げた時期もありました。また、たとえ次の週のウォール・ストリート・ジャーナルを持ってたとしても、トレードのできない時期もありました。なぜそんなことが起きるんでしょう？　人間だからです。まずいと分かっていても、ニュースに動かされてしまうこともあります。チャンスを逃すまいとあせって、必要な我慢ができなくなってしまうときもあります。

人間は二種類に分かれます。決断できる者とできない者です。私はできるほうだと思います。その辺を見れば、トレーダーとして成功できるかどうか、だいたい目星がつきます。ひどくリスクを恐れるような人は、相場で儲けるのに四苦八苦することでしょう。もっとも、見つけてきたシステムを人に渡して「トレードを頼む」と言うのなら別ですが。

そういう方法に従うと、実際にはどんなやり方になるんでしょうか。大ざっぱに言って。

ひとつには、相場チェックの回数を日に三回に限定することになります。私の考えでは、デイトレードはそんなに成果が上がる方法ではありません。一分足だの、三分足だの、五分足だのを使ったら、相場に手ひどくやられます。一番多く稼げるのは、三〜四日間の変動からだと考えています。

エリオット波動を研究することも大事だと思います。その場合、肝心なのは、一番単純なやり方に従うことです。エリオットの細かい点にこだわってはいけません。何よりも、A—B—C（エリオット波動の基本波と訂正波）に従うことで最も大きな利益が得られるのです。A—B—Cで売って、A—B—Cで買うわけです。それが基本的なエリオット波動の神髄なんです。例のエクステンションだの、エクステンションのエクステンションだのに深入りしようとすると、訳が分からなくなってしまいます。

あなたはどんな市場にも同じ方法を使いますか。

そのとおりです。まったく同じパラメーターを持った方法がたくさんの多様な市場で成果を上げられなかったとしたら、システムとして有効なのかどうか疑いますね。

ただ、ひとつ例外となるのは株価指数です。たぶん株価指数の相場にうんとたくさんのノイズがあるからなんでしょう。

もっとも、オープニングレンジブレイクアウトのように、そこでも通用する手法があります。とはいっても、S&P指数などでは激しい変動があります。日中の変動が穏やかなほうがいいのなら、通貨がお勧めです。

日常生活のなかにトレードと似たものが何かありますか。あるいは、トレードと違っているものは？

生活のなかの、型をはめられた部分に比べて、トレードでは大きな自由がききます。だからこそ大勢の人がこの世界に入ってくるのですし、だからこそ大勢が破綻するのです。

この世に聖杯（秘法や究極の目標達成のこと）などないことはだれでも心得ています。でも、あなたにとって、それに一番近いものは何ですか。例えば、口座の収益がどのレベルまで達すれば、目標が実現できた

と満足できますか。

聖杯は**存在します**。

（混乱してしばらく沈黙）。見当がつきません。降参です。聖杯とは何か教えてください。

聖杯などないと悟ることです（笑）。世界の一流マネーマネジャーでも二〇〜二五％の収益しか生み出していないのですから。

世の中には、幻の夢を売る商売人が山ほどいます。皆だまされやすいんですね。自分の本業では、だれもが初歩から出発して、何年も研究や努力を重ねてきています。それなのに、「この男なら答えを知っている。それを三日で教えてくれるのだ」と信じて、セミナーに吸い寄せられます。二〜三〇〇〇ドル（の受講料を）払えば三日で答えがつかめると思い込んでしまうのです。

今ここで、あなたにトレードの仕方をきっちり教えたとします。でも、それを使って儲けることはできないでしょう。トレードのアイデアを明かすことはできますが、それは私流のものなんです。チャートを一〇〇枚とか二〇〇枚とか見て、「そうか、これがジョンのアイデアのもとか。でも、こうやったほうがうまくいくぞ」と考えたとすれば、そのとき初めて自分のアイデアを見つけたことになります。やっとお金を稼ぐことができるようになるんです。人のアイデアは役に立ちません。確信を持って従うことができないのです。進んで勉強したりもしないでしょう。困難にぶつかると、「たぶんジョンは相場が上がることしか考えなかったんだ」などと決めつけるのがオチです。

簡単にはいきません。厳しい仕事です。自分で研究したシステムでなければ、わずかな利益だって手にできません。この仕事では、二〇年間、システムが生み出すエクイティカーブを見続けることになります。システムが発するさまざまの売買のシグナルを見つめ続けることになります。「やれやれ、ここ一二カ月、少しも稼げてないな。ドローダウンがこれだけになってしまった」という経験もするはずです。こういうこと全部が平気でできるようでなければ、システムトレードでお金を得ることは難しいと思います。

■参考文献

『究極のトレーディングガイド』（パンローリング）
『相場勝者の考え方』（パンローリング）
『スイング売買の心得』（パンローリング）
『板情報トレード』（パンローリング）
『勝利の売買システム』（パンローリング）
『エリオット波動入門』（パンローリング）
『トレードシステムはどう作ればよいのか1・2』（パンローリング）
『アルゴリズムトレードの道具箱』（パンローリング）

■参考ビデオ・DVD

『ジョン・ヒルのトレーディングシステム検証のススメ』（パンローリング）

マレー・ルジェーロ
Murray Ruggiero

「隣接的な数値という条件が嫌だというのでは問題が生じます。なぜなら、可能性としては、やはりどうしても隣接するパラメーター集合による結果が返ってくることになるからです」

マレー・A・ルジェーロ・ジュニアは、投資業界における第一級の雇われ職人である。トレードを別にすれば、マレーは収入の大半を他人のためのシステム開発から得ている。そのシステム開発も大部分は自分ひとりでこなす。

一九九〇年半ばの二年間、マレーはラリー・ウィリアムズから定期的な給料をもらっていた。マレーはこう語る。「新しいアイデアを出すことで月給をもらっていたんです。食べていくのに十分な額でした。おかげで研究に集中できました。ラリーは、自分専用にとっておきたい研究と、私が記事にしたり売りに出したりしてもいい研究をより分けました」

マレーはまた、キース・フィッチェンのトレードシステム社のためにIマスターというトレードシステムを開発した。マレーの会社であるルジェーロ・アソシエイツ社では、マーケットタイミングシステムの開発と、「インサイド・アドバンテージ」という名のニュースレターの発行を手掛けている。同社では、トレードシステムの内容を完全に開示することを売り物にしている。

マレーは『サイバネティック・トレーディング・ストラテジー』を含む三冊の本の著者でもある。また、フューチャーズ誌に数多くの記事を寄稿している。『トレーディング・アンド・テクノロジー・フォー・ザ・ニューミレニアム（新千年紀のためのトレーディングと技術）』はそうした記事を編集してできた本である。

現在、マレーは、普及中のトレーディングソフトウエアの評価を事業とするトレダーズスタジオ社のコンサルタントを務めている。トレダーズスタジオ社はポートフォリオテストの実行を直ちに提供できる体制を作り上げているが、これは、確実な分析を行うのに必要だとマレーが判断した条件を実現したものである。

マレーは次のように語る。「二〇の市場を扱っているとして、綿花で一番良いパラメーター値は六で、円では二〇だという場合があります。でもやはり、二〇の市場全部で最高のリスク調整済みリターンを生み出すようなパラメーターが欲しいわけです。データの試行数を最大にするようなひとつの数字でトレードしたいのです。それができれば、自分のシステムが将来も有効だという自信が持てるからです」。マレーによれば、現在のコンピューターシステムでそうした情報を手に入れるための唯一の方法は、個々の成績をスプレッドシートに出力して、全体を結合することである。

マレーの多彩な考え方のなかで最も重要なものは、おそらく自分の行うトレードのドライバーを理解するということである。つまり、システムの信頼性を左右するような市場の変動や特性をつかんでおく必要があるというのだ。データが素晴らしい結果を示しても、それだけではどうということはない。明確なトレードドライバーの理論が確証されて初めて意味を持つのである。

インタビューのなかで繰り返し出てくる二番目のテーマは、マレー・ルジェーロにとっては、どんな市場も新しいシステムのアイデアを得る源になるということである。広く認められた裁量トレードの原理をコンピューター化するときでも、市場のファンダメンタルズをもとにしたテクニカルなシグナルを考案するときでも、マレーは自分のアプローチをほとんど変えない。彼は、手に負えないものの正体を突き止めることのできる最後の人間のひとりだと言っていい。インタビュー中で述べているように、ツールは役に立ってくれる。市場の枠組みのなかでそれがどんな働きをするのかを発見しさえすればいいのである。

喜んでもらえると思うのですが、私はフューチャーズに載ったあなたの記事をいくつか読んだことがあります。そして、あなたの新発見を自分でも検証してみて、それが有効であることを実際に確認しました。午前七時半に政府報告の発表があったときに、金融市場の動

きとは逆の側に賭けるというあのアイデアです（七時半に発表のあった日、発表直後に起きた市場の反応とは逆に動くということ。例えば、七時四〇分の価格が七時半の最初の10分足よりも九ティック以上下げていたら買い、逆に九ティック以上上がっていたら売るようなこと）。

そのもととなる前提をご存じですか。そのアイデアは人が行きすぎを犯すという前提に立っています。システムの全体がそれに基づいています。

この話は、私がほかで聞いたことの良い実例になっています。メカニカルトレーダーはトレードドライバーを理解しないと気がすまないそうですね。

そのとおりです。根拠が問題になるのです。うまくいったときの根拠を理解すべきだということなんです。モデルは自分が理解したドライバーの結果にすぎません。そこまでやって、初めてモデルが使い物になります。

話に出た債券の報告のアイデアと、人間には行きすぎる傾向があるという前提について考えてみましょう。どんなことであれ、人が恐れを抱いたときには、行きすぎの行動が生じます。なぜかというと、最初考えたほど事態が悪くならないからです。報告の反応で債券を買うという例で説明しましょう。報告発表があると、三つの可能性のうちのどれかが起きます。

第一は結果の数字が予想よりも悪かったケース。この場合、債券は下げ続けます。このケースでは損が出ます。第二は報告が予想どおりのケース。このときは、人々が行きすぎるという事実からして、若干の値上がりがあって、それが一日か二日続くはずです。第三は、報告が予想以上に良かったか、予想ほど悪くなかったケースで、この場合、相場は高騰します。

結局、三通りのシナリオのうち、二つで勝てるわけです。

三通りのシナリオがだいたい同じ確率だと分かっているんですか。ほぼ三分の一ずつの確率で起きると？

だいたいはそんな感じなので、確かに勝てる算段が立ちます。厳密に三回のうち二回というのではないかもしれません。六〇％付近、たぶん五八％から六二％の間くらいでしょう。理論的な勝率とデータに表れる実際の数字とが非常に近いので、理論はまず正しいと言えます。

ほかの問題点としては、報告の発表前に人々が行動を控えて、（発表後の）動きが全部ランダムになってしまう恐れがあります。でも、調査結果によれば、発表前でも思ったほど出来高は落ち込んでいません。

あなたの記事でそのことを知ったときは、ちょっと驚きましたね。それは、数字の発表前に賭けに出てる人が思った以上にたくさんいるということですね。

そうです。「ホームラン」を狙っているんです。合理的とは言えない賭けに出てるんです。それというのも、繰り返しますが、人には市場の間違った側につく傾向があるからです。

以上の例で、システムを構築するときにどんな方法論が必要か、お分かりだと思います。うまくいく根拠を理解して、それを出発点にして構築を始めるということなんです。

明らかにあなたの方法論はユニークと言えるものです。メカニカルトレードに対するアプローチ全体が新しいのですね。

従来のアプローチでは、どうしてもうまくいかないからです。

そう考えるようになったきっかけは何ですか。

一九八八年に、私はプロミストランド・テクノロジーという会社を共同設立しました。その会社はニューラルネットワークのソフトウエア開発を目的とするものでした。ニューラルネットワークモデルを使って市場予測をしたいと考えるお客が大勢いたんです。それに応えるために研究に取り組んだわけです。エクセルのアドインソフトを開発して、一九九一年に発表しました。

ニューラルネットワークモデルは人工知能の一種です。それを使えば、データから自然にモデルが出来上がります。ルールを知る必要がないんです。データを入力すれば、予測が出てくるんです。実のところ、ちょっと変わった非線形多重回帰の一種でした。

当時、だれもがニューラルネットを使って経済予測をしたがっていました。私の扱ったお客たちの目的は市場予測でした。そのころ、一九九〇～一九九一年だったと思いますが、私は市場のことをろくに知りませんでした。大学では物理学とコンピューター科学の教育を受けていたんです。そのせいで、シグナル処理の問題として取り組もうとしました。工学的な扱いをしたんです。

結局、そうしたアプローチでは与えられた問題を解決できないことが分かりました。シグナル処理の問題として扱うと、過去のデータについては素晴らしい結果が出てくるんですが、過去のトレードをするわけではないですからね。

私たちが使った主な手法は、テクニカル指標の数値予測でした。例えば、ニューラルネットワークモデルによって移動平均線を予測し、その予測値をシステムで使うわけです。私のその考え方は注目を集めて、一九九二年一一月にはビジネス・ウィーク誌に取り上げられました。一九九三年になって、私はプロミストランド・テクノロジーを辞めて、一九九四年六月にフューチャーズの編集者になりました。

私がたどり着いた結論は、トレードモデルとして成功する条件と、成功した人たちの使う方法の根拠を理解しないかぎり、ニューラルネットワークモデルを使っても市場で成果を上げることはできない、ということでした。さっきも言ったとおり、工学的なアプローチでは大して見込みがないと気づいたわけです。

そこで、出発点に戻って、市場について知る必要のあることをゼロから学び直しました。いろんな本に書いてある古典的な指標やその原理を研究しましたが、結局どれも役に立たないことが分かりました。ストキャスティックスの指標が八〇以下になったら「買い」だ、といったたぐいのことですね。ただ、ストキャスティックスについては使える部分もあります。ダイバージェンスのシグナルなどはとても良いですね。でも、いろんな本に書いてある古典的なアプローチはまったく駄目です。

その後、ジョン・マーフィーのインターマーケットの本を研究し始めました（インターマーケット・テクニカル・アナリシス――トレーディング・ストラテジー・フォー・ザ・グローバル・ストック、ボンド、コモディティ・アンド・カレンシー・マーケット（市場間分析――グローバルな株式・債券・商品・通貨市場におけるトレーディング戦略）。その本には主要市場間の相互作用について詳しく書いてありました。市場がうまく機能する根本的な理由について、目から鱗が落ちる思いをしました。大事なことがつかめたと感じました。

その後、ドンチャン・チャネルブレイクアウトと出合いました。過去一カ月の高値を買い、安値を売る手法です。また、ラリー・ウィリアムズの「ウップス」のパターン（前日の高値を上回って窓を空けて寄り付いたあと、前日の高値まで下げたときに売る手法、前日の安値を下回って寄り付いたときはその逆になる）についても研究しました。これらは古典的で単純な手法です。

私は、古典的な工学的アプローチはやはり避けて、相場で有効だと分かった手法を組み合わせてみました。調べてみて分かったのは、パフォーマンスの良かった方法の背後には、次の二つのうちどちらかが存在しているということでした。ひとつは、価格決定の基本モデルに強力なファンダメンタルズの理由があるということ。もうひとつは、人間的性質に反する出来事が市場に生じているということです。

根本的な前提となるのは、「市場とは何か」ということです。市場とは、大多数からお金を取り上げて、それを上位五％に与える仕組みなんです。九五％の人は人間本来の心理のせいでお金を失うのです。

繰り返しますが、機能するかどうかは、市場のファンダメンタルズの特徴か、心理的な特徴に掛かっているのです。例えばドンチャン・チャネルブレイクアウトの背後にあるものは何でしょうか。なぜそれが有効なんでしょうか。答えは、価格が一カ月間の高値まで達しているために、その戦略の実行が難しいからなんです。その事実のせいで、心理的に仕掛けに踏み切れないのです。「逆に値下がりしたら、どんなことになるのか」と考えてしまうわけです。そうした人間的性質に反するからこそ、この手法が有効なんです。

「ウップス」のパターンがうまくいく理由は、発表されたニュースのせいで寄り付きで窓が空くのですが、すぐにニュースが大したことはないと気づくからです。そして、相場が窓を埋めにいくと、皆パニックに陥ります。最初に買って窓空けの原因を作った人たちが、皆弱気になって最初に投げ出します。彼らがポジションを閉じると、その売りがほかの売りの引き金になるわけです。一方、市場間分析の手法が有効なのは、ファンダメンタルズ上の原因によるものです。

要するに、たまたま良いパフォーマンスを上げたアプローチをいわば逆にたどって、その背後にあるファンダメンタルズを事後的に明らかにしようとするわけですね。

そうです。（最初から）私たちは成功の原因を突き止めたいと考えます。だから、良い数字がたくさん出ることは、それはそれで構いません。でも、いったんシステムを作った以上、「なぜ成功するのか」をつかんでおかなくてはいけないのです。それを発見できなければ、システムを使うことはできません。いずれ破綻することになります。

話を少し戻させてください。市場に対する工学的な分析法とは、どんなものをいうのでしょう。

ニューラルネットを扱っていたころ、サイクルを使ってデータの古典的シグナル処理を行っていました。MEM（サイクル発見法のひとつである最大エントロピー法）によって現在のサイクルを見つけだし、データがサイン曲線に適合すると仮定して、回帰に基づく線形予測を行うわけです。

ひとつの市場を取り上げ、MEMとかFFT（高度なシグナル処理の手法である高速フーリエ変換）で処理して天井や底の位置を予測します。これらは純粋なサイクルに基づくものです。でもそれはうまくいきません。相場があまり長時間にわたってサイクルモードにとどまることがないからです。サイクルが変化するのです。

ノイズのあるシグナルの処理の問題として（市場）を扱ったのでは、以上のように結局うまくいかないと思い知らされます。そこが肝心だと思います。たいていのエンジニアが、どうしても市場について勉強しなくてはいけないと気づかされるのです。成功の秘訣を知るために、集団心理学やファンダメンタルな問題について学ぶ必要が出てくるわけです。うまくいった結果をもとにして、論理的で、筋が通り、確証することのできる根拠を組み立てることが可能なんです。

工学的な方法は市場分析にはまったく役に立たない、ということになるのでしょうか。

必ずしもそうではありません。私が言いたいのは、システムの核になる前提については工学的タイプの方法が使えないということです。トレードシステムはしっかりとした前提に支えられている必要があります。工学的方法は、既存の戦略を強化する目的にならば使えるのですが、自立した単独のシステムとしては使えないのです。一例として頭に浮かぶのは「適応的チャネルブレイクアウト」と呼ばれる手法です。これについては、フューチャーズに何回か記事を書いて説明したことがあります。この手法は古典的なチャネルブレイクアウトシステムをもとにしているのですが、二〇日ブレイクアウトを使わないところが違っています。ブレイクアウトの期間を決めるのに、私のMEMによって計算した現行支配サイクルを用いるのです。これは大変良い例だと言えます。というのも、工学的方法によって、相場がサイクルを出てトレンドに入っているのかどうかという問題を解決しようとしているからです。

二〇日間の高値は、相場がトレンドに入っているかどうかの判断基準としては単純なものです。もっと優れた基準は現行サイクルの周期です。もし相場が三〇日周期のサイクルにあるとすれば、一五日間値上がりして一五日間値下がりします。三〇日間の高値を付けたら、トレンドに入る可能性があると言えます。二〇日間の高値を使っていてサイクルが四〇日周期だった場合には、古典的なシステムが失敗することもお分かりになると思います。相場は何度も二〇日間の高値を付けることになりますから、間違った側でトレードすることになるのです。MEMによる適応バージョンならこういうことは起きません。古典的アプローチのようにダマシにやられることがないからです。

あまりに自由に無制限に考えすぎて、システムの背後にある都合の良い理由でつじつま合わせをしてしま

うことをどうやって防ぐのですか。

本当に自分の根拠を理解しているなら、その根拠に基づいて、正確さとはどういうことなのか把握しているはずです。また、平均的トレード（の利回り）がどのくらいなのかとか、そのほかにもいろいろ決めているはずです。システムのつじつま合わせの論理を完全に貫こうとしても、それができないくらいたくさんの事項があるのです。

「ウップス」の例のような場合には、平均的トレードがどのくらいなのか、把握できないかもしれません。それでも、それは根拠としては確実で、勝手にこしらえたものではありません。さっき説明したチャネルブレイクアウトのアイデアは、価格が上がるにつれて買うのが怖くなるという事実に基づくものです。

言うまでもなく相場にはモメンタムというものがありますよね。だからこそ、「最高値を買って、最安値を売る」という手法は、非常に単純に実行しても、たいてい成功します。

そう、それがポイントです。チャネルブレイクアウトは最も単純な形でも成功します。ただし、成功する理由は、その実行が難しいという点にあるのです。

「背後に理由があれば問題がない」別の例として、季節性のある商品を考えてみましょう。昔から認められてきたことですが、二月から四月半ばまではTボンドが売られやすい期間です。税金対策で売られるからです。あるいは、九月と一〇月の株式市場の不振を考えてみてください。その理由は、米国株式市場から日本へと資金の還流が生じるからですし、多くの投資信託にとって九月三〇日が年度末に当たっているからです。こんなふうに、動きの背後にはちゃんとした理由があるのです。

季節性商品の問題点は、数字当てゲームのように扱われることです。「それなら、その年の第三立会日と第四立会日の間で売買してみよう。それに、第五立会日と第一〇立会日の間、第二〇立会日と第三一立会日の間にも……」といった具合なんです。売りと買いのすべての組み合わせが試されます。そうやって結果を見てみるわけです。統計的に言えば、ポワソン分布（古典的な釣り鐘型の曲線）をしているときに、そんなふうに相当な数の組み合わせを試したとすれば、統計的な有意性検定をパスするものがわずかだけ出ます。九九％と九五％の有意水準はそのためのものです。一％とか五％とかの事例をより分けるわけです。でも、それだってランダムにできるのです。

一年全体をとって、季節性商品の売買日をいろんな期間間隔で組み合わせてみると、何百万ものペアができます。その何百万の組み合わせのなかで、統計的に有意だと思われる事例が少なくとも数百は出てくるはずです。そんな具合にランダムにやるのは問題なんです。でも、ちゃんとした根拠があれば――例えば「九月は税金年度末で投資信託が売られるから季節性があるんだ」とか「日本への資金環流があるから季節性が生じるんだ」とかのように――おかしなことにはなりません。

お話からすれば、ファンダメンタルズも考慮するのですね。少なくとも、ドライバーの理解と関係のあるかぎりは。ファンダメンタルズをメカニカルな形でシステムに取り入れている部分がほかにもありますか。

あります。例えばＣＲＢ（コモディティ・リサーチ・ビューロー）指数が移動平均線を上回っていたら、それはインフレ率が上昇すると現段階で見られている証拠です。ＣＲＢ指数はインフレ率の代用として使えます。そして、ほかの市場に対してメカニカルに当てはめることができます。私が発表した従来型の債券売買システムでは、ＣＲＢ指数と比較しながらＴボンドをトレードします。そのルールはこうです。ＣＲＢ先物と債券先物の現在価値を調べ、それぞれの移動平均線を出します。ＣＲＢ指数と債券は逆相関の関係にあるはずです。ということは、ＣＲＢ指数が上昇していて――つまり移動平均線より上にあって――債券も上昇しているとしたら、予想との間にズレがあることになります。このとき、債券を売ればいいのです。ＣＲＢ指数はインフレ率に対応するのだから、債券価格を先導することになります。それがＣＲＢ指数のシグナルの意味なんです。

ついでに言えば、ＣＲＢ指数のほかにも使えるものがあります。価格主導型の市場を調べればいいんです。実際に品物として買える実物商品の市場ということですね。そうした商品やその派生商品が値上がりしていれば、インフレに向かっています。

そうしたモデルは検証することができます。市場間指標が上がって、債券も上がっていれば債券を売ってみます。市場間指標が下がって、債券も下がっていれば、債券を買ってみます。

研究のなかで、主要経済指標やＧＤＰなどを使うこともできます。ただ、その発表時点を正確に調べるようにしなければなりませんがね。データとの時間関係をきちんとさせておく必要があるのです。データベンダーのなかには、本当はそうじゃないのに前月末発表の報告だといってごまかす連中がいますからね。

あなたのアプローチは本当に幅広いですね。たいていのメカニカルトレーダーはそれほどではないでしょう。ドライバーの理解という原則に常に従うこと以外に、あなたの多彩な相場手法に共通する特徴が何かありますか。

ひとつの問題は、サンプルでのトレードを十分な数だけ行うということです。根拠の部分が非常にしっかりしている場合には、トレード数はそれほど問題になりません。サンプル中の数は少なくてすみます。例えば、ＦＲＢが半ポイント利上げしたことによって、ユーロドルが売られる根拠になっているとしたら、大量のサンプルは必要ないでしょう。筋の通った確実な論理ですからね。

でも一般的に言えば、トレードが多ければ、それだけパラメーターは安定します。パラメーター値が一〇なら利益が五〇万ドルで、八なら二万ドル、といったシステムはまっぴらですよね。相場はトレーダーが気づかないうちに変化しています。システムトレードでは、（自分が選び出す）パラメーターは隣接的な数値として扱えると想定できなくてはいけません。隣接的な数値という条件が嫌だというのでは問題が生じます。なぜなら、可能性としては、やはりどうしても隣接するパラメーター集合による結果が返ってくることになるからです。

多くの人の問題点は、ただひとつのシステムに基づいてシステムを構築するということです。そして、フィルターを使って、二つほどの（最も深刻な）ドローダウンを事後的に何とかしようとするのです。ドローダウンをフィルター処理するときも、バスケット全体ではなくて、そのなかのひとつの相場についてだけ行います。次々とおかしなことに手を付けるようになってしまうのです。「いいさ、相場が一二日間の安値よりも安く寄り付いて、昨日の安値がこのレベル以上だったら……」などと、訳の分からないパターンを持ち出してきて、たった一回の一万四〇〇〇ドルの損失をそれでフィルター処理しようとするわけです。その結果、二日遅れでないと仕掛けられないようになってしまいます。

オーウェルの言葉を借りれば、ルールの数は少ないほど良いということですね。

ルールの数が多いとまずいというよりは、各ルールの根拠となる事例がどれだけあるかという問題なんです。二つのルールを持つシステムで商品トレードを行っているとしましょう。ひとつは買いのため、もうひとつは売りのためのルールです。ある一回のトレード、例えばコーヒーのトレードで手ひどいドローダウンを喫したとします。別の例がよければ、原油相場が一バレル当たり三〇ドル以上に急騰したときのトレードとか、天然ガスが急落したときのトレードとか、どんなものを考えてもらっても構いません。

どんなトレードだったにせよ、その一回の失敗トレードをなんとかするために、フィルターを編み出すことになります。損失をなんとか消そうとするわけです。すると突如として結果が好転することがあります。例えば、最後まで天然ガスの買いを続けることはやめて、売りに切り替えたとします。それによって、五万ドルあった利益を全部失うのを防ぎ、買いの四万ドルの利益を確保できるかもしれません。そのうえ、そのレベルで買いに替えた結果として、新たに三万ドルの利益を手にできるかもしれません。でも、この時点でシステム全体が変わってしまったことになります。利益がゼロになる代わりに七万ドルになった。一回余分なトレードをしたおかげで――その特別なトレードのためにルールを加えたおかげで――申し分のない結果になった。四万ドルのドローダウンを防いで、資産が七万ドル分増えた。つまり、結果的にドローダウンが一万二〇〇〇ドルほどですんだわけです。要するに、フィルターを使って一回のトレードを処理したことになります。

これは良いことではありません。有効な方法とは言えません。ただ、それは、ルールが多すぎるからというのではありません。システムのルールが六個とか八個とかになっても構わないのです。個々のルールがトレードに五〇回とか一〇〇回とか使えるのなら、まず問題はないと言えます。

ドライバーを理解することができて、五〇回はトレードできるような場合ですよね。

そうです。そのルールが筋が通っていて、うまくいく理由がはっきりしている場合です。ルールがテクニカル尺度として通用するというだけでもいいんです。「二〇日間の安値を付けたら、痛手を被らないように損切りして手仕舞う」ということだって構わないのです。チャネルブレイクアウトの考え方を借りてきたわけですからね。そうしたストップが数回くらいしか実行されなくても、痛手が防げればいいんです。

確認になりますが、その場合でも、どちらかと言えば、データを使ったトレード回数は多いほうがいいということですよね？　サンプルサイズを大きくするために使えるテクニックが何かありますか。

そうですね、Ｉマスターの例でお話ししましょう。Ｉマスターでは、平均的なトレード期間は三～四日ほどです。このシステムを開発するときは、七種類の株価指数のバスケットに基づいて検証したのですが、七種類すべてについて同じルールと同じパラメーターを使いました。その結果、約五〇〇〇回のトレード試行ができました。サンプルサイズがこれくらい大きくなると、トレードに自信が持てます。

「買ったあと、ｎ日間の安値を付けたら手仕舞う」といったトレンドルールを立てるだけでなく、それを裏づける事例が十分にあるかどうかを、しっかり確認する必要があります。確認できれば、一回のトレードをフィルター処理しているわけではない、と言えます。でも、十数個あるいは何百個の数の事例を集めるだけでなく、ルールの筋が通っているかどうか、つまり、その有効性を確かめる必要があります。肝心なのは、根拠が何かということです。なぜルールがうまくいったのか、そもそもなぜルールがうまくいくのかを、絶えず自分に問い掛けなければならないのです。

自分で満足できるシステムを作り上げたあとで、定期的な再最適化をしますか。

システムがきちんと構築できたら、何か根本的変化が起きないかぎり、順調にいくはずです。根本的変化というのは、S&P五〇〇先物が一ポイント当たり五〇〇ドルから二五〇ドルに引き下げられたようなケースです。そんなときはシステムの見直しが必要になります。もうひとつ例を挙げれば、グローベックスの二四時間取引の開始です。また、（金利先物市場）の取引時間が変更になって、午前七時半の報告発表と前後関係が変わったこともそうです。以前は、市場が開く前に（取引開始は八時だった）、データの発表が行われていました。

報告発表が取引時間中になったせいで、パフォーマンスの良かったシステムが散々になった経験は私もしています。突如として、ひどくやられるようになったのです。

オープニングレンジブレイクアウトを使うシステムの大半にそういうことが起きました。（時間変更前には）ラリー・ウィリアムズとシェルドン・ナイトが一財産築いていたのですが。ラリーに匹敵するほどの離れ業（少額資金をもとにして一財産築くこと）を見せた者はわずかしかいません。そのひとりがシェルドン・ナイトです。五万ドルを一〇〇万ドル以上にしたのです。ラリーよりも前の一九八六～八七年のことでした。

話を再最適化の質問に戻しましょう。自分が気づいていなかった予想外の相場条件にぶつかったときには、システムの再最適化を考えてもいいと思います。システムに付きまとう問題として、トレードをしてみないと横ばいの期間に気づかないということがあります。データを見ているときには気づかなくて、あとになってみたら、六カ月も資産カーブの横ばいが続いていた、ということがあるのです。気づいた時点でなんとかせざるを得ません。システムを見直して修正することになるでしょう。この段階で、それがどんな相場条件なのか、やっと理解できるようになります。データを実行している段階では、見逃していたことです。でも、今はそれが目の前にあります。現実になっているのです。ほとんど裁量に頼って相場を調べ、問題を突き止めることになるでしょう。やがて、システムを新しいバージョンに改めることになるはずです。こんなふうにシステムを再最適化するときには、（はっきりした）理由が必要です。でなかったら、再最適化はやめたほうがいいです。

裁量的なアイデアとメカニカルシステムを組み合わせて使うことは、方法として有望だと思いますか。

「裁量」の内容によりますね。いわゆる裁量トレードであっても、ルールはあります。トレードの理由は存在するのです。例えば、寄り付きで買いポジションをとるトレードシステムを使っているとします。そして、テロ警戒水準が引き上げられて、ギャップダウンで始まりそうだとしましょう。たぶん、寄り付きで買うのはやめて、前日の安値を上回ってくるまで待つのではないでしょうか。システムが寄り付きで買うように言っていたとしてもです。

開発段階でその種のことをそのシステムに組み入れられなかったのはなぜでしょう？

実際には、寄り付きで仕掛けなかったせいで、二〜三〇〇〇ドルほどの利益を見逃すこともあります。でも、またテロリストの攻撃があった場合のことを考えたら、寄り付きで仕掛けるのは怖かったわけです。

つまり、異常事態のせいでデータの外れ値が生じそうな場合には、厳格なシステムルールに反しても構わない、ということですね。

そうです。それ以外にも、裁量トレードは、メカニカルシステムの成果を拡大する手段としても有効です。

その点で、裁量トレードは、相場との取り組みを心理的に続けるのに良い方法だと言えそうですね。システムの良いアイデアが生まれることもありそうですから。

そうです。それに、全面的なメカニカルトレードとしては不可能なメカニカル的なトレードが、裁量トレードによって可能になるケースも、時にはあります。具体的に話しましょう。ストキャスティックスで一番よく知られたトレードパターン、つまり、八〇%や二〇%の指標を超えるパターンは役に立ちません。ストキャスティックスで唯一有効なのはダイバージェンスです。ダイバージェンスとは何でしょうか。（間）

二つを比べて……。

（遮って）、そうですよね。でも、それとは違ったタイプのダイバージェンスもあります。人間の目がパターンとしてとらえるダイバージェンスです。トップだと思ったものが本当は低いトップですらないのに、目で見れば、弱いトップだということが分かります。わずかに高いトップがあったとしても、傾きを見ると二度になっていて、価格のトップは六〇度になっています。これは、目がとらえることのできる角度のダイバージェンスです。こうしたとらえ方をプログラムに組むのは困難です。エリオット波動のパターンを見つけだしたときも、第四波動にいるのか、X波動（メジャートレンドとも反トレンドとも一致しない横ばいの波動）にいるのか、そのどちらなのかが分かります。確信が持てないようなときにこそ、裁量トレードの存在価値が現れるのです。

一九九四年の相場は一年中そんな状態でした。ABCX、ABCXといった具合でした。S&Pは四六〇ポイントを中心にして、上げたり下げたりをどこまでも繰り返していました。

今一体、波動のどこにいるのか、さっぱり分かりませんでした。一番可能性が高いのはX波動でした。X波動というのは、横ばいのまやかしの波動です。でも、もしかすると第四波動かもしれませんでした。ABCは第一、第二、第三の波動である可能性もありました。それは三番目の波動の結果次第でした。ABCなのか、Cが実際には第三波動なのかは、Cがどこで終わるかで決まることでした。こういうことは全部自分の判断の問題になります。でも、それは有効な方法なんです。ダイバージェンスを認めることができたら、つまり、上昇第四波動に気がついたら、ポジションを手仕舞うことになるわけです。これは自分の判断にかかっています。というのも、この場合、百％メカニカルにエリオット波動を決められないからです。自分の経験に基づいて自分で波動を数える必要があるわけです。

相場をとらえるとき、完全に客観的にやる方法が不明で、人間のパターン認識能力が必要になるようなケースでは、裁量トレードも（許されます）。また、大事件による外れ値に対処するケースでも有効です。

メカニカルトレーダーのなかには、その種のケースは捨ててしまって一向に構わない、と考える人もいます。

でも、ケースによっては、メカニカルな形に直せれば、バックテストにかけて成果が見込めそうなものもあります。私は『サイバートレーディング』のなかで、トム・ジョセフの助けを借りて、エリオット波動分析を行っています。実際、そこでエリオット波動のバックテストを行って、利益が上げられることを示しました。トライアングル（一種の保ち合い圏）は非常に強力なパターンなんです。ただ問題は、自分の目を使い始めると、本当はトライアングルではないのに、トライアングルだと想像してしまいがちだということです。

それは、自分が自由に決められるようにしたときに起きる問題ですよね。私も含めて大勢の人が、そうしたドアを少しでも開けるのは怖いことだと感じています。

今、私はフューチャーズに「実例に基づく推理」というタイトルの連載記事を書いています。そこに書いたのですが、こんなふうに考えれば数量化ができます。「現在の相場パターンについて、過去二〇日間の枠で分析してみよう。過去のデータを調べ、似たような形をした二〇日間の枠の全部に当たって、その後五日間に起きたことを見つけだそう」といった具合にね。同じ考え方で、くさび形だの、トライアングルだの、ヘッド・アンド・ショルダーズなどを識別することができます。この種のトレード法を使って悪いことは何もありません。ただし、絶対に自分自身に対して正直にやる必要があります。

裁量トレーダーの問題のひとつは、メカニカルシステムよりもドローダウンが低くなるからそうするのだ、と言っている点です。でも、要するにそれは、トレード期間が十分でなかったというだけのことにすぎません。カジノに一回だけ行って、「ブラックジャックで五〇〇ドル以上負けなかった。だから自分の方法は優れている」と考えるようなものです。一〇〇〇回カジノに通ったら、まったく違った結果になるでしょう。世界最高のブラックジャック・プレーヤーなら、二五〇回ほど試しにやってみたいと考えるはずです。問題は、裁量トレードの方法を使うときに、ぶっつけ本番に近いやり方をしているということです。過去を調べるとしてもせいぜい一～二年にすぎません。

　メカニカルシステムを使う場合には、一〇年間トレードを続けたあとでも、もっと強固にすべき点がたくさんあります。現実にトレードを行った期間に加えて、それ以前の少なくとも一〇年分のデータを使って検証していてもそうなのです。そんなふうでなければ、そもそも相場で使ってみようという気にならなかったと思います。合計二〇年なんです。いずれにしても、裁量トレードではデータ数が当然ずっと少ないはずです。だから、ドローダウンの数字はそれだけ怪しいということになります。最悪の事態がまだ起きていない、というだけのことにすぎません。

システムがおかしくなったということは、どうすれば分かりますか。

　システムの前提が正しいとすれば、システムがおかしくなったかどうかは、「システムが変わってしまった」と考える理由があるかどうかによります。

ということは、前提が正しいなら、前例のないドローダウンがあっても、そのシステムでやっていくということですか。

　ボラティリティに基づいてドローダウンを標準化しておく必要があります。それを見れば、道筋をはずれていないかどうか分かるでしょう。

　もちろん、突然二三回連続してトレードで損失を出したり、過去のデータの三倍ものドローダウンが生じるようなら、問題があると考えるべきでしょう。ところで、Iマスターを使っていたとき、ミニナスダック先物で一万二〇〇〇ドルほど、ミニS&Pで一万ドルほどのドローダウンを経験したことがあります。組み合わせのドローダウンは一万三〇〇〇ドルぐらいだったと思います。そんな数字になったのは初めてでした。でも、ドローダウンが六〇〇〇ドルになった時点で、お客はパニックを起こし、電話がじゃんじゃん鳴り始めました。

この業界ではよくあることですよね。そういうことが起きたあと、一般投資家を相手にするのがいいのかどうか、疑問に思うようになりませんでしたか。

　私たちはシステムを販売しているわけですが、確かに、そのことがある程度の問題を引き起こします。でも、システムの販売で収入が得られます。それがトレードに悪影響を与えないとすれば、やめる理由はありません。

　「システムがそんなに優れているのなら、なぜそれを売るのですか」といつも聞かれます。キースと私がIマスターを市場から引き上げた理由のひとつはそこにあります。そのシステムでトレードする人が増えすぎたので、自分たちのトレードとお客の利益を守りたかったのです。それ以前に販売したコピーはどれも、私たちのトレードの邪魔になることはありませんでした。今回は、邪魔になる前に販売をやめたわけです。でも、安心して自分の資金をトレードできる優秀なシステムがあって、そのコピーを売ってもトレードに悪影響がないとしたら、販売によってトレード資金を増やしてもいいと思います。

システムを統合して用いると、個別的に用いたときの合計よりも良いパフォーマンスが上げられるものですか。

　その点については、私たちが「トレーダースタジオ」で開発したまた別のコンセプトの話をしましょう。私たちはそれをトレーディングプランと呼んでいます。トレーディングプランというのは、さまざまなセッションを組み合わせたものです。セッションとは、ひとつのシステムを市場で使うことです。

　「トレーダースタジオ」を使えば、例えば、トレンドのある市場でチャネルブレイクアウトを検証することも、指数取引でIマスターがうまくいくかどうかを調べることもできます。そして、この両方のシステムをもとにしてトレーディングプランを開発して、総合的なドローダウンを調べたり、マネーマネジメント戦略を追加したりすることができます。「ここにトレード資金として一〇万ドルある。これを使って、通貨やトウモロコシなどのバスケットトレードや、ミニS&Pのトレードをしよう。一回のトレードのリスクは、口座資金の五％までとしよう。予想数値として、最大のドローダウンはこれくらい、収益はこれくらいになるだろう」などと考えるわけです。さまざまの方法を組み合わせることで、ドローダウンを減らすことができるかどうか、実際の数字で確かめることが可能になります。

時には、単純に戦略を足し合わせたものよりも、良いパフォーマンスを上げることができるということですね。

そうです。ただし相関がなければの話です。例えばチャネルブレイクアウトと反トレンド（カウンタートレンド）の株価指数システムとの間には相関がないはずです。一方、アベレーションシステムとチャネルブレイクアウトを組み合わせたら、ドローダウンが一層ひどくなる可能性があります。それは、二つがほとんど同じような動き方をしているからです。

皆この辺りのことをよく理解していません。S&Pとナスダックのトレードの相関が〇・一八だということをご存じでしたか。市場そのものとしては相関がもっと高いのですが、両市場で同じルールを使ってトレードをした場合の結果はそうではないのです。だから、ミニS&Pのドローダウンが一万ドルで、ミニナスダックのドローダウンが一万二〇〇〇ドルだったときに、組み合わせのドローダウンが一万三〇〇〇ドルにしかならないということも起きるのです。組み合わせることで、ドローダウンは一〇〇〇ドルしか増えない一方で、利益は両方の合計分を手にすることができます。同じシステムで、同じルールと同じパラメーターを使ったとしてもです。

非常に相関が低い場合ですね。

大事なのは、システムがうまくいくちょっとした秘訣は相関の低さにあるということです。だいたい三分の一くらいの期間は、S&Pの買いとナスダックの売り、あるいはその逆のポジションを組み合わせています。それがポートフォリオのヘッジになるのです。相場が本格的に動くとき、つまり大きな上昇や下降のトレンドにあるときには、両者は同じ結果をもたらします。でも、相場に方向性のない保ち合いの時期には、一方でやられても、もう一方が利益を上げてくれるのです。

　その仕組みにはランダムなところがあります。今、ブレイクアウトシステムを使っているとして、過去三日間の平均の値幅の三〇%分だけ寄り付きで上回ったら買いに入る、と決めていたとしましょう。その数値が、S&Pでは三ポイント、ナスダックでは五ポイントだったとします。このとき、ナスダックは五ポイントを超えたのに、S&Pは寄り付きから二ポイント半までしか動かないということがあり得るのです。そこでS&Pの売りを仕掛けます。一方が買いで、一方が売りの格好になるわけです。相場に動きがなくて横ばい状態のときに、ヘッジできる仕組みが、これでお分かりでしょう。

　こんなふうにしてドローダウンを低く抑えます。同じシステムを使ってこんなことができるなんて、普通は考えないものです。似たような市場で同じルールを使うのですからね。同様の関係は銀と金や、そのほかいろいろの市場で見られます。私たちは株式の検証をするとき、NYFE（ニューヨーク先物取引所）指数もいっしょに加えます。（ボラティリティが低いのでトレードはしないのですが、データサンプルのなかに入れておきたいのです。なるべくたくさんの市場をもとにしてパラメーターを決めたいのです。そうすれば、トレード結果は堅牢だったという確信を強めることができます。そういう（トレード対象外の）市場を付け加えることは、サンプル外のデータを持つことによく似ています。

　その話が出たついでにお聞きするのですが、あとで処女データとしてフォワードテストに使うために、一部のサンプル期間を使わずにおくのはよいことだと思いますか。

データやトレード回数に余裕がある場合なら、悪くない考えでしょう。でも、余裕がないときには、むしろ問題が生じます。システムが機能するファンダメンタルな理由が分かっていないときも同じです。ＦＲＢが金利を引き上げたときのように、強力なファンダメンタルによって行動できる場合には、比較的安全だと言えます。

以前、マーティン・ツバイクが、プライムレートをもとにした株式相場のモデルを作ったことがあります。ＦＲＢが何回動いたかを使ったりするんです。このとき、トレード期間の平均は二年でしたので、サンプルのなかに十分な回数が含まれていませんでした。こんな場合には、サンプル外のデータをとっておくことは困難です。そんなゆとりはありませんからね。もうひとつ問題があります。サンプル外の期間が六カ月しかなかったような場合に、その期間のシステムのパフォーマンスが思わしくなかったとしたら、それをどう受け取ればいいのでしょう？　ルールを開発するのに使ったデータのなかにだって、同じように横ばいが六カ月続いた期間があったのかもしれませんからね。

結局大事なのは、基本的な考え方がしっかりしているかということです。その場合には、うまくいかないはずがありません。トレードの回数を増やして、システムの有効性を念押しする必要はなくなります。

マネーマネジメントのアプローチについて聞かせてください。

まず、「トレードのリスクがどれくらいか」を計算します。チャネルブレイクアウトシステムで買いを仕掛けるとすれば、たとえば、仕掛けの価格から直近二〇日の最安値を引いた値が考えられます。これがトレードのリスクということになります。そのあとで、この固定リスクが自分の口座の何％に相当するかを見ます。二％なのか、三％なのか、あるいはもっとなのか、ということですね。以上が固定リスクです。次は、一枚当たりの金額を決めます。これは、オプティマルＦ（口座の固定比率）型のマネーマネジメントを単純化した方法だと言うこともできます。具体的に言えば、「口座残高一万ドルにつき、一枚の債券をトレードしよう」というような具合です。

さらに、新しく資金が一万ドル増えるたびに一枚分の債券をトレードすることにしよう、と決めることもできます。例えば、あるシステムを構築して、三〇年物、一〇年物、五年物の債券をトレードするとします。このとき、「五年物は五〇〇〇ドルにつき一枚、一〇年物は一万ドルにつき一枚、三〇年物は二万ドルにつき一枚にしよう」とすることもできます。つまり、三万五〇〇〇ドルを使って複数市場でトレードすることになります。

初め、口座に四万ドルあるとしましょう。このとき、各市場で一枚ずつトレードすることになります。口座が七万ドルになったとすれば、二枚ずつトレードすることができます。これが一枚当たりの金額になるわけですが、同時に証拠金の額にも注意を払います。資金の五〇％以上を証拠金に当てないようにするといったことです。

でも、別のやり方をとることもできます。一〇万ドルの口座から出発するとして、そのお金が大事なものだったとします。退職金のような場合ですね。このときも各市場一枚ずつのトレードをします（固定リスクは低くなる）。でも、資金が一〇万ドル以上に増えたら、その分については非常に積極的に運用することができます。五年物は二〇〇〇ドルにつき一枚、一〇年物は五〇〇〇ドルにつき一枚、三〇年物は一万ドルにつき一枚といったような具合ですね。資金全体についてそんなふうにしたら積極的すぎますが、利益分についてだけなら、冒険も構わないでしょう。

この考え方は試す価値があります。「当初資金については一枚だけ、利益については非常に積極的にトレードする」ということです。

最初のポジションのとり方について、興味深いアイデアをいろいろと示していただきましたが、トレードに入ったあとでは、どうマネジメントするのですか。

ひとつの例として、チャネルブレイクアウトに注目している場合を考えてみましょう。肝心なのはやはり、トレード回数がたくさん必要だということです。「トレードステーション」を使うとすれば、ひとつひとつのパネルを別個に検証しなければなりません。たくさんの検証を重ねたうえでシステムを構築することになりますが、パラメーターは全部同じにすべきです。ある市場は一〇というパラメーター値で、別の市場は五〇というのではまずいのです。理想は、トレード方法を確立するときに、プログラムを工夫して、パラメーターを価格データそのものから引き出せるようにすることです。

ちょっとよく理解できませんが。

例を挙げます。オープニングレンジブレイクアウトで、（始値より）真の値幅の三日分の平均値の三〇％高いところにストップを置いて買うような場合ですね。この場合、パラメーターが価格データから引き出されています。一日の変動に基づいてナスダック指数を買うときも、バリューライン指数を買うときも同じやり方になります。

分かりました。市場内部の数値に基づいているということですね。どの市場でも一律に二〇〇〇ドルのストップを置くといった気まぐれなやり方ではなくて。

そうです。別の例を挙げましょう。私は、適応的チャネルブレイクアウトと名付けたシステムを開発しました。このシステムでは工学的モデルを使います。最大エントロピー・スペクトル解析法によって相場の主要周期を割り出すのです。そのあとで、過去二〇日の最高値を買うといったチャネルブレイクアウトを使うわけですが、その二〇日という数値を主要周期の数値に置き換えるのです。

その根拠となる考え方はこうです。もし相場が周期的に動いていて、その実際の周期が二〇日だったとすれば、一〇日上昇して一〇日下落するはずです。それなのに、二〇日間上昇が続いたら、それはランダム・ウォークに反するわけで、要するにトレンドに入っていることになります。

これは、価格変動によって（手法が）決まる例のひとつに当たります。このシステムでは、ひとつのパラメーターを使ってすべての市場で検証することができます。過去二〇日間の最高値を買うといった場合の具体的な数値は、自分がトレードした数字によって変わってきます。過去二〇日間の最高値が現在値からどれくらい離れた数値になるかは、トレードしている市場によって違ってきます。だから、そういうシステムなら、広い範囲の市場を対象として使える可能性が高くなります。なぜかと言えば、その時点でのその市場の価格変動に基づいて、実際のパラメーターが決まるからです。

動的な取り扱いがお好きなんですね。

そう、好きです。

そのほか何か付け加えたいことがありますか。

しばらく前に、私はフューチャーズにテクニカル指標についての記事を書きました。私が市場間分析に使った考え方で、「予測的相関」というのがあります。予測力のあると考えられる市場の指標について、今日の値と一〇日前の値を比べます。その関係が、今日を除いたこの先一〇日後の値にどう影響するかを調べることで、予測力を測ることができます。テクニカル指標の予測的相関はどんな値になったと思いますか。すべてゼロだったんです。

問題は、それが何に使えるかということです。私は、過剰予測、過小予測とでも言えるアイデアを思いつきました。今、過去の相関はゼロだと分かっています。それなのに今それが一に近かったら、その意味は？

逆バリする、ということ？

当たり！　そのとき私は、レラティブストレングスを例にとってそういう内容の記事を書きました。指標の予測力がどうなっているかによって、それに従うか逆にいくかを決める、という趣旨のことを述べたのです。

（リチャード・）ワイコフの方法についても研究しました。たいていの人は、ワイコフの方法を裁量的だと考えています。厳密な機械的方法になっていないと言うのです。でも、チャートを見て、価格と出来高の両方が上向きになっていれば、強気の印と判断することができます。両方が下向きならやはり強気の印です。出来高と価格の動く方向が逆なら、弱気を意味します。ピアソンの相関関数（二つの変数間の一次関数的な関連性を表す）を計算してみれば、その関係が正確に分かります。

私は、一年の時間枠のなかでピアソンの相関関数を標準化してみました。その結果、コーヒーでもS&Pでも、（価格と出来高の間の相関関数は）〇・三になることが分かりました。過去一年についての相関がそうなったのです。

そして、できたのがルジェーロ・スマートマネー指標でした。価格と出来高の相関によって相場が弱気か強気かが決められるのです。さっきも言ったとおり普通はメカニカルに使われることのないワイコフ（の方法）をもとにして、メカニカルなものを作ったわけです。自分がどんな方法で裁量的なトレード法をメカニカルな方法に変換したかについて、わたしは一連の相当数の記事を書いています。

要約して言えば、有効な方法はたくさんあるわけですが、それを発見するためには、人間心理と統計学と経済を理解することが必要になります。相場の目的は、九五％の人からお金を奪って、集団に従わなかった残りの五％にそれを与えることにあります。フランク・シナトラをもじって言えば、自分なりの方法（マイウエー）でトレードしてきたことは、記録を見てもらえば分かります。

■参考文献

『ラリー・ウィリアムズの相場で儲ける法』（日本経済新聞社）
『ラリー・ウィリアムズの短期売買法【第2版】』（パンローリング）
『ラリー・ウィリアムズの株式必勝法』（パンローリング）
『魔術師たちのトレーディングモデル』（パンローリング）
『ツバイク ウォール街を行く』（パンローリング）
『相場勝者の考え方』（パンローリング）
『スイング売買の心得』（パンローリング）
『板情報トレード』（パンローリング）
『市場間分析入門』（パンローリング）
『システムデイトレード』（パンローリング）
『エリオット波動入門』（パンローリング）

ゲーリー・ハースト博士

Dr. Gary Hirst

「『どんな市場でも、どんな時点でも通用する』と言えるようなものは存在しないのです」

ゲーリー・ハースト博士はハースト・インベストメント・マネジメントの創設者兼会長で、同時にマーゲート・マネジメント・L・Pのパートナーである。ハースト博士は、後者が本拠地を置くバージン諸島に住んでいる。彼はまた、ヨーロッパと米国におけるいくつかのファンドや会社の取締役でもある。著作としては、ほかの九人の専門家とともに書いた『ヘッジファンド――デフィニティブ・ストラテジー・アンド・テクニックス（ヘッジファンド――完全な戦略とテクニック）』がある。同書は二〇〇三年八月にジョン・ワイリー・アンド・サンズ社から発行されたもので高い評価を得ている。

ハースト博士にとって、投資の対象となり得る市場は全部、格好の標的となる。その投資手法は基本的な株式・商品トレーディングから、複雑なヘッジファンドの戦略や資産配分アプローチにまで及んでいる。それらを結ぶ共通の糸は、完全にメカニカルな方法論と非正統的な傾向である（彼自身の会社では「オルタナティブ投資」だと定義している）。

本書のインタビュー相手のなかで、ハースト博士は自分の方法について最もガードを固めており、彼の仕事とかすかにしか関係なさそうな事柄についても説明してもらえなかった。顧客の投資家でさえ、自分たちに利益を生み出してくれている彼の仕事の数学的原理について、知らされていないのである。インタビューのなかで、言い方を変えて何度も出てくるが、広く受け入れられた考え方は必ず失敗するものであり、逆に大多数と反対のことをすれば成功の確率が一番高い、というのが彼の持論である。そうした信念の表れとして、ハースト博士は、大衆が容易に知ることのできることは一切信用しない。

彼は大学在学中にトレードを始めた。学生時代に行った最初のトレードのひとつはスイスフランの買いで、上げた利益は受け渡しで決済した。

たいていの人は損をしながら少しずつ学んでいくものだが、ハースト博士は例外的にそうした経験をすることがなかった。投資活動歴はほぼ三〇年に及ぶが、その間ずっとそうしてきたように、資金を投入する前に、トレードのあらゆる面について徹底的な分析を行う。その習慣は、アイケアのチェーン店を創業して裕福になった父親から引き継いだものだった。

一九七六年に父親が亡くなってからは、自分の事業に加えて、家業のほうの面倒も見続けている。

ハースト博士はマイアミ大学でコンピューター科学と物理学の優等学位を受け、法学と医学の博士号を修得している。現在、フロリダ弁護士会の会員である。

その限りない才能には恐れ入るしかない。テレビで「サバイバー」を楽しむと聞いて、普通の娯楽にも興じることにホッとした思いがする。もちろん、彼はその番組を無邪気に喜んで見ているだけではない。社会学的に興味深い場面が随所に出てくるというのだ。

ハースト博士の話をしてくれたのは、有名な『マーケットの魔術師』シリーズの著書であるジャック・シュワッガーだった。ハースト博士は、自分が個人的に知っているなかで最高のメカニカルトレーダーだと、ジャックは断言している。


あなたの投資アプローチがオルタナティブと言われる理由は何ですか。

これまで、投資といったら株と債券の買いに決まっていました。だから、そうでないプログラムは何でもオルタナティブになってしまうのです。先物、何かのヘッジとか、デリバティブ、それから買いと売りの組み合わせだって、全部オルタナティブと言われます。オルタナティブと言うと、普通でないという感じがして、あまり安全だとは思われません。でも、実際には、非オルタナティブの戦略よりもボラティリティが低いオルタナティブだってたくさんあります。

あなたのアプローチの中心をなすのは資金配分の方法だと聞いていますが。

そうです。全体的なドローダウンとボラティリティが低くなるように戦略を組み合わせることは非常に大事なことです。いろんな戦略や、方法論や、スタイルや、手法の割り当てや組み合わせを決めるための重要な手順として、遺伝的アルゴリズムを使っています。これは基本的には進化論的な戦略です。戦略が進化するのです。最初は、そうですね、一万くらいのポートフォリオから出発します。運用の過程で、ポートフォリオに含まれるさまざまな戦略の組み合わせの結果を観察します。そして、そのなかの良いものを育て、悪いものを捨てていきます。

育てるときには、親の染色体や遺伝子のかけ合わせなど、通常の進化の道具立てを全部使います。遺伝子内のランダムな変化である突然変異が生じることもあります。

こんなふうに、通常の進化のメカニズムを使うわけです。たいていは一万世代ぐらいにわたって適用します。ポートフォリオの進化の最後には、考え得る最高の戦略の組み合わせが残って、リスクも最小限に抑えられるようになります。

遺伝的アルゴリズムには、ニューラルネットアプローチより優れている点がいくつかあります。進化論的な戦略の良いところは、現実社会の広範囲の現象に応用できて、市場への応用について豊富なフィードバックが得られることです。実際の進化の過程でも、それ自体の内部でフィードバックが生じることがあります。ライフサイクルの進歩の様子を自分の目で見ることによって、最終結果が影響を受けるのです。資産配分はたいていライフサイクルと同じように進行します。このとき、そうした標準的なライフサイクルが、進化論的な遺伝的アルゴリズムによって、最終的な進化の産物に組み込まれるわけです。

遺伝的アルゴリズムが優れているもうひとつの点は、単なる局部的な成果ではなく全体的な成果を実現したということに、強い自信が持てることです。進化論的なアプローチはいろんなことに使えます。例えば、ある先物市場と先物ポートフォリオを結びつけたり、あるヘッジファンドをヘッジファンドポートフォリオと結びつけたりするようなことです。多様な戦略を結びつけて総合的戦略を作り上げることにも応用できます。遺伝的アルゴリズムは、どんなレベルで作業する場合にも活用できるのです。

ヘッジファンドについて言えば、最大で六〇〇〇ほどのヘッジファンドを同時に扱うことができます。先物市場の場合には、たぶん八〇そこその市場しかありませんが、それを組み合わせてポートフォリオを作ることができます。戦略に関しては、その人が何種類くらい使っているかによります。十数個の戦略があったとして、それらをできるだけ良い方法で統合することができるんです。扱う実際の数は適用場面によって変わります。ともかく、種々の方法で使える、適用範囲の広いアルゴリズムなんです。

アルゴリズムというのは正確にはどういうものですか。

問題を一歩一歩解決していく手順です。一九世紀の数学者、アル＝フワリズミの名前に由来します。コンピューターのプログラムはどれもアルゴリズムです。でも、普段の仕事のなかでも使われています。紅茶をいれるような場合ですね。普通、どんなふうに紅茶をいれるでしょうか。「台所に行く。ヤカンを火にかける。箱からティーバッグを出す。それをポットに入れる。お湯が沸くのを待つ。沸いたお湯を注ぐ」という順番ですよね。アルゴリズムというのは、目的を達成するための有限の手順で、コンピューター科学では非常によく使われる言葉です。

あなたのアプローチは全体がテクニカルですか。それとも、ファンダメンタルズをシステム化する方法も発見しましたか。

テクニカルということが、ストキャスティックスとか、ＲＳＩとか、ヘッド・アンド・ショルダーズとか、エリオット波動とかを意味するのなら、テクニカルトレードは使いません。効果的な方法ではないからです。私たちのトレードはすべて、（数学的に計算できる）定量的なものです。おっしゃるとおり、ファンダメンタルズの数量データを入力することもあります。会社の収益や景気のデータなどですね。価格と関連するものです。いずれにしても、全部が定量的データです。
マクロ経済モデルでさえ定量的に作ってあります。世界的なマクロ経済の変数を使い、それを組み合わせて現在の状況を分析するんです。
一から十まで定量的にやっています。遺伝的アルゴリズムは定量的でなくてはならないのです。

でも、そういうアルゴリズムでも、少なくとも幾分かは過去の市場の動きに基づいているのではないですか。

私たちのアルゴリズムのなかには、価格に関連した入力を使うものもあります。過去のあらゆる価格というわけではありませんが。全部が大事だとは限りませんから。

広く認められた方法のなかで、役に立たないと分かったものがほかにありますか。

三〇〇〇ドルで買えるようなトレーディングシステムは、まずどれも役に立たないでしょうね。テクニカル分析の雑誌に載っている方法も、たいてい使い物になりません。使えるものは公表されません。広く利用されることがないように、固くガードされているんです。自分のシステムでトレードすれば儲かると本当に分かっているのなら、どうして作成者は売るのでしょうか。その辺をしっかり考えることが肝心です。自分のシステムを売ることによってしかお金が稼げないから、というのが一番ありそうな答えでしょう。

ということは、当然あなたは自分の方法を顧客に明かすことはない？

そのとおり。会社がしていることについて、外に漏れないように管理しています。

主な顧客は企業でしたよね？

そうです。ヨーロッパの銀行、ヨーロッパの年金基金、保険会社、ファミリーオフィスなどが主なクライアントです。

方法論の問題に戻りますが、よく言われる「単純が最高」という格言に賛成ですか。

ある意味では。物事の考え方としては、単純であるべきだと思います。なぜあるやり方が有効なのかを説明する基本原理がなかったら、科学的な方法とは言えません。

つまり、結果の数字を手に入れるまえに、ドライバーについて理解しておきたい、と考えるのですね?

そうです。相場の結果を知ったあとで過去に戻って、「これとこれをして、ここで仕掛けて、ここで手仕舞ったら大儲けできたはずだ」と決めるとしたら、そういうトレード法は……何というか、それではうまくいきません。データの使い方が間違っています。市場は、そんなトレードで成功できるほど甘くありません。

必要なのは科学的方法に従うことです。まず、市場の動き方について仮説を立てます。それから、その仮説に基づいてシステムを開発して検証を行います。良い結果が出れば、仮説が正しかったわけで、このとき初めてトレード方法が確立したことになります。

作業は過去ではなく、将来に向かって行う必要があります。将来の見通しを考えるのであれば、当然、検討しようとしているアイデアというか仮説は、だいたい単純なものということになります。しかし、実行の段階になると、普通はかなり複雑です。何年もかけてプログラミングや開発を行うケースもあります。でも、核となるアイデアは非常に単純なはずですし、実際単純なんです。

相場から出発して逆行的にトレーディングシステムを開発することはできません。初めに相場の仕組みについての理論や仮説を作り上げてから、それを検証する方法を考えるべきなんです。有効なものを開発しようと思ったら、そうしなくてはなりません。

何が相場で有効なのか、一般的に言うことができますか。

一般的な規則というものはありません。

例えば「モメンタムには継続性がある」といったたぐいのことはどうですか。

価格変動の分布がガウス分布(釣り鐘型曲線として知られる正規分布)に従わないことははっきりしてい

ます。つまり、現にトレンドが存在するということです。でも単純にはいきません。魔法の方法などないんです。市場の構造やその背後にある人間心理にたまたま一致した結果として、ある方法がある市場でうまくいくことはあります。でも、次の日になると、その方法がその市場で通用しなくなるかもしれません。どんな市場でも使えなくなってしまうことだってあり得ます。「どんな市場でも、どんな時点でも通用する」と言えるようなものは存在しないのです。それに、だれの目にも明らかなことは、皆がそれを利用しますから、うまみの余地がありません。あるトレーディングシステムを大勢が使い始めたら、うまみが消えて、リターンがほとんどゼロの状態になってしまいます。

つまり、定期的に全体を見直す必要があるということですか。

ほかの人たちが自分と同じトレード方法を開発したら、成功の機会が消えてしまいかねませんからね。基本的な部分の秘密が保てれば、理論的には永遠に使えるはずです。

相場の特徴の問題にこだわって申し訳ないのですが、あなたのように相場を徹底的に研究した人なら、当然、何らかの一般的な特徴を見つけだしていると思うのですが。例えば、相場がランダムではないとしたら、どんな性質をもっているのでしょう?

カオスの状態なんです。フラクタルな次元をもっているんです。測定をしてみると、フラクタルな次元はランダムな動きに対応していないことが分かります。でも、説明はこれまでにしておきましょう。相場に関するもっと詳しいことは、皆、自分の力でつかまなくてはなりません。

相場は一定の方向に動く傾向を持っていると考えますか。

もちろんです。変化しないものはありません。今日も昨日と同じように動くと言えるものは存在しません。システム開発に当たっては、持続的な成果を生み出せるかどうかを評価する方法も、同時に開発する必要があります。評価もシステムの一部なんです。

どんなシステムトレードでもそうですが、一番大事なことは、あらかじめ全部計画を立てておくことです。仮にニューヨークがテロ攻撃を受けて、市場が数日閉鎖されたとしましょう。それは不意打ちの出来事でしょうか。そんな理由で市場が閉鎖されるなんて予想もできなくて、手も足も出なくなってしまいますか。そんなふうではまずいのです。完全なシステムはすべての可能性を組み込んでいなくてはなりません。それ自身の失敗モードを絶えず意識している必要があるんです。

私たちはどんなものを開発する場合でも、同時に失敗モード分析を行って、考え得るすべての失敗モードを調べるようにしています。もし、これこれのことが起きたら、システムやポートフォリオのほかの部分にどんな影響があるだろうかとか、同時に二つ以上の障害が発生したら、何か特別のことが起きるだろうかとか、ポートフォリオ全体に何か複合的な影響があるだろうかとかを問題にするわけです。最悪事態のシナリオを予想しておく必要があるんです。

相関の問題はそれとどう関係してくるのですか。

相関もまた危険な道具です。統計的な道具の一種なのですが、実は、統計それ自体が、必ずしも相場を正しく予想できません。過去にしか適用できないという点が非常に危険なんです。重相関分析をして結果をまとめようとしても、分析過程でデータのかなりの部分が失われて、最終目的に到達できません。これもまた、私たちが望まないことなんです。私たちとしては、最終目的を達成するまで、データの豊かな相互関係を全部保てるようなテクニックを使いたいと考えています。大部分の統計分析ではそれができません。

相場と人間心理が相反する関係にあるのはなぜでしょうか。

人間の心は素晴らしい道具だと思います。心を使うことで、人が何をしようとしているか、ほぼ予測できます。人はだいたい、売りでも買いでもおかしなことをします。正しく行動することはめったにありません。人しょっちゅう買われ過ぎ、売られ過ぎに走ります。人間が合理的だったとすれば、相場はいつも公正価格になっているはずです。でも、人間は合理的ではありません。恐怖と欲望という不思議な要素に踊らされています。私がお金を稼げるのも、そのおかげなんです。

人はたいてい物事がうまく処理できません。心というのは複雑なものです。人間や人間の集団を扱うのは複雑なんです。経済界を見ても、本当に優秀なCEOはほとんどいません。ビル・ゲイツのようなケタ外れの成功を収めた人物は、経済界の例外的存在です。トレードの世界にも例外的存在はいます。ビル・ゲイツが必死になってトレードに取り組んだとしても、ただ頭が良いというだけで例外的なトレーダーになれるかどうかは疑問です。

知能はトレードの助けになる、ということですよね。

そうです。特に他人の心理について使う場合はね。

あなたは自分の心理についても、うまく対処する必要がありますか。相場の動きに感情的に振り回されて失敗する人が大勢いますが、あなたはそういうことはないですか。

ありません。だいたい正しく行動しています。うまくやれます。

では、どうして自分の判断に頼ったトレードをしないのですか。

私はたくさんのことができます。映画を見て、その総売り上げがどれくらいになりそうか予想できます。映画会社のトップがどうしてそれができないのか不思議です。一見して二〇〇〇万ドルの売り上げにしかならないと分かる映画に、どうして一億ドルも投入するのでしょうか。一〇〇〇万ドルしかかけてない映画でも、私が見て、一億ドル稼げそうだと分かるものもあります。もしかしたら、私は映画会社のトップになるべきだったのかもしれません（笑）。人間にできることはいっぱいあるのです。

人の心は大変複雑です。「サバイバー」（参加者が無人島で生き残りを競うゲーム）というテレビ番組を見るとよく分かるのですが、知恵比べで勝ったり、他人の心や自分の感情をうまく扱うことは本当に大変なことです。番組で生き残れば一〇〇万ドルの賞金がもらえるわけですが、出演者はどうしてもほかの出演者を罠にかけようとしますし、怒りを抑えることができませんし、すべてにひどく感情的になってしまいます。ただ冷静にじっと待って、四〇日間自分の仕事を続けているだけで、一〇〇万ドルを手にできるというのに。だから、わざわざ人と言い争いをする必要なんてどこにもないんです。人はどこまで愚かになれるのでしょうか。

やはり結局、心の問題なんです。人間は大変感情的なもので、自分をコントロールすることができません。「サバイバー」で勝ち残った人を見て分かるのは、だいたいが番組の間中、十分冷静に振る舞った人たちなんです。皆のことを静かに観察して、大騒ぎを引き起こさないようにしていた人たちなんです。

人の心は大変興味深いものです。私は、ディズニーワールドでカフェの外の席に座って人を見ているだけで、何時間も楽しく過ごすことができます。他人を観察して、いろんな種類の行動で彼らが犯す誤りを理解するのは大事なことだと思います。人がトレードで犯すのと同じ誤りが、「サバイバー」でも、テーマパークで自分の子供を扱うときでも、一〇億ドル規模の会社の経営でも見られます。恐れを感じるということがどうしてもできないのです。自分で科学的に証明した疑いを持つことができないのです。私にとって、自分の研究結果に基づいて行動すること以上に自信を与えてくれるものはありません。

トレード能力は作られるものですか、生まれつきのものですか。

トレードの必要条件のうち、生まれつきと経験がそれぞれ何パーセントになるのかは分かりません。大人になるまでの間にトレーダーになれるかどうかが決まるのだと思います。どんなことでも、成功するための能力を子供のうちに身につけておくことが必要です。大人になってからでは相当に難しくなります。

トレードは芸術でしょうか、科学でしょうか。

芸術だけ、科学だけというものは考えられません。科学的原理が適用できる場合には必ず実行すべきです。でも、数学的な分析が歯がたたないほど複雑な事柄だってあります。人の心を科学的に分析できたら——交渉でやりとりしている相手の心を分析できたら――どんなに素晴らしいでしょう。でも、それは不可能です。心の動きは数量化できません。

私たちには他人について判断する能力があります。これは神経回路に組み込まれた能力です。今のところ、機械にそうした能力を持たせることはできません。あまりに複雑すぎるからです。人間の脳に比べて、まだコンピューターには一〇〇万分の一の力しかありません。私たちは相手の顔を見て嘘をついているかどうか判断できますが、そうした驚異的な神経回路をコンピューターに組み込むことはできません。

ということは、あなたの方法のなかには、例えば、チャートから視覚的に見つけだすことができても、数量的な研究には持ち込めない部分が含まれているのですか。

そうではありません。通常は数量化できることしかトレードに使いません。ただ、状況によっては、進行中の動きに気を配って、モデルが想定していない異常なことが起きてないかどうか確かめることが必要な場合もないわけではないですが。

あらかじめ立てておいた仮説を実際の結果で裏づけるということ以外に、検証する必要のあることがありますか。

私たちは通常の検証手順は全部行います。その過程では懐疑心を保ち続けるようにします。統計的な裏づけがあっても、それが真実とは限りません。たっぷりと懐疑心を持つことが必要ですし、検証方法には十分に気をつけなくてはなりません。それに、自分のデータ量の限界にも気を配るべきです。

本当に安全だと感じるためには、いくらデータがあっても足りないと言う人たちもいます。

データをもとにしてシステムを開発しているとしたら、むしろ、そっちのほうが問題です。仮説をもとにするのであれば、そんなに危険なことはありません。仮説に従って動く事例が二～三〇〇〇あれば、データへのカーブフィッティングをして成功した事例が一万ある場合よりも信頼できます。だからこそ、仮説が大切なんです。データの限界を補ってくれるわけです。システム開発は仮説をもとにすべきであって、データではありません。

ポートフォリオのなかでトレードの時間枠を変えていますか。

どちらかと言えば、私たちは時間枠を柔軟に使いたいと考えています。時間枠を固定するのも、やはり危険なことなんです。固定的な時間枠のなかで起きることは、大した意味を持たないと考えられます。一方、マーケットでのある現象があらゆる時間枠で起きれば、それが正しい可能性はずっと大きいでしょうし、真実である可能性も高くなります。

それでも、比較的好ましい時間枠というのはありますか。

ありません。

利益目標についてはどう考えますか。

テクニカルトレーディングでお目にかかるような方法はほとんど使いません。

では、どの時点でトレードを手仕舞うのですか。

どんな数量的システムを使っていても、トレードを続けるべき時期でなくなったら、そう教えてくれます。ストップや目標値は使いません。その代わり、個々の市場でどのくらいのポジションを持つのがいいのか、数量的分析が絶えず知らせてくれます。今日、日本円を五〇％ロングにしていたとして、翌日に会社に行くと、四六％にすべきだと指示が出るのです。それに従ってポジションを四％減らしたりするわけです。これが私たちのやり方です。

つまり、スケーリング（玉の段階的な増減）をしているのですね。

スケーリングという特別なトレードテクニックを使うことはありません。部外者からはスケーリングのように見えても、継続的にポジションサイズを調整しているだけのことで、実際にはスケーリングではありません。独立した結果を生み出す独立した時間枠で動かしているのです。

あなたは法学と医学の博士号を持っていて、うらやましがられる職業の資格を修得しています。それなのにどうしてトレードの道に入ったのですか。

あとになってこの道に入ったのではありません。トレードを始めたのは一九七三年のことで、二一歳のときでした。最初は外国通貨のトレードでした。毎回利益を上げました。当時、フィナンシャル・タイムズ紙とエコノミスト誌を読んでいました。それをもとに米ドルとスイスフランの見通しを立ててトレードし、かなりのお金を稼ぎました。そこから今につながっているわけです。

私はイギリスで生まれ、高校までそこで育ちました。両親は引退してバハマ諸島に移り住みましたが、私はそこで一年、両親と一緒に暮らしました。大学に行くべき時期になってイギリスに戻りました。二週間過ごしましたが、六月半ばでも寒く、雨が降って陰鬱でした。バハマの海岸で一年間過ごした私は、「こんなのはご免だ」と思いました。イギリスには我慢できず、結局マイアミ大学に入ることに決めました。こんなふうにしてアメリカに来たのが一九七二年のことです。

肝心なのは、それが私がトレードを始めた時期で、それ以来ずっとトレードを続けているということです。一九七六年にはファミリーオフィスの会社を買い取りました。コンピューター科学、物理学、法学、医学などいろいろな学位を取りましたが、それはいわば学ぶ訓練のようなものでした。それを職業にするつもりはありませんでした。道具だと考えていたんです。

ほかの人のように痛い目に遭ったり、失敗から学んだりすることもなく、最初からそれほどのトレードの手腕を発揮するのはめったにないことです。スタートの時点からトレードで成功する秘訣を心得ていたというのは、どうしてなんでしょうか。

父はイギリスで事業を手掛けていて、投資資金を持っていました。その父がこんなことを言いました。「稼いだお金を投資して、そのお金でさらに稼げるなら、その資金で食べていくことができる。働く必要がないんだよ」とね。それが父の目標で、その目標を達成していました。
私が一〇代の高校生のころのことで、それは魅力的な考え方でした（笑）。働く必要がないというんです！一〇代の若者のしたがることができて、自分のお金でプレーして、そのお金を増やし、ずっと仕事はしないんです。これで私の考え方が決まりました。昼休み時間、ほかの皆が外で遊んでいるときに、私は図書室でエコノミスト誌やフィナンシャル・タイムズ紙を読んでいました。それが私のお気に入りの読み物でした。昼休みにそこにいるのは私一人でした。サンドイッチを持ち込んで新聞を読んでいたのです。学校が図書室の鍵まで渡してくれました。頭が変だと思われていたんだと思います。実際変だったのです。でも、一五～六歳のころから、それが私の興味の中心でした。そして、経済のあらゆる面に通じるようになりました。実際にトレードを始める前から、何年も研究を重ねていたわけです。いざトレードを始めたら、うまくいきました。とても順調にいったのです。

これまでずっと仕事に就かないで済んでいるのですね？

そうです。

おめでとうございます。

ありがとうございます（笑）。もちろん、実際は見かけとずいぶん違っています。当然私も働いているわけですが、心から楽しんでいるので、仕事という感じがしないのです。

ソフトウエアやハードウエアはどんなものを使っていますか。何か市販のものも含まれていますか。

パソコンを使っています。現在は、3ギガのペンティアム4です。OSはウィンドウズXPプロフェッショナルです。アセンブラーからJavaまで、あらゆるコンピューター言語を使ってプログラミングをします。

市販のトレードソフトや財務ソフトは一切持っていません。あるのはウィンドウズのOSとプログラミング言語だけです。

自分のコンピューターシステムを基礎から構築するのは、成功するのに不可欠なことですか。

外で買えるようなシステムでは、まず利益は得られないでしょう。それでうまくいくのなら、なぜ売る必要があるのでしょうか。世の中にはおいしい話はないんです。

あなたは職業の面でも、私生活の面でも多彩な経験をお持ちですが、トレードが特に満足を与えてくれる点としてはどんなことがありますか。

私の考えでは、人生のほかの多くの面とトレードの間には、たくさんの共通点があります。トレードがほかの大半の活動と違うのは、どのくらい自分が優秀か正確に分かるという点です。例えば映画の監督をする場合、自分が優秀かどうか、どうすれば分かるでしょうか。チケットの売り上げを見ればいい、と思うかもしれませんが、不当な批評に出合うこともありますし、映画の封切りや宣伝の仕方がまずいこともあります。あるいは、どうしようもないほど予算が少ない場合だってあるでしょう。どんな映画がヒットするか、だれが予測できるでしょうか。監督が優秀かどうか、だれが判断できるのでしょう?

自分が優秀な作家かどうか、どうすれば決められるでしょうか。本の売れ行きは分かりますが、それにどんな意味があるのでしょうか。売り上げの数字からは分からない複雑な条件が絡んでいるんです。派手な売り込みのおかげだけで売れることもあります。同じくらい良い本を書いても世に知られていない作家はたくさんいます。売り込みで人気が出た作家のほうが彼より優秀だと言えるのでしょうか。

たいていの事柄については、成功の度合いを基準にしてその人の能力を判断することはできません。しかし、トレードでは、毎日毎日、自分の能力を思い知らされるのです。

この地球には七〇億の人間がいます。そのひとりひとりが市場と何らかの関係を持っています。ある程度は全員が市場に影響を与えているのです。皆が情報を受けとって、その処理を行っています。七〇億の人間が持つ情報処理能力について考えてみてください。その全員が毎日、市場の判断を行っているのです。カンボジアの農夫も自分の所得をもとにして何を買おうか考えています。市場には限りないほどの情報が流れ込んできます。無数の人がすべての経済情報に対して完全にアクセスできます。

あなたはその全員を相手にしているのです。彼らに勝負を挑むわけです。そして、端的にいって、彼らからお金を稼ぐためには、彼らよりも優秀でなければなりません。優秀かどうかは、最終的に儲けたかどうかではっきり決まります。ありません。儲けた金額を人に言う必要はありません。トレードの結果は自分で見られるわけですから、自分の能力は歴然と分かります。

年末の時点で一〇〇〇万ドル儲けていれば、疑いの余地はありません。「すごいけど、本当は優秀なトレーダーではないんだ」などと人には言わせません。そんなのは笑い飛ばせばいいんですから。

要約一　計画段階

良い検証結果が出たというだけで有頂天になってはならない。最近の使い勝手の良いソフトを使えば、無数の可能性を試すことができるので、良い結果を簡単に大量生産できる。意味のある結果と単なる偶然とをより分けるのが、分析家の腕の見せ所である。肝心なのは、最適化の手順を注意深く実行することと、前提となるドライバーを出発点にさかのぼって理解することである。

あるコンセプトがどれだけ予測力があるかを評価するための絶対的な科学は存在しないが、それでも、広く認められた信頼できるガイドラインがある。チャーリー・ライトがそれを大変うまくまとめている。

一．複数の市場で検証すること。

二．データ領域が狭すぎたり、特殊な市場環境に偏ったりしないように注意すること。必ずあらゆる種類のトレンド局面やトレード局面、強気・弱気・保ち合いの相場の全局面を観察するようにすること。インタビュー相手のなかには、遠い過去よりも最近の相場データが大事だと考える人もいる。だが、どんな場合もデータは多いほど好ましいという考え方にはっきりと反対する人はひとりもいない。

三、データ上、良い検証結果の周辺で同じように良い結果が出ていることを確認すること。マレー・ルジェーロが述べているように、現実のトレードでは隣接するパラメーターに出合うことが多いので、その確認を怠るのは問題である。

たいていの場合、少額資金にレバレッジを効かして大金が稼げると期待してはならない。並の人間は立会場のスペシャリストのような優位性を生かす能力をもっていない。現実には、食うか食われるかの厳しい環境のなかで、フロアトレーダーのなかにさえ、そうした素晴らしい腕を発揮できない者がたくさんいる。立会場の伝説的な話は頭から追い払ったほうがよい。それはたいていの人にとって無縁の話である。

自分自身を知り、自分が成し遂げようとする目標を理解すること。年間三〇％の収益を生み出すトレードシステムを作り上げることができたら、トレードアドバイザー全体のなかでもトップクラスに入れる。現実を知るべきである。自分の方法を構築するときには、自分の資質というものを考慮に入れなくてはならない。

トレードはビジネスである。トレードには独特の面もあるが、一般的な原則も間違いなく当てはまる。しっかりしたビジネス計画を練り上げるべきである。計画はきちんと実行しなくてはならない。完全な研究と理解ができていないプログラムを稼働してはいけない。当初資金が少なすぎるのは危険である――ビジネスが破綻に終わる最大原因である。

利益や損失の予想を含めて、推測をもとに動こうとしてはいけない。結局、相場には「高すぎる」「安すぎる」「多すぎる」と決めつける根拠などないと思い知らされることになる。

大幅な値上がりのあとでも投下資金を減らしたいと思うことはなかった、とチャーリー・ライトが語ったその理由を思い出してほしい。それはどう転んでも良い結果につながらないからだった。たとえレバレッジを減らすべきだという勘が正しかったとしても、チャーリーは、自分の行動を投資家に説明するという危なっかしい仕事を背負い込むはめになるのである。そのままなら、客たちは、チャーリーも彼のシステムも稼ぐ力があると考えるはずだった。あるいは、チャーリーはどんなときでも何とか成果を上げることができると信じるはずだった。そうした新たな期待を損ないたくなかったのである。

同様に、私だって人――自分も含めて――の期待を裏切らない道を選ぶ。

個別的なシステムや究極的な仕掛けのシグナルのために時間をかけすぎないようにすべきである。トレーダーが生き延びるための方策はもっと全方位的でなくてはならない。分散化が肝心である。その観点からすれば、どんな場合もひとつの市場でひとつのシステムを使って成果を上げようとする考え方が入る余地はまずなくなる。実のある相場分析を行うためには、ポートフォリオ配分とマネーマネジメントに十分な注意を払うべきである。

相場の不意打ち――重大な外れ値――の危険を軽減するための備えが必要である。不幸なことに、ブラックマンデーや同時多発テロのような衝撃的事件は、どうやっても相場の方程式から取り除くことができない。だから、期待利益を最大に保つと同時に、システムと市場の過剰な相関や過剰なレバレッジによる落とし穴を避けることが課題となる。

トレードの要点――専門家の間のいくつかの一致点

一．十中八九、利益目標は成績を低下させる。

二．口座資産の状況を見てレバレッジの調節をすると――つまり何らかの方法でポジションの増減を行うと――、まず苦境に陥る（絶対にダメというわけではないが、これまでの例によれば、少なくとも私の経験では良い結果につながらない）。動きの始まりと終わりが早くなりすぎて、口座のオシレーターが動きを有効に予測できなくなるのである。

三．システムの根幹をなすのはモメンタムである。反トレンド（カウンタートレンド）の手法も、新たな方向性が確立されたあとで（直後の場合もある）、適用が可能となる。

四．従来からある需給中心の市場（特に通貨市場）ではモメンタムの考え方がよく当てはまる。株価指数ははっきりしたトレンドを作らない。

五．単純が最高。複雑なプログラムを使う人も、核となる個々の要素は十分に基本的なもので、たやすく理解できるコンセプトに基づいていることを認める。

システムトレーダーにとって究極の武器は資金である。システムを運用するためにはしっかり態勢を整える必要がある。その点で最悪なのは、乏しい資金でトレードすることである。究極的な目標としては、多様な市場で種々の時間枠を使うことによって、システムトレードの小宇宙を作り上げるべきである。

新たに出現してくるトレードの場に絶えず目を光らせていなくてはならない。インタビュー相手、特にウェイン・グリフィスから教えてもらわなかったら、ラッセル２０００先物がどれほど有望な市場になったか、私は今でも気づいていなかっただろう。ラッセルはナスダックやＳ＆Ｐほど市場の厚みがないが、出来た注文は通常のスリッページ＝手数料カーブとよく一致している。加えて、最近のＳ＆Ｐが生気のない動きをしているのに対して、ラッセルのほうは、モメンタムトレードにピッタリの直線的な動きを示している。

ラッセルが先導的なＳ＆Ｐとは違った市場であるという事実自体が重要である。マレー・ルジェーロは、種々の指数間、特にＳ＆Ｐとナスダック間には驚くほど低い相関しかないと語っていた。私も、自分の最良のＳ＆Ｐシステムとナスダックシステムについて、過去の成績を再調査してみたが、同じ結論を得た。今では私も、自分の統合システムのなかに実行可能なラッセルのシステムを組み込んでいる。

不動産業者にならって、システムを「強固に、強固に、強固に」するように心掛けるべきである。

しっかりした理論に基づくトレードによって確実性が相当に高まる。作り上げた各ルールが当てはまる事例が多ければ、今後の予想パフォーマンスに対する自信はそれだけ強くなる。それはまた、フィルターをかけてX個の純損失のトレードを取り除いたりするような種々の検証手順に対して、ある程度の歯止めの役目をする。ただし、全体的なバランスをとりながら、検証の調整を行うことになる。

メカニカルシステムトレーディングの十戒

一．プログラムが発するすべてのシグナルに従わなければならない。自分でトレードの取捨選択をしてはならない。

二．自分の母親、父親、兄弟姉妹、友人、テレビ評論家、ニセのニュースレター予言者、その他のいかなる相手の言うことも聞いてはならない。なぜなら、自分のシステムを本当に正しく動かせるのは自分自身だけだから。

三．ごまかしをしてはならない。一ティックでも少なく利益確定してはならず、ストップロスを一ティックでも上下に動かしてはならない。広きは背きの道、狭き直きは研究結果の道。

四．ギャンブルをしてはならない。市場で冒険に走る者はだれでも、地に墜ちて炎に包まれる。

五．その場しのぎをしてはならない。自分のルールに例外を作ってはならない。トレードが進行している最中に何事も決定してはならない。ある状況におけるシステムの動作が気に入らない場合には、トレードが終わって冷静になれるときに、より適切なルールを作ればよい。

六．研究を長く続けても、注意深さを失わないようにしなくてはならない。いつまでも懐疑心を保ち続けなければならない。多すぎるルール、少なすぎるデータ、良すぎる結果には警戒しなくてはならない。

七．過剰最適化をしてはならない。

八．裁量とメカニカルな方法を組み合わせてはならない。なぜなら、まさに両者の最悪の部分が引き出されることになるからである。

九．慎重さを偽って危険なシナリオを避けてはならない。一番恐ろしく感じられるものによって、自由が与えられるのである。

十．自分のシステムが自分よりも賢いことを残念に思ってはならない。授かった賜り物に対して感謝しなさい。なぜなら、それこそまさに栄光への道だからである。

メカニカルシステムトレードの基本用語

過剰最適化（over-optimization）　慎重な最適化は必須だが、過剰最適化は分析のプロセスを歪める。両者の違いは悩ましいほど微妙な場合がある。

検証する（test）　メカニカルな形で表現できるアイデアをプログラム化したあとで、実際の価格データを使ってそれを動かしてみること。その際、留意すべきことがたくさんあるが、そのひとつは「自分をごまかすな」ということである。実際のトレードで知り得ないこと、実行できないことをデータに持ち込まないように気をつけるべきである。つまり、理論的な未来が理論的な過去のなかに侵入しないようにする必要がある。

最適化（optimization）　過去のデータに対して一連の数字のどれを使えば最良の結果となるかを決めることによって、トレード戦略を練り上げるプロセス。ソフトウエアを使って実際の数字をxとかyとかいった変数に置き換え、最小と最大のパラメーターの間で少しずつ数値を変化させてみて、さまざまな条件を調べる。

一例を挙げれば、たいていのシステムトレーダーは、前日のバーの長さの一定比率分だけ始値よりも高くなった時点で仕掛けることを好む。その最良の比率を決めるのが最適化のプロセスである。最小値を〇・一、最大値を二・五、増分を〇・一としたとする。この場合には、両端の数字の間にある二五の値について検証を行って、その結果を調べることになる。

最適化を行えば、必ず数字の間に優劣が出てくる。時にはその差がかなり大きくなることがある。問題は、良いパフォーマンスが単にランダムな数字のなかの最高というだけのものなのか、それとももっと意味のあるものなのかを判断することである。

資産収益率（**return-on-account**）　純益総額を過去最大のドローダウンで割った値。

純益総額（**total net profit**）　あるデータ領域についてシステムが生み出した結果。勝ちトレード、負けトレード、スリッページ・手数料を全部合わせた値。当然、システムの有効性を示す指標となるが、それだけつかんでいればよい、というわけではない。

スリッページと手数料（**slippage and commission**）　大まかな方法だが、その考慮により理論的なトレードが現実のトレード結果に一層近づく。手数料についてはその名のとおり。いかなるトレードにもかかるコストである。スリッページは、立会場や電子市場では本質的なものである。指値のない注文は、プライスを出しているトレーダーの有利に執行されやすい。彼らは、できるだけ安い買い気配値で買い、できるだけ高い売り気配値で売ろうとするからだ。したがって、彼らがその要求を満たせたときは、自分は得てしてその逆をしていることになる。フル規格の（ミニでない）商品であれば、スリッページ・手数料を一トレードにつき一〇〇ドルで勘案するのが一般的だ。

ドライバー（driver）　根本的な市場の力ないし特性。メカニカルトレーダーは普通、過剰最適化を防ぐため、自分の上げた成果がそうした暗黙の原理と一致することを求める。

ドローダウン（drawdown）　口座残高がいったん減少したあと再び増加して以前の最高額を超えた場合に、過去の最高資産額からその後の最低額を引いた額をいう（当然、最終的な金額は事後的に決まる）。**最大ドローダウン**とは、過去の全データにおける最悪の減少額をいう。**ドローダウン時期**とは、一般的なとらえ方によれば、以前の最高額の時点から、最終的にその最高額が回復した時点までの期間である。

外れ値（outlier）　異常に大きな利益や損失が生じる極端な結果。同時多発テロ、ブラックマンデー、ブラジルの冷害のような、たまに市場に生じる衝撃的出来事は、データ全体に重大な影響を及ぼすことがある。しかし、そうした孤立した出来事は、相場についてのアイデアの裏づけ証拠として、究極的にはどんな意味を持つのだろうか。たいていの場合、そうした異常値は最終的なパフォーマンスの結果から取り除かれるか、少なくともその影響を弱められる。長い間にはそういう突出値が何度か現れることは確かだが、独特の特殊な性質を持っていることからして、システムのコンセプトを裏づける証拠となり得るかどうかは疑わしい。

標準偏差（standard deviation）　あるデータ標本内の数字の散布パターンを示す統計尺度。つまり、あるデータセットにおいて、数値がどれほど平均値の周りに集まっているかを表す。二標準偏差は一標準偏差よりも広い散布度を示し、三標準偏差はさらに広い散布度を示す。

メカニカル（mechanical）　トレードについて使われる場合、前もって決めた機械的なシグナルに基づいてすべての行動を決定する方法をいう。純粋にメカニカルなやり方でシステムを運用するときには、買い、売り、手仕舞いのシグナルを定められたとおり正確に実行する。シグナルは明確なものでなければならず、トレーダーはシグナルの無視や裁量によるどんな変更もしてはならない。

■著者紹介

アート・コリンズ（Art Collins）

アート・コリンズは、壊滅的な市場の混乱をトップトレーダーがどう乗り越えたのかを描いた評判作『マーケットの魔術師　大損失編』の著者である。また、CBOT（シカゴ商品取引所）の会員で、ほぼ20年にわたってメカニカルシステムの開発を手掛けている。アートはパートナーとともに、1997年にトレードを開始したメカニカルなS&Pシステムにより数百パーセントの収益を生み出した。ノースウェスタン大学卒業。アートは長年、風刺的ロックバンド、クリーニング・レイディーズのギタリスト兼作詞作曲者を務めている。同バンドはMTV、デメント博士のラジオショーに出演した。

アートの連絡先は、artcollins@ameritech.net。

■訳者紹介

鈴木敏昭（すずき・としあき）

愛知県生まれ。1972年東京大学文学部言語学科卒業。訳書に『ストックマーケットテクニック　基礎編』『金融と審判の日』『ワイコフの相場大学』『ワイコフの相場成功指南』（いずれもパンローリング）、『心理言語学』（研究社）など。

trdadft@mbp.nifty.com。

2005年６月５日　初版第１刷発行
2005年７月３日　　　第２刷発行
2008年４月１日　　　第３刷発行
2012年８月５日　　　第４刷発行
2021年５月１日　　　第５刷発行

ウィザードブックシリーズ ⑨⓪

マーケットの魔術師《まじゅつし》　システムトレーダー編《へん》

市場に勝った男たちが明かすメカニカルトレーディングのすべて

著　者　　アート・コリンズ
訳　者　　鈴木敏昭
発行者　　後藤康徳
発行所　　パンローリング株式会社
〒160-0023　東京都新宿区西新宿 7-9-18　6階
TEL 03-5386-7391　FAX 03-5386-7393
http://www.panrolling.com/
E-mail　info@panrolling.com
編　集　　エフ・ジー・アイ(Factory of Gnomic Three Monkeys Investment)合資会社
装　丁　　新田“Linda”和子
組　版　　a-pica
印刷・製本　株式会社シナノ

ISBN978-4-7759-7052-2

仕掛けのタイミングが分かる

押し目買い・戻し売りの聖典

ローレンス・A・コナーズ
(Laurence A. Connors)


TradingMarkets.comの創設者兼CEO(最高経営責任者)。

1982年、メリル・リンチからウォール街での経歴をスタートさせた。

著書には、リンダ・ブラッドフォード・ラシュキとの共著『魔術師リンダ・ラリーの短期売買入門(ラリーはローレンスの愛称)』『コナーズの短期売買入門』『コナーズの短期売買実践』(パンローリング)などがある。

ウィザードブックシリーズ284
「恐怖で買って、強欲で売る」短期売買法

定価 本体2,800円+税
ISBN:9784775972533

ローレンス・A・コナーズ【著】短期売買シリーズ

ウィザードブックシリーズ169
コナーズの短期売買入門

定価 本体4,800円+税　ISBN:9784775971369

【短期売買の新バイブル降臨! 時の変化に耐えうる短期売買手法の構築法】トレードで成功するために、決断を下す方法と自分が下した決断を完璧に実行する方法を具体的に学ぶ。

ウィザードブックシリーズ180
コナーズの短期売買実践

定価 本体7,800円+税　ISBN:9784775971475

【FX、先物、株式のシステム売買のための考え方とヒント 短期売買とシステムトレーダーのバイブル!】トレーディングのパターンをはじめ、デイトレード、マーケットタイミングなどに分かれて解説。

デーブ・ランドリー (Dave S. Landry)

TradingMaekets.comの共同設立者兼定期寄稿者。

ルイジアナ大学でコンピューターサイエンスの理学士、南ミシシッピ大学でMBA（経営学修士）を修得。コナーズに才能を見出され、独自に考案したトレーディング法で成功を収める。公認 CTA（商品投資顧問業者）のセンシティブ・トレーディングやヘッジファンドのハーベスト・キャピタル・マネジメントの代表で、2/20EMA ブレイクアウトシステムなど多くのトレーディングシステムを開発。

また、多くの雑誌に寄稿し、著作も『裁量トレーダーの心得 初心者編』（パンローリング）や『デーブ・ランドリーズ・10 ベスト・パターンズ・アンド・ストラテジーズ』などがある。

デーブ・ランドリー【著】 裁量トレーダーの心得

ウィザードブックシリーズ190
初心者編
システムトレードを捨てたコンピューター博士の株式順張り戦略

定価 本体4,800円+税　ISBN:9784775971390

【PC全盛時代に勝つ方法！　PCの魔術師だからこそ分かった「裁量トレード時代の到来」！　】どうやれば個人トレーダーの成功を阻む障害を克服できるようになるのか。

短期でも長期でも利益を得られるトレーディング法とはどんなものなのか。相場が本当はどのように動いているのか、そして、思いもよらないほど冷酷なマーケットで成功するために何が必要かを、本書で学んでほしい。

ウィザードブックシリーズ193
スイングトレード編
押しや戻りで仕掛ける高勝率戦略の奥義

定価 本体4,800円+税　ISBN:9784775971611

【高勝率パターン満載！　思いがけないことはトレンドの方向に起こる！】相場の世界では、デイトレード時代が終わりを静かに告げようとしている。では、バイ・アンド・ホールド時代の到来かと言えば、今の世の中は不透明感と雑音に満ちあふれている。そこで、ランドリーが提唱するのがポジションを２～７日間維持するスイングトレードだ。トレンドの確定方法を伝授し、正しい銘柄選択と資金管理を実行すれば、スイングトレードの神様が降臨してくれる!?

システムトレードの達人たちに学ぶ

ラリーの仲間たち

ラリー・R・ウィリアムズ (Larry R. Williams)

50年のトレード経験を持ち、世界で最も高い評価を受ける短期トレーダー。1987年のロビンスワールドカップでは資金を1年間で113.76倍にするという偉業を成し遂げた。

「ウィリアムズ%R」「VBS」「GSV」「ウルティメイトオシレーター」「TDW」「TDM」など、世界で多く使われている指標を開発してきた。テクニカル分析だけでなくファンダメンタルズ分析も併せた複合的なアプローチでトレード界のトップを走り続けている。

1000%の男

マネーマネジメント手法
オプティマルfを伝授

ウィザードブックシリーズ196

ラリー・ウィリアムズの短期売買法【第2版】

投資で生き残るための普遍の真理

定価 本体4,800円+税
ISBN:9784775971611

短期システムトレーディングのバイブル！読者からの要望の多かった改訂「第2版」が10数年の時を経て、全面新訳。直近10年のマーケットの変化をすべて織り込んだ増補版。日本のトレーディング業界に革命をもたらし、多くの日本人ウィザードを生み出した 教科書！

ラルフ・ビンス（Ralph Vince）

オプティマルfの生みの親

トレーディング業界へは歩合制外務員として入り、のちには大口の先物トレーダーやファンドマネジャーのコンサルタント兼プログラマーを務める。

著書には本書のほかに、『投資家のためのマネーマネジメント』（パンローリング）、『The Mathematics of Money Management』『The New Money Management』などや DVD に『資産を最大限に増やすラルフ・ビンスのマネーマネジメントセミナー』『世界最高峰のマネーマネジメント』（いずれもパンローリング）などがある。

ケリーの公式を相場用に改良したオプティマルfによって黄金の扉が開かれた。

真剣に資産の増大を望むトレーダーには彼の著作は必読である。

ウィザードブックシリーズ151

ラルフ・ビンスの資金管理大全

定価 本体12,800円+税
ISBN:9784775971185

ジェイク・バーンスタイン (Jake Bernstein)

国際的に有名なトレーダー、作家、研究家。MBH ウイークリー・コモディティ・レターの発行者で、トレードや先物取引に関する約 30 もの書籍や研究を発表している。ウォールストリート・ウイーク、そして世界中の数々のラジオやテレビ番組に出演し、また、投資やトレードに関するセミナーでも講演している。トレードとタイミングに関するあくなき追及は、トレーダーに新たなツールを提供している。

ウィザードブックシリーズ51

バーンスタインのデイトレード入門・実践

入門編　定価 本体7,800円+税　ISBN:9784775970126
実践編　定価 本体7,800円+税　ISBN:9784775970133

デイトレーディングの奥義と優位性がここにある!

あなたも「完全無欠のデイトレーダー」になれる!
トレーディングシステム、戦略、タイミング指標、そして分析手法を徹底解明。テンポの速いデイトレーディングの世界について、実践で役立つ案内をしてくれる。
初心者でもベテランでも一読の価値があるこの本を読めば、新たな境地が見えてくるだろう。

ウィザードブックシリーズ130

バーンスタインのトレーダー入門

30日間で経済的自立を目指す実践的速成講座

定価 本体5,800円+税　ISBN:9784775970966

ヘッジファンドマネジャー、プロのトレーダー、マネーマネジャーが公表してほしくなかった秘訣が満載!

トレーディングによる経済的自立を手にするうえで、経済学やファイナンスなどの専門知識や学位は不要である。必要なものは正しい決定を下す意思力、それを順守する規律と行動力である。

ジョン・R・ヒル (John R. Hill)

トレーディングシステムのテストと評価を行う業界最有力ニュースレター『フューチャーズ・トゥルース（Futures Truth）』の発行会社の創業者社長。株式専門テレビ CNBC のゲストとしてたびたび出演するほか、さまざまな投資セミナーの人気講師でもある。

オハイオ州立大学で化学工学の修士号を修得。おもな著書・DVD に『勝利の売買システム』『DVD ジョン・ヒルのトレーディングシステム検証のススメ』がある。

息子のランディ・R・ヒルも売買システム開発者である。

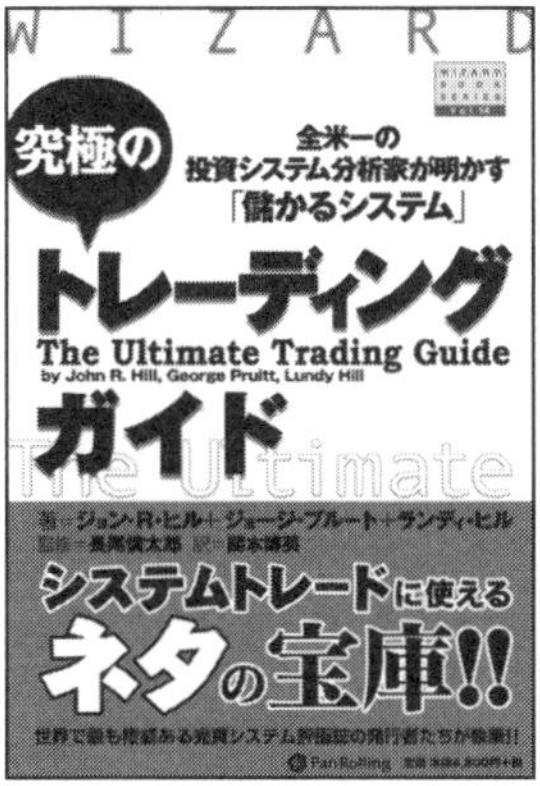

ウィザードブックシリーズ54

究極のトレーディングガイド

定価 本体4,800円+税　ISBN:9784775970157

この『究極のトレーディングガイド』は多くのトレーダーが望むものの、なかなか実現できないもの、すなわち適切なロジックをベースとし、安定した利益の出るトレーディングシステムの正しい開発・活用法を教えてくれる。

現在最も注目されているアナリストとそのパートナーは本書のなかで、トレーダーにとって本当に役に立つコンピューター・トレーディングシステムの開発ノウハウをあますところなく公開している!

株式、先物、オプションなどすべてのマーケットでトレードしたいという個人トレーダーにとって、本書は本当に使えるトレーディングシステムを開発・活用するうえで、まさに「究極」という名に値する素晴らしい実践的な指導書である。

あなたのトレード成績を向上させる秘訣がこの本にある!

- トレーディングシステムベスト10から優秀なシステムを紹介
- トレンドやパターンについても解説本書であなたのシステムは進化する

本書P.363で紹介されているシステムポートフォリオの例

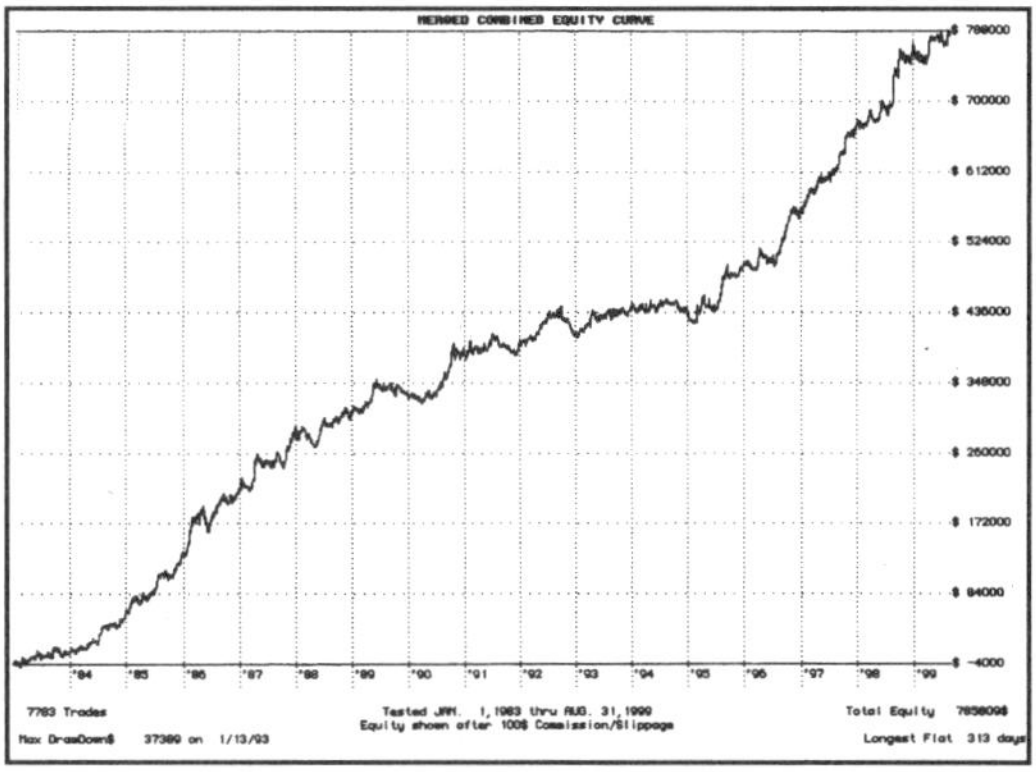

トレード心理学の三大巨人による不朽不滅の厳選ロングセラー5冊！

マーク・ダグラス

ブレット・スティーンバーガー

アリ・キエフ

トレーダーや投資家たちが市場に飛び込んですぐに直面する問題とは、マーケットが下がったり横ばいしたりすることでも、聖杯が見つけられないことでも、理系的な知識の欠如によるシステム開発ができないことでもなく、自分との戦いに勝つことであり、どんなときにも揺るがない規律を持つことであり、何よりも本当の自分自身を知るということである。つまり、トレーディングや投資における最大の敵とは、トレーダー自身の精神的・心理的葛藤のなかで間違った方向に進むことである。これらの克服法が満載されたウィザードブック厳選5冊を読めば、次のステージに進む近道が必ず見つかるだろう!!

悩めるトレーダーのためのメンタルコーチ術

5刷

定価 本体3,800円+税
ISBN:9784775971352

ブレット・N・スティーンバーガー博士
(Brett N. Steenbarger)

ニューヨーク州シラキュースにあるSUNYアップステート医科大学で精神医学と行動科学を教える准教授。自身もトレーダーであり、ヘッジファンド、プロップファーム（トレーディング専門業者）、投資銀行のトレーダーたちの指導・教育をしたり、トレーダー訓練プログラムの作成などに当たっている。

なぜ儲からないのか。自分の潜在能力を開花させれば、トレード技術が大きく前進することをセルフコーチ術を通してその秘訣を伝授！

本国アメリカよりも熱烈に迎え入れられた『ゾーン』は刊行から10年たった今も日本の個人トレーダーたちの必読書であり続けている！

ゾーン オーディオブックあり

定価 本体2,800円+税
ISBN:9784939103575

規律とトレーダー オーディオブックあり

定価 本体2,800円+税
ISBN:9784775970805

マーク・ダグラス
(Mark Douglas)

トレーダー育成機関であるトレーディング・ビヘイビアー・ダイナミクス社社長。自らの苦いトレード体験と多くのトレーダーたちの経験を踏まえて、トレードで成功できない原因とその克服策を提示。最近は大手商品取引会社やブローカー向けに、心理的テーマや手法に関するセミナーを開催している。

世界最高のトレーダーのひとりであるスティーブ・コーエンが心酔して自分のヘッジファンドであるSACキャピタルに無期限で雇った！

トレーダーの心理学

定価 本体2,800円+税
ISBN:9784775970737

【新版】リスクの心理学

定価 本体1,800円+税
ISBN:9784775972564

アリ・キエフ
(Ari Kiev)

スポーツ選手やトレーダーの心理ケアが専門の精神科医。ソーシャル・サイキアトリー・リサーチ・インスティチュートの代表も務め、晩年はトレーダーたちにストレス管理、ゴール設定、パフォーマンス向上についての助言をし、世界最大規模のヘッジファンドにも永久雇用されていた。２００９年、死去。

ウィザードブックシリーズ 257

マーケットのテクニカル分析

トレード手法と売買指標の完全総合ガイド

ジョン・J・マーフィー【著】

定価 本体5,800円+税　ISBN:9784775972267

世界的権威が著したテクニカル分析の決定版!

1980年代後半に世に出された『テクニカル・アナリシス・オブ・ザ・フューチャーズ・マーケット(Technical Analysis of the Futures Markets)』は大反響を呼んだ。そして、先物市場のテクニカル分析の考え方とその応用を記した前著は瞬く間に古典となり、今日ではテクニカル分析の「バイブル」とみなされている。そのベストセラーの古典的名著の内容を全面改定し、増補・更新したのが本書である。本書は各要点を分かりやすくするために400もの生きたチャートを付け、解説をより明快にしている。本書を読むことで、チャートの基本的な初級から上級までの応用から最新のコンピューター技術と分析システムの最前線までを一気に知ることができるだろう。

ウィザードブックシリーズ 194

利食いと損切りのテクニック

トレード心理学とリスク管理を融合した実践的手法

アレキサンダー・エルダー【著】

定価 本体3,800円+税　ISBN:9784775971628

自分の「売り時」を知る、それが本当のプロだ!

本書は、「売りの世界」について、深く掘り下げており、さまざまなアイデアを提供してくれる。しかも、2007～2009年の"超"弱気相場での具体的なトレード例が満載されており、そこからも多くの貴重な教訓が得られるはずだ。さらに、内容の理解度をチェックするため、全115問の確認テストと詳細な解説も収められている。本書をじっくり読み、売る技術の重要性とすばらしさを認識し、トレードの世界を極めてほしい。